[編著]
高田晴仁／久保田安彦

日本評論社

はしがき

　ついに、というべきか、やっと、というべきか、出るべき書物を世に送ることができる。その名も『人間ドラマから会社法入門』。会社法の紛争は、相続や離婚とはまたひと味違った意味での、カネとプライドにまつわる人間の欲望と欲望の衝突から生まれる。ビジネス街の高層ビルで、駅前の事務所で、あるいは住宅地の真ん中で。結構どろどろした世界なのである。

　ところが、現代の資本主義と、改正に改正を重ねた旧商法の集大成である現行の会社法のありよう（これも2014年に最初の大きな改正を受けた）は、ちょっとやそっとのことでは理解がむずかしい。一念発起して会社法を勉強しようにも、そもそもどの条文を見ればよいのかわからない（第1条はともかく、第2条は定義の洪水）、条文が何をいいたいのかサッパリわからない、というのが正直なところではないか。一通り勉強するには、ともかくも教科書や演習書を読破することは必須であり、実際に初学者にゆきとどいた配慮をしたすばらしい書物はいくつもある。本書も、その列に加わることを目的としている。だが、少々スタイルが違っている。

　まず、ストーリーの説明にマンガを活用していることである。これについては各ストーリーにふさわしい変幻自在の描き方で直感的に内容を理解できるようにしてくださった藤山成治さんの手腕によるところが大きい。

　つぎに、登場人物のXやYという記号化をやめて、もうすこし人間くさい（場合によってはやや凝った）名称とキャラクターを与えたことである。会社の紛争も血の通った人間の織りなすドラマである。読者が登場人物について過剰な先入観をもつことは望ましくないのだが、マンガと合わせて、日頃の生活にあまり縁のない複雑なストーリーを理解する苦痛をやわらげてくれる効果があることを期待している。

　さらに、「何が問題なのか」では、ストーリーに即して法律上の争点を摘出し、「法律家はこう考える」においてこれに対する通説・判例およびそれに批判的な考え方、執筆者の見解が述べられている。本書では、ストーリーとマンガによって、読者に当事者をめぐる利益状況をしっかり頭にいれてもらう工夫をしたうえで、法律上の争点の理解についても、ある解釈をとることによって誰のどのような利益を守ろうとしているのか（誰が得をし、誰が損をするのか）

が鮮明に理解しやすいよう工夫をめぐらせている。加えて「もしもストーリーがこうだったら」は、授業やゼミの素材として使うことも想定して、より発展的・応用的な問題を提起している。読者が「入門」の次の段階へと進む手助けのつもりである。

　もともと本書のアイディア自体は、『人間ドラマから手形法入門』（奥島孝康先生と高田の共編著、日本評論社、1999年）の刊行当時から存在した。その後、あれよあれよという間に商法の改正が積み重なって会社法の登場となり、さらに重要判例が続出し、ようやく落ち着いてきたと思われた2013年の段階で、高田と久保田が相談のうえ企画を煮詰めて実現の運びとなった。

　各項目の御執筆者には、研究教育でお忙しいなか、本書の趣旨をきわめて正確にご理解くださり、編者の予想をはるかに超える面白い作品をお寄せくださった。これを会社法教育への「共鳴」といわずしてなんといおうか。感謝のことばもない。

　法学セミナー編集長の柴田英輔氏には、同誌での特集および連載（2013年9月号、2014年5月号〜12月号）を実現し、さらに新規の項目を加えた本書を編集していただいた。柔らかな物腰ながらしっかりと原稿をとりたてる手腕と、綿密な仕事ぶりには脱帽である。柴田氏と、索引の作成などで労を煩わせた隅谷史人君（流通経済大学専任講師）に厚く御礼申し上げる。

2015年10月

高田　晴仁
久保田安彦

目次
Contents

目次

総論

[第1話] 死んだ男の残したものは
──一人会社・法人格否認の法理・役員の第三者責任
(1) 久保大作

[第2話] 不実開示と会社の損害賠償責任
(13) 和田宗久

設立

[第3話] 発起人の開業準備行為
──あるワインバーの悲劇
(26) 高田晴仁

株式

[第4話] 株主名簿の免責的効力
(38) 久保田安彦

[第5話] 個別株主通知って何？
──振替株式に係る株主権の行使と会社法の特例
(50) 髙橋真弓

[第6話] 株式の相続・共有
──ある同族会社のお家騒動
(63) 横尾亘

[第7話] 株式譲渡制限ルールって意味あるの！？
──従業員持株会と株主間契約
(75) 笹本幸祐

機関

[第8話] 株主総会は荒れ模様
(86) 髙橋美加

[第9話] 届かなかった招集通知
──取締役会の機能
(98) 柿﨑環

[第10話] 美味しいパン屋さん
──忠実義務（利益相反・競業取引）
(109) 高田晴仁

判例索引…239　法令索引…241　事項索引…246

	[第11話] (122)	ガバナンス・バカナンス ――不祥事は世の常？ 高田晴仁
	[第12話] (134)	完全子会社の取締役に勝手なことをされたら！？ ――多重代表訴訟 笹本幸祐
	[第13話] (144)	なんで勝手に減らされたん？ ――役員報酬 笹岡愛美
計算	[第14話] (156)	自己株式の取得は配当と同じ 三島徹也
資金調達 組織再編 M＆A	[第15話] (168)	非公開会社の新株発行と支配権の行方 久保田安彦
	[第16話] (178)	いざゆけ無敵の若タコ軍団【お家騒動編】 ――閉鎖会社における少数株主の締め出し 笠原武朗
	[第17話] (190)	いざゆけ無敵の若タコ軍団【海外進出編】 ――行使条件に反する新株予約権の行使 笠原武朗
	[第18話] (202)	守るのは会社、それとも自分の地位？ ――敵対的買収とその防衛策 野田輝久
	[第19話] (214)	濫用的会社分割 髙橋美加
	[第20話] (225)	企業グループと組織再編 舩津浩司

(v)

凡例

[法令]
＊法令の略称は、以下のとおりとする。

会	会社法	振替法施行令	社債、株式等の振替に関する法律施行令
会規	会社法施行規則	破	破産法
会計規	会社計算規則	民	民法
金商	金融商品取引法	民訴	民事訴訟法
商	商法	民訴費	民事訴訟費用等に関する法律
商登	商業登記法	民保	民事保全法
手形	手形法	労基	労働基準法
振替法	社債、株式等の振替に関する法律	労契	労働契約法

[判例・裁判例]
＊判例あるいは裁判例は、以下のように略記した。
例：最判平26・2・25民集68巻2号173頁
＊大法廷による判断の場合のみ、年月日の前を「最大」と表記し、小法廷による判断の場合は年月日の前を「最」と表記する。
＊判例あるいは裁判例を示す際の略記は、以下のとおりとする。

最判（決）	最高裁判所判決（決定）	下民集	下級裁判所民事裁判例集
高判（決）	高等裁判所判決（決定）	判時	判例時報
地判（決）	地方裁判所判決（決定）	判タ	判例タイムズ
民録	大審院民事判決録	金判	金融・商事判例
民集	最高裁判所民事判例集	金法	旬刊金融法務事情
集民	最高裁判所裁判集民事編	労判	労働判例

執筆者一覧 （掲載順）　＊は編者

久保大作	（くぼ・だいさく）	大阪大学准教授	…第1話
和田宗久	（わだ・むねひさ）	早稲田大学教授	…第2話
＊高田晴仁	（たかだ・はるひと）	慶應義塾大学教授	…第3、10、11話
＊久保田安彦	（くぼた・やすひこ）	慶應義塾大学教授	…第4、15話
髙橋真弓	（たかはし・まゆみ）	一橋大学准教授	…第5話
横尾　亘	（よこお・わたる）	西南学院大学准教授	…第6話
笹本幸祐	（ささもと・ゆきひろ）	関西大学教授	…第7、12話
髙橋美加	（たかはし・みか）	立教大学教授	…第8、19話
柿﨑　環	（かきざき・たまき）	明治大学教授	…第9話
笹岡愛美	（ささおか・まなみ）	横浜国立大学准教授	…第13話
三島徹也	（みしま・てつや）	関西大学教授	…第14話
笠原武朗	（かさはら・たけあき）	九州大学准教授	…第16、17話
野田輝久	（のだ・てるひさ）	関西学院大学教授	…第18話
舩津浩司	（ふなつ・こうじ）	同志社大学准教授	…第20話

［第1話］
死んだ男の残したものは

―― 一人会社・法人格否認の法理・役員の第三者責任

久保大作

ストーリー

　8月下旬は、夜明け直後でもまだまだ暑い。日曜早朝の下り電車は、夜遊び帰りの人、これから遊びに行く人が、パラパラと座っている。しかし、5両目の端、窓に頭をもたれかけているスナオは、どちらでもない。居酒屋で夜通し働いた帰りだ。

　スナオは、その年の4月、全国的な居酒屋チェーン店を営む株式会社ブラックスワンホールディング（以下「BSH」）に入社したばかりだ。大学時代、スナオはサークル仲間だったマホと熱烈な恋に落ちた。将来を約束したが、家柄を気にするマホの家族は、天涯孤独だったスナオとの結婚に猛烈に反対した。2人は大学を辞め、駆落ち同然で結婚した。関西を離れ、逃げるように東京へ。狭い部屋で、アルバイトをしながら何とかくいつないでいた。やがて子供が授かり、スナオは何としても正社員の職を得ようとハローワークに通い詰めた。しかし「中退」という学歴からか、なかなか仕事を得ることができなかった。自暴自棄になりかけたとき、BSHの企業説明会で「あなたにも人に喜んでもらえる仕事ができる！！」という代表取締役社長・クロベのビデオメッセージに感動し、入社を志望した。最終面接で社長直々に「一緒に頑張ろう！」と肩を叩かれた時には、感激のあまり涙を流してしまった。入社時研修では、「四六時中、すべて仕事に！」「お客様が第一、会社が第二、自分のことは後回し‼」と『クロベ語録』を叩き込まれた。

研修後、スナオは東京東部、錦糸町駅南口にある大衆居酒屋業態の店に配属された。配属初日、店長のイワヲに会ったスナオは、彼の肩書きが「株式会社ブラックスワン錦糸町駅南口（以下「BSK」）代表取締役社長」であることに驚いた。
「え…店長、『代表取締役』なんですか？」
「そうだ。ブラックスワンは、店舗ごとに株式会社をたてて、店長が代表取締役になるんだ。お前も、BSHではなくて、このBSKの社員だぞ」
「面接で『グループ企業への採用となる』っていわれたのは、こういうことなんですね。新人研修はみんなと一緒だったので、分かりませんでした」
「まあ、ビシバシ鍛えてやるからな」

　怒涛の生活が始まった。席数約200の店を、正社員とアルバイト、あわせて数人で回す。週末ともなると、目の回るような忙しさだ。４月の末にはもう一人いた正社員が他の店舗に異動となり（埼玉の店の「代表取締役」になったそうだ）、店長以外の正社員はスナオだけになった。
　もともとスナオは、さほど機敏ではなかった。夜型の生活にもなじめなかった。そのせいか、注文を聞き違えたり料理をこぼしたり、何度もミスをしてしまった。最初は「初めてだから」と許していたイワヲが、スナオへの態度を冷淡なものへ変えるのに、そう時間はかからなかった。
　イワヲは、他のアルバイトの前でも平気でスナオを怒鳴りつけた。「まだそんなミスをするのか。グズ！　やる気がないならやめろ！」侮蔑をあからさまにし、時には蹴飛ばしたりもした。イワヲのそのような態度はアルバイトにも伝染した。なかにはスナオの目の前で「店長、代わりの社員さんの補充ってないんですか？」とイワヲに聞く者までいた。
　イワヲは答えた。「残念ながら、本社が配属してくれないと、こんなクズでも使っていかなきゃいけないんだよ。」実際、BSKをはじめとする各支店は、法人格が異なるとはいえBSHの100％子会社であった。イワヲや他の「代表取締役」には人事や労務管理、営業についても裁量権はほとんど与えられておらず、BSHの決定に従うだけだった。
　昨日、スナオはひどい目まいを覚え、倒れこんでしまった。しかしイワヲは「何をやってるんだ。目まいなんて、気が緩んでるからなるんだ！」と怒鳴りつけるだけだ。すでに17連勤、しかも連日12時間労働のスナオを気遣うそぶり

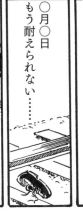

[第1話]
死んだ男の残したものは

は、全くなかった。
　電車を降りると、反対側のホームに上り電車が入ってきた。ああ、飛び込んでしまったら、何もかも楽になるな。スナオの足は、ふらふらとホームの端に向かっていった……

　マホは、四十九日をすませたスナオの遺骨の前で涙を流していた。スナオが残したものは、マホと、スナオが愛してやまなかった一人娘のミホ。それだけだ。遺骨を納める墓すらない。
　マホは、7月すぎから、スナオの表情が暗くなり、頻繁にため息をついているのに気づいていた。「忙しいの？」と尋ねたマホに、スナオは「うん、ちょっとね」とだけ答えた。死の2日前、「正社員なんだからしっかりしなきゃ」と言うスナオを「頑張って」と励ましたことに、唇を噛んでいた。なんで「辛かったらやめてもいいんだよ」と言えなかったのか。
　他方で、ブラックスワン関係者には怒りしか覚えなかった。弔問にきたイワヲは「仕事もできないくせに逃げるなんて、正直ガッカリだ」と言い放った。過重に労働させ、いびるような言動をし、彼を追い詰めていたのに、だ。
　また、BSHの担当者は「彼はBSKの社員であって、BSHの社員ではない。道義的な責任はともかく、法人格の異なる当社に法的責任はない」と言い切った。労働条件も人員配置も、決めていたのはすべてBSHなのに。過重労働を予防しようとさえしていなかったのに。どこかのテレビ番組で「若者に夢を与えたい」と語っていたクロベの顔が、いまは悪魔に見える。
　マホは、誓った。絶対にスナオの仇をとる。イワヲもクロベもBSHも、残らず責任追及してみせる。マホの頬からこぼれた涙の一滴が、膝の上のミホの髪にポツリと落ちた。

何が問題なのか

　スナオを死に追いやったのは、過重労働、そして職場でのいじめ（ハラスメント）であると考えられる。孤立無援の職場で重い労働負担を強いられたスナオの労苦は並大抵ではなかったろう（筆者も小学生時代にいじめられた経験を持つが、どんな大金を積まれてもあの時代には戻りたくない）。このように、過重労働やいじめによって労働者が強い心理的負荷を受け、心身の不調（その極端な

ケースが自死である）を呈した場合、法的には誰が責任を負うのだろうか。

　このような問題を考える場合、まず「事件当時、誰と誰とのあいだでどのような法律関係が存在していたのか」を整理しなければならない。そして本事例を形式的にみる限り、スナオの雇用契約の相手方（つまり使用者）はBSKである。イワヲはBSKの代表取締役であり、BSHはBSKの100％親会社、クロベはBSHの代表取締役である。そこで、以下ではこの法律関係を前提に、まずBSKおよびその代表取締役であるイワヲの責任について、ついでBSHやクロベの責任について考えることにしよう。

法律家はこう考える

① BSK・イワヲの責任についての法律構成

　過重労働やハラスメント行為が問題となった事例において、被害者となった労働者はどのような法律構成で会社や上司の責任を追及できるか。判例上は、2つのルートが認められている。

　第1は、使用者である会社が労働契約上の安全配慮義務に違反しているとして、債務不履行に基づく損害賠償責任（民415条）を追及するものである。会社の被用者に対する安全配慮義務は判例によって認められ（最判昭50・2・25民集29巻2号143頁、最判昭59・4・10民集38巻6号557頁）、その後、労働契約法5条において明文化された。そして、会社が安全配慮義務に反したことについて取締役の善管注意義務違反が認められる場合には、任務懈怠による取締役の対第三者責任（会429条1項）が認められることになる（このような法律構成によって会社・取締役双方の責任を認めた例として、大阪高判平19・1・18判時1980号74頁〔過労死の事案〕。飲食店における長時間労働について安全配慮義務違反が認められた例として、大阪高判平23・5・25労判1033号24頁。またセクシャルハラスメント行為につき職場環境維持への配慮を怠ったとして使用者の債務不履行責任を認めた例として、津地判平9・11・5労判729号54頁）。本件にあてはめるなら、BSKにおいて過重労働やハラスメントを防止するための手立てが十分でなかったことを主張立証してBSKの債務不履行責任を追及するとともに、そのような安全配慮義務違反を生じさせたことにつきイワヲが善管注意義務に反しており、かつそれが悪意ないし重過失によるものであることを主張立証して会社法429条

1項の責任を追及していくことになる。

　第2は、過重労働やハラスメント行為について上司らの不法行為責任（民709条）を主張するとともに、それが「業務に関するもの」であるとして、使用者責任（民715条）や取締役の不法行為に関する会社法350条の責任を会社に対して追及するものである。裁判例では、過重労働からうつ病を発症し自殺した事例で、使用者に代わって業務上の指揮監督を行う権限を有する者において、負担軽減措置をとらなかったことに民法709条の過失があると認めるとともに、その使用者たる会社に民法715条の責任が成立するとしたものがある（最判平12・3・24民集54巻3号1155頁）。また、ハラスメント行為については、当該行為を行った者に人格権侵害による不法行為責任を認めるとともに、それが業務に関して行われたことを認めて民法715条の使用者責任を認めるものも多い（セクシャルハラスメントの事例としてたとえば福岡地判平4・4・16判時1426号49頁など、パワーハラスメントの事例としてたとえば東京地判平26・11・4判時2249号54頁）。この法律構成による場合、まずはイワヲについて不法行為責任を主張することになる。過重労働の点については業務上の指揮監督権者として適切な措置をとらなかったことを捉えて過失を主張することになろうし、ハラスメント行為についてはイワヲ自らがハラスメント行為を行ったこと、あるいは他のアルバイトのハラスメント行為を放置していたことが故意または過失に該当することを主張することになろう（もちろん、アルバイト達にも不法行為責任が生じうる）。そして、これらの不法行為は会社の業務に関連して行われたとして、イワヲの責任については会社法350条で、またアルバイト達の責任については民法715条で、それぞれBSKに責任追及していくことになる。

　なお、実際の訴訟では、これらの主張は重複してなされることが多い（前掲大阪高判平23・5・25、前掲東京地判平26・11・4など参照）。特に使用者の責任については、主位的に不法行為責任で、予備的に債務不履行責任で追及していく例が多いようである（遅延利息の面で有利だからだと考えられる。なお、その他両者の異同については、荒木尚志『労働法〔第2版〕』〔有斐閣、2013年〕241-242頁を参照）。

② それだけでいいのか？

　本件事例においてBSKやイワヲに対して損害賠償責任が認められるとして、

それで十分といえるだろうか。2つの面において納得できないのではないかと思われる。

第1に、BSKには、労務管理も含めた業務運営についての裁量権がほとんど与えられていなかった。本件における過重労働の問題は、BSKではなくBSH全体の問題であるように思われる。またハラスメント行為についても、BSHに何らかの義務があったといえるかもしれない。にもかかわらずBSKだけが責任を負うとしたら、残されたマホとしては感情的に納得いかないだろう。

第2に、実際上の問題として、BSKやイワヲには損害を賠償するだけの充分な資力がない可能性がある。イワヲは一介のサラリーマンと違わないようだし、BSKにしても1支店を会社として独立させたにすぎない。親会社であり資力もあると考えられるBSHにも賠償責任を認めさせることができれば、実際に損害賠償を受けられる可能性は高くなりそうである。

ただ、被害者感情や実際的必要だけから「BSHやクロベにも責任を負わせるべきだ」というのでは、法律家とはいえない。そのような結論を、法解釈を通じて導き出す必要がある。

③ BSHの責任を追及するために——法人格否認の法理

BSHの責任を追及しようとする場合に障害となるのは、BSHはBSKとは別法人だという事実である。少なくとも形式的にはスナオと直接の雇用関係を結んでいたのはBSHではないし、イワヲもBSHの取締役ないし従業員ではない。そのため、雇用契約上の債務不履行責任やイワヲの不法行為についての使用者責任などといった①でのロジックをそのまま使うことはできない。親会社といえども法人格が異なる以上、当然に責任を負うものではないのである。

では、どうするか。一般論として、形式上は法人格が異なる場合でも、それを厳格に貫くと衡平が害されるような場合に、法人格の違いを無視し、会社と関係者とを同一視することで適切な解決を導くことが認められるときがある。いわゆる「法人格否認の法理」である。

法人格否認の法理は、最判昭44・2・27民集23巻2号511頁によって認められた法理論である。これによれば「法人格が全くの形骸にすぎない場合、またはそれが法律の適用を回避するために濫用されるが如き場合」に、法人格を否認することが認められる。この判示を受け伝統的学説は、形骸化とは会社が完

全に支配されるとともに、株主総会や取締役会の不存在、財産や業務の混同などの形式的徴表が存在すること、また濫用とは会社を意のままに操る者が不当な目的を有していることを指す、と解してきた。裁判例にも、このような枠組みに沿って判断を示すものがある（たとえば大阪高決平17・3・30労判896号64頁は、親会社が子会社を解散した事例において、人事権や日常業務の決定権を完全に支配していたものの資産や負債等が区別して管理されていた点を捉えて形骸化を否定する一方、子会社の解散が不当労働行為目的のものであることを認めた〔ただし雇用の継続は否定〕）。

　もっとも、法人格否認の法理はいわゆる一般条項の１つとして様々な不公平を調整するための法理にすぎず、伝統的学説のようにすべての事例を包含するような要件はかえって考慮要素を曖昧にすると批判された。現在では、法律規定や契約文言の解釈・適用によって解決できるならばそれによるべきだし、それが無理でも個別の問題に応じて要件を明確化していく必要がある、との議論が定着している（以上の学説の流れについて、江頭憲治郎編『会社法コンメンタール１』〔商事法務、2008年〕96-99頁〔後藤元執筆〕）。

　そこで、本件において法人格否認の法理の適用を考える場合であっても、単に「形骸化しているか」「濫用目的があるか」を考えるのではなく、これがどのような法的問題に関する紛争であるのかを見極める必要がある。

　本件は、結果的に労働者の生命を損なう事態が生じたことの責任に関する問題である。だとすると、本件の核心は、BSKを越えてBSHにもそのような事態が出来したことについての義務を認めるべきかどうか、である。そうであるとすると、安全配慮義務の実質的な根拠は何か、そしてそれがBSHにも当てはまるのかが問題となろう。

　最高裁は安全配慮義務について「ある法律関係に基づいて特別な社会的接触の関係に入った当事者間において…信義則上負う義務として一般的に認められる」（前掲最判昭50・2・25）とする。そして、直接の雇用関係がない場合でも安全配慮義務を認める場合がある。元請会社の作業場で働く下請企業の従業員に対して元請会社の安全配慮義務を認めた裁判例である福岡高判昭51・7・14（最判昭55・12・18民集34巻7号888頁の原審であり、最高裁は上告棄却）では、事実上元請から作業につき直接指揮監督を受け、組織的にみても下請が元請の一部門のような密接な関係を有しており、下請の安全確保のために元請の協力が不可欠であるなどの事業がある場合に、元請に対しても下請業者が雇用契約に

基づいて負うこととなるのと同じ安全配慮義務を認め、賠償を命じている（同様の裁判例として福岡高判平13・7・19判時1785号89頁）。

そうだとすると、本件においても、BSHがスナオとのあいだでそのような特別な社会的接触関係にあったかが問われることになる。そして上記事実によれば、BSHはBSKを含む子会社に対して、人事や労務管理、営業方針に至るまでほとんど裁量を認めていなかった。また、BSHは採用活動において各グループ会社が独自に行うのではなくBSH自身で企業説明会を行っており、スナオはいわばBSHグループに就職したのと同様といってもよさそうである（もう一人いた正社員が別の会社に異動させられている点も、従業員がBSHグループ全体を単位として管理されていたことを推認させる）。そうであると、BSKを含めた各支店会社は実際にはBSHの一部門であり、BSHが実質的に労働関係を支配していたといえるから、スナオとBSHは特別な社会的接触関係にあるといえそうである。とすれば、BSHもスナオに対して安全配慮義務を負うというべきである。

以上の考慮は、債務不履行責任ではなく不法行為責任を追及する場合であっても、ほぼ同様に働く。すなわち、イワヲ（あるいは他のアルバイト）の不法行為に関する使用者責任（民715条）を直接の使用者ではないBSHに問えるかが問題となるのであり、民法715条の趣旨がBSHにも当てはまるかが問題の核心となる。その観点からは、BSHがイワヲ（や他のアルバイト）の使用者と同視できるかどうかが論じられるべきことになろう。

このように、単に「法人格が形骸化しているか」「法人格を濫用しているか」を論じるのではなく、どのような法律関係が問題となっているのかを特定し、そこから生じる義務を形式上の当事者以外の者に拡張する基礎があるかどうかを、当該法律関係を規律する規範の根拠や趣旨から導き出すことが重要である。その結果、形式上の当事者以外の者に対して義務を拡張するのが適当である場合に、それを指して「法人格が否認された」ということになろう（前掲『会社法コンメンタール１』98頁〔後藤元執筆〕）。

④ クロベの責任

過労死やハラスメントで家族を失った者としては、単に親会社の責任を追及するだけではなく、親会社経営者の責任をも追及したいと考えるだろう。本件では、クロベがこれに該当する。では、クロベの責任を追及するにはどうすれ

ばよいだろうか。

　もし③で検討したBSHの安全配慮義務違反が認められるなら、かかる安全配慮義務違反をおこしたことについてクロベが任務を懈怠していること、そしてそれが悪意または重過失によるものであることを主張立証すれば、会社法429条1項の責任が認められる。またイワヲ（や他のアルバイト）がBSHの実質的な被用者であり、BSHが不法行為についての使用者責任を負う場合にも、従業員の監督について悪意または重過失による任務懈怠が認められるのであれば、同様に429条1項の責任が認められよう（もっとも、実際にクロベがどれほど注意を払っていたのかは上記事実からは明らかではない）。

⑤　「事実上の取締役」？

　上記の議論とは別に、BSHやクロベがBSKの「事実上の取締役」であったとして、会社法429条1項の責任の類推適用を考えることもできるのではないか、といわれる（親会社を事実上の取締役と認める可能性に触れるものとして、伊藤靖史ほか『リーガルクエスト会社法〔第3版〕』〔有斐閣、2015年〕25頁）。また、裁判例のなかには、取締役ではなかったにもかかわらず経営に深く関与していた特定の個人について「事実上の取締役」だったとして対第三者責任を認めたものもある（たとえば東京地判平2・9・3判時1376号110頁、東京地判平23・6・2判タ1364号200頁など）。

　しかし、「事実上の取締役」であることを認めるための要件は、必ずしも明確ではない。事実上の取締役の責任を認めた過去の裁判例では、事件ごとの事情に応じ、会社法429条1項の責任を負うべき人的範囲を拡張すべきかどうかの実質的利益衡量が前面に出されている、とも指摘されている（髙橋美加「事実上の取締役の対第三者責任について」岩原紳作ほか編集代表『会社・金融・法〔上巻〕』〔商事法務、2013年〕367頁）。この点で、事実上の取締役の認定は、本来の義務者以外の者への責任の拡張という法人格否認の法理の適用と似た面がある。したがって、事案の解決に当たっては、安易に事実上の取締役であると決めつけるのではなく、会社法429条1項の責任主体の拡張が認められる理由を、429条1項の趣旨に即して説明する必要があろう。

もしもストーリーがこうだったら…

　もし、BSHがBSK（を含む子会社）の経営について過度の拘束をせず、労働条件の決定を含む多くの点について子会社の裁量に委ねていたような場合にはどうなるであろうか。この場合、BSHが実質的に労働関係を支配していたということはできず、法人格否認のような考え方はとれないであろう。そうすると、BSHに安全配慮義務があることを前提にクロベが負うと考えられた任務懈怠責任も、成立すると考えるのは難しそうである。

　もっとも、親会社取締役が子会社取締役の業務執行の監督について善管注意違反があったかどうかが問題となった裁判例は、いくつか見られる。早期の裁判例では、親会社と子会社とは法人格を異にすること、それぞれ独自に業務執行機関や監査期間を有することから、子会社取締役の業務執行の結果として親会社に損害が及んだとしても親会社取締役は特段の事情のない限り任務懈怠責任は負わないが、実質的に子会社の意思決定を支配していたと評価できる場合に、親会社取締役による指図が善管注意義無違反や法令違反に該当する場合には特段の事情を認める、としていた（東京地判平13・1・25判時1760号144頁、当該事例では責任を否定）。この考え方に従うなら、親会社取締役に責任が生じる余地はかなり狭いと考えざるを得ない。

　しかし近時は、完全子会社において不良在庫に絡んで不正取引により多額の損失が生じた事例において、不良在庫の問題を認識した親会社取締役に調査義務があることを前提に、それを怠ったことについて監視義務違反があるとして、親会社に対する責任を認める裁判例がある。（福岡高判平24・4・13金判1399号24頁）。すなわち、子会社の意思決定を支配していなくとも、子会社に問題があることを知りながら放置した場合には責任が生じうるわけで、先述の考え方に比べると親会社取締役の責任の範囲が広くなったといえるかもしれない。

　また、会社が構築すべき内部統制システムの対象となる会社の範囲に当該会社の子会社も含まれることは従前から規定されてきたが（平成27年改正前会社法施行規則98条1項5号・100条1項5号）、平成26年会社法改正では、そのことが会社法上に明記された（348条3項4号・362条4項5号。なお改正後の98条1項5号・100条1項5号も参照）。そこで、子会社における業務の適正を確保するための体制が適切に構築されていなかったとすると、そのことが親会社取締役の善管注意義務違反となる可能性もある（神作裕之「親子会社とグループ経営」江頭憲治郎編『株式会社法大系』〔有斐閣、2013年〕101頁は、子会社のグループ内での重要性や株式所有

の態様、子会社業務への影響力や関与の程度、子会社で行われる行為の性質等に応じて、親会社の取締役会に子会社の業務を監督すべき義務があると解すべきだとする)。

これらの形で親会社取締後の任務懈怠が認められるのであれば、それが悪意又は重過失によると認められる限り、429条1項の責任が成立しうる。もっとも、親子会社関係のあり様はさまざまである。一応は別人格であることを考えると、親会社取締役に対して、自社におけるのと同様の監視監督義務を子会社についても課すのが行きすぎになる場合もありえる。子会社管理についての親会社取締役の義務の全貌を明らかにするには、なお事例の蓄積が必要であろう。

＊本稿の執筆にあたっては、水島郁子・大阪大学教授と久保田安彦・大阪大学准教授（雑誌掲載当時）から有益なコメントをいただきました。ここに記して、御礼を申し上げます。無論、それでも残る誤りは、筆者の責任に属します。

（くぼ・だいさく）

[第2話] 不実開示と会社の損害賠償責任

和田宗久

ストーリー

1.「ふう〜〜…」

　大手不動産会社で、東証一部上場企業のパチョレック開発株式会社に勤める井田弾は、とある金曜日の夜、本社オフィスの一角でポンセ・ビバレッジの缶コーヒーを飲みながら一息ついた。

2．約1年前、パチョレック開発は、同社グループの連結売上高を水増しし、本来は売上げとしての計上が認められない自己株式の売却益を売上げとして計上するなどして多額の粉飾決算を行い、有価証券報告書等にも虚偽の記載を行っていたことを公表した。その後、同社は新聞やテレビなどでコテンパンに叩かれ、インターネット・ニュースやSNSなどでも散々な記事を書かれたり、言われのない書き込みをされたりした。加えて、パチョレック開発は、有価証券報告書に重要な虚偽の記載を行っていたとして、金融庁からも課徴金納付命令の決定が下された。それ以外にも、パチョレック開発は、第三者委員会による調査やその報告書の公表（この内容も散々なものだった）、経営陣の刷新、経営改善計画の策定といったことに翻弄され続け、会社の中はいつも大わらわだった。

　井田はパチョレック開発に入社して以来、某マンガの某課長に憧れ、彼の真似をして、どこの派閥にも属することなく、一匹狼的に頑張ってきた社員だった。井田は今回の事件の直前までブーマー支店の支店長であり、営業の現場に出て、カラオケで演歌を歌わせてもとくにうまいわけでもない、平凡な、でも

正義感に溢れた中堅社員の一人にすぎなかった。それが、粉飾決算の事実が発覚した後、「井田はなんのしがらみもない人間だ！」という理由だけで、現在所属している経営企画室に配属されることになったのである。

それから約１年、井田は、同じ部署の仲間たちと喧々囂々(けんけんごうごう)の議論を交わしながら経営改善計画の内容を詰め、ときに財務部や営業部の後輩社員にも「心に琵琶湖はあるのかい？　いや、むしろカスピ海のようなデッカイ湖をもて！」といった叱咤激励をしながら、彼らとともに金融機関や取引先などを回り、一度は地に墜ちた会社の信用を立て直すことに奔走してきたのである。

そうした井田らの努力が少しずつ実を結びはじめ、ようやく最近になって、パチョレック開発は、いくつかの金融機関からの金融支援をとりつけ、先日は、東証からもなんとか上場廃止が回避される旨の連絡を受けたところであった。これでやっと一息……井田は、久しぶりにゆっくり迎えることのできる週末に何をしよう……バラバラに分解したまま、しばらくほったらかしにしておいたバイクを組み立て、ツーリングにでも行くか……そんなことを考えていた。。。

３．その時……

Re Re Re Re Re Re Re Re Re Re Re Re！！！

突然、経営企画室の電話が鳴った。「はい、経営企画室、井田です。」

電話の主は総務部のバナザード部長だった。バナザード部長は、慌てた調子で、かつ、ちょっと怪しい日本語で言った。「井田しゃん、わが社は投資家から訴えられたみたいでしゅ！！」

「え？」　井田は固まった…………

４．どうやら、虚偽記載の事実を公表する約２ヶ月前にパチョレック開発の株式を取得し始め、粉飾決算の事実を公表した時点で同社の株式を1000万株、発行済株式総数に対する割合でいえば約３パーセントの株式を保有するに至っていた機関投資家のライトル・トラストが、粉飾決算やそれに関する信用の低下など、一連の出来事によってパチョレック開発の株式の市場価格が下落し、それによって自らが保有していた株式の価値も毀損されたとして、パチョレック開発に対して損害賠償を求める訴えを提起したらしい。

５．たしかに、粉飾決算や有価証券報告書等の虚偽記載に関する事実が公表された直後、パチョレック開発の株価は、それまでだいたい3000円くらいで推移していたところから、約1000円くらいまで大幅に下落した。

ただ、それから約１年たった今、株価は、わずかながら上昇の兆しをみせは

経営企画室の丼田です！

はい

総務の部長バナザードだ！丼田しゃんわが社は投資家から訴えられたみたいでしゅ!!

え!!

約一年前……パチョレック開発は連結売上高の水増しや多額の粉飾決算を行い有価証券報告書等にも虚偽の記載を行っていたことを公表しその後、新聞やマスコミ、ネットでずいぶん叩かれた

私は平凡な中堅社員にすぎなかったが「しがらみのない人間だ」という理由だけで支店長から経営企画室に配属になった……。

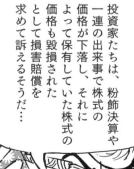

それから金融機関や取引先などを回り一度は地に墜ちた会社の信用を立て直すことに無我夢中で奔走してきた…

投資家たちは、粉飾決算や一連の出来事で株式の価格が下落し、それによって保有していた株式の価格も毀損されたとして損害賠償を求めて訴えるそうだ…

やっとぼくらの努力が実を結びはじめたところなのに……何を今さら……!!

[第2話]
不実開示と会社の損害賠償責任

じめ、いまでは1500円くらいまで回復している。

　バナザード部長によれば、ライトル・トラストは、1株あたり2,000円の損害賠償を請求してきているようだ。

　「……なにを今さら……でも……ってことは……仮に、ライトル・トラストの請求が裁判所で認められたとしたら……」

　井田は、疲れ切った頭の中の計算機を必死に働かせた。。。「2,000円×1,000万株分だから…※■△…」

　『に・ひゃく・おく・えん（200億円）？』

　そうだ…200億円だ。これはデカい！　仮に、この請求が認められ、わが社からそれだけの現金が出ていくことになってしまったら、これまで考えに考え抜いた経営改善計画を予定通り進めることはできなくなってしまうだろう。それでもって、会社再建の見込みが狂うようなことになったら、今、金融支援を約束してくれている金融機関はなんていうだろうか？　というか、この訴訟に関するニュースが報じられようものなら、ほかの投資家もわが社を訴えてくるのではないか？

６．井田は、数分前にシャットダウンしたばかりのPCを急いで立ち上げ、「パチョレック開発」・「虚偽記載」・「訴訟」のキーワードでググッてみた（Google検索をかけてみた）。

　「マジか？？？」

　井田の悪い予感は当たった。すでに、ホプキンス法律事務所という法律事務所が、パチョレック開発を訴えるべく、株価下落によって経済的な損失を被った個人投資家をホームページでどんどん掻き集めて原告団を組もうとしているではないか！　しかも、そのホームページには、既に原告となる個人投資家は2000人を超えて集まっている、と書いてある。これから、これらの投資家たちもわが社を訴えてくるのか。。。

　「わが社はいったいこれからどうなるんだ？？？」

７．いずれにしても、ここで呆然としていてもしょうがない。「そうだ！　まずはオラウータン社長に報告だ！」井田は自分を奮い立たせるように言った。しかし、この期に及んで、社長にこのややこしい状況を理解してもらえるのか？　っていうか、オラウータンに言葉が通じるのか？　オラウータンが社長だ！っていう時点で、もはや人間ドラマでなくなるんじゃないのか？？？　そんな迷いを抱きつつ、井田は社長室に電話をかけるべく、受話器を取った。

(これで、この週末のツーリングもおじゃんだな…)
井田の戦いは続く。。。

何が問題なのか

　上場会社が、いわゆる粉飾決算を行い、それに伴って、有価証券報告書に含まれる財務諸表等においても不実の情報開示を行った場合、事後に真実の情報が開示されることによって、株式の市場価格は下落することが多い。そうしたことが起こった場合、当該会社の株式その他の有価証券（本稿では主に「株式」を念頭に置いて考えることにする）を保有している投資家等において、端的に言えば、保有株式の市場価格の下落という経済的な損失が生じることが考えられる。

　そのような形で投資家等に生じた経済的損失は、通常の有価証券投資において生じ得る経済的損失、すなわち、投資対象会社の事業の失敗等による企業価値の毀損や、景気の悪化その他の外部的な要因などに起因する市場価格の下落といった形で生じる経済的損失とは明らかに性質が異なるものであるとも考えられる。そうであれば、そのようにして生じた経済的損失の全部または一部は、損害賠償などによる民事的な救済の対象になり得るということも考えられよう。

　では、ストーリーにおけるライトル・トラストやホプキンス法律事務所が掻き集めた個人投資家らによる損害賠償請求は認められるであろうか？

　こうしたケースについて考えるうえでは、さまざまな制度に関する理解と、大小さまざまな論点についての考察が必要となってくる。以下、法律家の視点からそれらのポイントについてみていこう。

法律家はこう考える

① 不実開示の際の投資家への救済とそれに伴う諸問題

　現行の制度を前提とした場合、会社として行った粉飾決算などについて会社役員らの善管注意義務違反が問題となり得るのであれば、会社法423条に基づく会社に対する損害賠償責任を会社自身または投資家（株主）が株主代表訴訟（会847条以下参照）を通じて追及するということが考えられる。すなわち、役

員らに会社に対して損害賠償を行わせ、そのことを通じて会社財産の増加・充実を図り、そうすることによって毀損した企業価値の回復を図り、もって証券市場における株価の回復を図る、という図式である。

また、そのような迂遠なことをすることなく、会社法429条1項または2項（後者は、計算書類等に虚偽記載等がある場合）に基づくか、または、一般不法行為に関する規定（民709条）に基づき、投資家らが自らに対する直接的な損害賠償を求めるということも考えられるところではある（ただし、会社役員らに対して直接的な損害賠償を求めることは、現在の判例の立場を前提とすれば難しい。東京高判平17・1・18金判1209号10頁参照）。

ただ、わが国の上場会社を前提とすれば、そうした会社の株式の時価総額は、小さな会社でも数十億円、大きな会社では何兆円にものぼる。そのような上場会社において、ひとたび不実開示に関する事件が起こったとすれば、そのことによる全体としての株式価値（株式の時価総額）の毀損額も、当然のことながら巨額にのぼることが想定される。したがって、会社役員らに対して賠償請求を行うことがいくら法的に可能であるとしても、個人たる会社役員らによる賠償により、会社や投資家に生じた経済的損失が実効的な形で回復・塡補されるということは、通常ではあまり考えることはできない。そこで、近時、注目されているのが、法人としての会社に対する損害賠償責任の追及である。

不実開示が行われた際の投資家の経済的損失について、法人としての会社に対して損害賠償責任を追及するということを考える場合、従来は、一般不法行為責任（民709条）や、代表取締役等に不法行為責任が成立することを前提として、会社法350条に基づく責任を追及するということが考えられていた。実際、そうした責任が追及された事例として、前者については西武鉄道事件（最判平23・9・13判時2134号25頁等）、後者については、日本システム技術事件（最判平21・7・9判時2055号147頁）といった有名な事件がある。

しかし、近時、より注目を浴びているのは、金融商品取引法（以下、「金商法」とする。なお、同法は2014年に改正がなされている。本稿では原則として同改正が施行された後の規定を前提として記述を行うことにする）21条の2に基づく責任の追及である。同条は、2004年の旧証券取引法の改正の際に創設された規定であり、会社が有価証券報告書等において重要な事項に虚偽記載等を行った場合に、流通市場において当該会社の有価証券を取得した者に対して、有価証券の発行会社が立法当初は「無過失」の損害賠償責任を負うものとし、2014年改正後の

金商法のもとでも、会社が虚偽記載等について故意または過失がなかったことを証明しない限りは、やはり同様の責任を負う旨を定めている（同条1項・2項参照）。重要な事項について不実開示を行った会社にとっては、相当厳しい責任が問われかねない内容の規定となっている。

ストーリーでは、ライトル・トラストによってパチョレック開発が訴えられたということになっているが、この場合、金商法21条の2、とくに後述する同条3項の損害額の推定規定を援用することが可能ということになれば、ライトル・トラストへの損害賠償請求が認められる可能性が高まってくることになるように思われる。そして、同じことは、ストーリー中のホプキンス法律事務所が掻き集めた個人投資家についてもいえるものと思われる。

他方で、ストーリーのような事例について考えるにあたり、どうしても念頭に置かざるを得ない大きな問題が2つある。それは、前述したように〔1〕不実開示が行われた場合、一般的には、投資家等において生じる経済的な損失額が過大なるものとなりがちであるということ、さらに、この〔1〕の問題に起因する、〔2〕仮に法人としての会社にそのような投資家等の過大な経済的損失に対する損害賠償責任を負わせた場合に生じる、会社からの多額のキャッシュの流出に伴う、当該会社のさらなる財務状況の悪化とそれに伴う利害関係者——損害賠償請求を行っていない投資家、取引先その他の債権者、および従業員など…——に対する不利益や悪影響の発生、という2つの問題である。とくに、ストーリーのように、会社（パチョレック開発）が新たに株式等の有価証券を募集したり、売出したりしていたというわけではなく、既に株式を東証一部などの取引所で流通させていたという状況のもとで、いわゆる継続開示として求められていた情報開示について不実の開示を行った場合、そのこと自体は、もちろん悪いことではあるものの、通常、会社自身は市場において取引の当事者とはなっておらず、不実開示そのものから経済的利得を直接的に得ていない場合が多い。そうした状況のもとで、会社に多額の賠償責任を負わせるということにすれば、不実開示それ自体、そして、それに伴ってさまざまな形で生じた信用の毀損によって傷ついた会社に、さらなる追い打ちをかけ、結果として他の利害関係者に多大な不利益を生じさせることにもなり得るであろう。上記のストーリーは、会社がそうした状況に陥る1つの具体的なプロセスを例示したものである。

では、不実開示がなされた場合において、投資家等に対する法人としての会

社による損害賠償は、どのような範囲で認められるべきなのであろうか？

② 不実開示に起因する投資家の損害の捉え方

　会社が有価証券報告などの流通市場向けの開示書類において不実開示を行った場合、投資家において生じる損害をどのように捉えるか、という問題については、これまでの学説や判例は、主に不実開示が行われている状況のもとで有価証券を取得した者を念頭に置きつつ（他にも、不実開示の情報に基づいて有価証券を売却した者や、継続して保有するという判断を行った者の存在が想定され得る）、不法行為法における伝統的な損害の捉え方である「差額説」の考え方、すなわち、加害原因がなかったとした場合の被害者があるべき利益状態と加害がされた現在の利益状態との差を「損害」として捉える考え方（於保不二雄『債権総論〔新版〕』〔有斐閣、1972年〕135頁参照）を基礎に据えて考えてきている。

　そのうえで、「不実開示がなかったとしたならばあったであろう状態」をどのように仮定するか、といった観点から、大きく分けて次の２つの考え方に基づくことができるものとしてきている。

　すなわち、①不実開示がなければ株式を取得することはなかったであろうということを仮定し、原状回復的な救済を図る形で損害（額）を認定しようとする考え方、または、②不実開示がなかったとしてもなお株式を取得してはいたものの、本来はより低い価額でしか株式を取得していなかったであろうということを仮定し、取得時における不実開示がなかったと仮定した場合の価額（想定価額）と、現実の取得価額との差額を損害（額）として認定しようとする考え方、の２つの考え方である（神田秀樹「不実開示と投資者の損害」前田重行先生古稀記念『企業法・金融法の新潮流』〔商事法務、2013年〕320頁以下、黒沼悦郎「有価証券報告書等の不実開示に関する責任」潮見佳男・片木晴彦編『民・商法の溝をよむ』〔日本評論社、2013年〕170頁等参照）。一般に、前者の①の考え方を「取得自体損害説」といい、後者の②の考え方を「高値取得損害説」という。

③ 現実の事例における損害の認定

　では、いかなる場合にいかなる考え方に基づいて損害（額）の認定が行われることになるのであろうか。

[1] 取得自体損害説に基づく損害の認定

　上記の考え方のうち、①の取得自体損害説の考え方に基づいて損害(額)の認定を行うとする場合、それは、株式の取得そのものがなかったという利益状態に原状回復的に戻そうとすることになる。そのため、この場合の投資家の損害(額)は、原則として、(a)有価証券取得者が当該有価証券を保有し続けている場合は「取得価額－現在価額」、そして、(b)有価証券取得者が当該有価証券を既に処分している場合は「取得価額－処分価額」という形で認められることになる。学説は、このような取得自体損害説に基づく損害(額)の認定が行われるべき場合について、そのようにしても当然であるといえるだけの状況が備わっていることが必要であるとし、基本的には謙抑的・制限的ににしか認められるべきではない、とするものが多い（潮見佳男「虚偽記載等による損害——不法行為損害賠償法の視点から」商事法務1907号〔2010年〕17頁など）。

　こうした取得自体損害説に基づく損害賠償を認めた有名な事例は、前掲の西武鉄道事件の最高裁判決である。同事件は、西武鉄道が、数十年という長きに渡り、有価証券報告書等の中で、親会社その他関連会社等が所有していた同社の株式数について少なく開示するという虚偽の記載を行い、仮に真実の情報を開示していれば、東証の定める上場廃止基準にも抵触していたという事案であった。このような事案に関し、最高裁は、虚偽記載等がなければ上場廃止の措置がとられた蓋然性が高い場合、同事件の原告たる投資家らは、本来は同社の株式を取得することはなかったとして、取得自体損害説の考え方をベースに損害額の認定を行うべきであるとした。しかしながら、非常に重要なことに、最高裁は、同時に投資家らが被った損害（額）について「……経済情勢、市場動向、当該会社の業績等、虚偽記載に起因しない市場価額の下落分」は控除されるべきとし、不実開示がなされた期間中に有価証券を取得した場合であっても、当該取得時から虚偽記載の事実が公表されるまでの株価の変動分については、損害賠償の対象からは除外されるべき旨を判示した。こうした判示を前提とすれば、虚偽記載がなされていた期間中に同社の株式を取得した者であっても、虚偽記載等の事実が公表される前に有価証券を売却した者については、何らの損害賠償も認めない、ということになるであろう。そうなると、実際に認められる取得自体に伴うとされる損害(額)は、虚偽記載の事実の公表前から公表後も継続して株式を保有し続けた投資家らについて、公表の前後においてみられる下落額をベースとした金額ということになりそうである。その結果、多くの

事例において、「原状回復的な損害の回復」ということからはほど遠い解決がなされるということになるであろう。

[２] 高値取得損害説に基づく損害額の認定
　②の高値取得損害説の基本的な考え方は前述した通りであるが、この考え方においては、あくまで仮定にすぎない、取得時における「想定価額」や「取得価額－想定価額」とみなすことのできる価額をいかにして説得的に導き出すかということがポイントとなる。そのため、同説に属するとされる考え方は、必ずしも一つではなく、そうした観点からさらにいくつかの考え方が示されている。

　ここで、そうした考え方を逐一紹介することは紙幅の関係でできないが、たとえば、虚偽記載等の事実が公表された前後にみられる株価の「下落額」が、有価証券の取得の際に不実開示によって不当に吊り上げられていた市場価格と、真実情報を反映していれば形成されていたであろう、取得の時点での（仮定の）市場価格との差額に近似するのではないかとして、そうした額を損害額の算定の基礎に据える考え方（公表前後下落額基準説）がある。そして、そのような考え方は、金商法21条の２第３項に定める損害額の推定規定のベースとされている。すなわち、同項は、虚偽記載等の事実の公表前１年以内に有価証券を取得し、かつ、当該公表日に引き続き当該有価証券を所有している者について、当該事実の公表日前１か月間の当該有価証券の市場価格の平均額と公表日後１か月間の市場価格の平均額の差額を損害額とすることができる、としているのである。

　こうした金商法21条の２第３項のような規定があることにより、比較的直近（１年以内）に有価証券を取得した者に限られてはいるものの、本来であれば、なかなか困難な高値取得分の損害額の立証に関して、投資家側の負担の軽減が図られている。

　そして、こうした金商法21条の２第３項の存在を前提とすれば、ストーリーにおいてライトル・トラストが主張している損害賠償額も、１株あたり「3000円（不実開示の公表前のおおよその株価）－1000円（同公表後のおおよその株価）＝2000円」という計算に基づいているとすれば、あながち不合理ではない、ということになりそうである。

［3］損害賠償額から控除される株価の下落額

他方で、金商法21条の2第5項および6項では、同条3項によって導き出される損害額のうち、「虚偽記載等によって生ずべき当該有価証券の値下り以外の事情により生じた」損害額について、会社に賠償責任がない旨が定められている。

これらの規定の適用に関して、現実の事例では、①ろうばい売り、すなわち、不実開示の発覚に伴う、場合によっては、上場廃止の可能性が健在化することなどにも起因する、投資家の過剰反応等に基づく有価証券の売却による株価の下落分、②不実開示の事実の公表後に倒産処理手続に入るような事例における、倒産処理手続に入ることの公表による株価の下落分、③不実開示の事実の公表前から継続的な株価の下落傾向がみられていた場合の当該下落分、などについて、そうした株価の下落分が損害賠償額から控除されるべき金額として認められるか、といったことが問題とされてきている。

判例は、今のところ、①については、「虚偽記載等と相当因果関係のある損害」であり、賠償の対象とすべきであるとして減額要因としては認めないものの（最判平24・3・13判時2164号33頁）、②および③については、減額要因として認め、実質的に損害賠償額の大幅な減額が行うというスタンスを採ってきている（最判平24・12・21判時2177号51頁）。しかし、こうした点については、現在でも、学説においてさまざまな主張がみられるところであり、今後も判例が同様の立場に立ち続けるかということについてはまだまだ流動的であるように思われる（拙稿「判批」判評670号13頁〔判時2235号151頁〕以下参照）。そして、私見によれば、その背景には、本稿の「①」で述べた〔1〕と〔2〕の問題が常に横たわっているように思われる。

たしかに、不実開示を行った会社は悪い。そのことは間違いない。しかし、だからといって不実開示によって投資家らに生じた経済的損失を大きく回復させるような損害賠償を認めることは、他の利害関係者により一層大きな不利益や悪影響を及ぼすことにもなりかねない。このことも考慮していかなければならないであろう。

とくに、ストーリーにあるように、会社が再建の途上にあるような場合、多額の損害賠償責任を認めることは、その再建をおぼつかなくさせることにも繋がりかねないであろうし、それによって、取引先や会社の従業員などにも悪い影響が及ばないとも限らないであろう。

以上のようなことを踏まえたうえで、投資家らに対して、いかなる形で会社からの損害賠償という民事的な救済を認めていくべきであろうか？　こうした問題について答えを出すには、関連する諸問題についてさらに議論を深化させ、場合によっては、さらなる立法的解決も視野に入れた検討を行っていくことが必要であろう。

もしもストーリーがこうだったら…

では、もしストーリーにおいて、パチョレック開発による粉飾決算や有価証券報告書などにおける虚偽の記載等が、取締役ら経営陣のまったくあずかり知らぬところで従業員等によって行われた行為によって生じたものであり、かつ、財務計算の適正性を確保するためのいわゆる内部統制システムも一定の水準をもって構築・運用されていて、不実開示に関連する事実は、どう考えても不実開示が行われていた時点では、直ちにあぶり出されなかったであろう、といったような場合はどのように考えればよいであろうか（仮定①）。

また、会社によって行われた不実開示の内容が、財務計算に関するものであり、かつ、会社が本来従うべきであった公正なる会計慣行や企業会計の基準（会431条、金商193条等参照）の範囲等に関してある程度解釈の余地があり、会社が行った会計処理等がただちに違法であったとか、不適切であったとはいえないような場合はどのように考えればよいであろうか（仮定②）。

これらの仮定①および仮定②については、会社が虚偽記載等について「故意または過失がなかったことを証明したとき」は責任を負わない、とする金商法21条の2第2項の解釈問題となり得る。

ただ、同項の解釈についてはいくつかの難しい問題がある。

たとえば、そもそも金商法21条の2は、賠償責任を負う主体として原則的に法人としての会社を想定しているところ、その場合、自然人ではない、法人たる会社としての「故意」または「過失」をどのようにして観念し、認定すべきであろうか？　代表取締役や財務等に関する業務を執行する取締役等、一定の地位にある自然人の行為ないし不作為の状況から判断すべきであろうか？　といった問題が立ちはだかっている（こうした問題につき、潮見佳男『不法行為法Ⅰ〔第2版〕』〔信山社、2009年〕309頁以下参照）。

おそらく、概括的にいえば、一定の水準にあったといえる財務報告にかかる内部統制システムを整備し、かつ、運用していた場合や、そのような状況のもと

で、監査法人などと適切に連携しつつ、公正なる企業会計の慣行や基準に従うべく、そうしたことにも合理的な配慮をしながら会計処理を行っていた、といったことを会社側が一定の合理性をもって説明できるというのであれば、不実開示に関する会社としての「過失はなかった」として、会社は責任を免れることになるのかもしれない。とはいえ、仮にこのような枠組みで金商法21条の2第2項に関する解釈を行っていくとしても「どのような事実をもって、一定の水準にある財務報告にかかる内部統制システムが整備・運用されていたとみるか？」といったことや、「会社として、公正なる会計慣行や企業会計の基準の遵守について、どのような形でどの程度まで配慮していればよかったのか？」といった問題などがなお残されている。こうした問題は、ある程度の事例の集積とそれらにかかる分析などを待つしかないであろう。

前述したように、安易に投資家への多額の損害賠償を認めることは他の利害関係者に対して大きなマイナスの影響を与え得る。ただ、そうであるからといって、不実開示を行った会社について、簡単に「故意または過失がなかった」という認定を行い、ほとんど責任を認めない、といったような流れや傾向を作り出すことも、民事責任規定である金商法21条の2に込められているはずの、「投資家が被った経済的損失のすべてではないにしても、一定程度の填補、すなわち損害賠償を認めることによる、投資家の保護・救済を通じた証券市場の信頼性の確保・向上」といった趣旨を没却することになりかねない。

このように、不実開示と、それに伴う法人としての会社の損害賠償責任のあり方については、立法論としても、そして、とくに金商法21条の2第2項・5項・6項を中心とした解釈論についても検討すべき問題点や課題は多い。多様な観点からの議論の深化が待たれるところである。

（わだ・むねひさ）

ストーリー

1. あまり日本では知られちゃいないが、オーストリアの東から隣国ハンガリーにかけてのエリアはワインの名醸地。ブルゲンラントの出来のいい赤ワインなんて、イタリア、フランスのよいものだってそこのけだ——。そのように固く信じて疑わない元商社マンの渡海氏とその奥さん。そもそも「トカイ」はハンガリーの名物ワイン。趣味が高じてワインバーを開くことにした。

ハンガリーにちなんで店名は「ワインバー・マジャール」、運営会社の社名は「株式会社マジャール商会」に決めた。渡海氏は張り切って会社設立の計画のときから「代表取締役社長」の名刺まで作り、友人、知り合いにアピールしはじめていた。

だがこういう場合、いつも問題なのが開店資金だ。まずは立地のよい店舗の購入か賃借り、そして、必要に応じてお店の造作工事と備品購入、それにもちろん美味しいワイン・食材の仕入れも。気持ちは若いが夫婦2人でフル回転するのはさすがに厳しいから、ホールとキッチンに人を雇わなくては。ホールには扱うワインに詳しいソムリエを、キッチンにはワインに合う料理が得意なシェフを。あんなこんなで夢の実現にはとってもお金がかかるのだ。

2. そんなときに頼りになるのは長年の友人たち。地元の古くからの資産家で、店舗用物件を所有する円毛留(えんげる)氏が「それならちょうど良い物件があるからよければお譲りしよう」と提案してくれた。価格は駅前の土地建物で3000万円。けっして安くはないし、小さな店だが、元がフレンチ・レストランなので、リフォ

ワインバー・マジャール

半年前…

実は夫婦でワインバーを開きたいと思っていまして…そこで地元に詳しい円毛留さんにいい物件はないかとお聞きしたいと思いまして…

ありますよ！あります。渡海さんにおすすめの物件が！

土地建物で三〇〇〇万円。駅前で人通りも多い。お店をするには持って来いの物件ですよ！

話はとんとん拍子に進み…全額支払いはきついということなので長年の友人でもあり売買契約時に半額さらに開店したときに残り半額の支払いにしてあげた…めでたく開店。店は大ブレーク…そろそろ残代金の件を話さなければと思っていた。

そんなある日…

渡海さんの奥さんがソムリエとかけおち。彼はやる気をうしないお店はあっという間に閑古鳥が…

私は未払金を彼に請求できるんだろうか…

[第3話]
発起人の開業準備行為

ーム代を節約できそうだ。何よりおしゃれな雰囲気が気に入った。2人には子どもは居ないし、親からの相続財産も入った。サラリーマン時代の貯えやら退職金やらもあるしで、まあこれくらいの投資なら、と、思い切って購入することにした。

　ただ、あれこれと出費が嵩むし、即金での全額支払いはきつい。円毛留氏に相談して、売買契約時に2000万円、さらに開店したときに残り1000万円の支払いの条件を呑んでもらった。所有権は会社の設立を条件として移転し、その移転登記は残金の支払をしたときに司法書士さんに頼むことになった。円毛留氏も、ちょうどこの物件を処分しようと思っていたタイミングで、値段も悪くなかったので、この条件に納得した。渡海氏は「株式会社マジャール商会　代表取締役　渡海良人」と署名して円毛留氏と売買契約書を取り交わした。

3．お店のリフォームは、地元の工務店に依頼し、ワイン・食材や備品は商社時代のコネで安く手に入れた。これで準備万端だ。おっと、「株式会社マジャール商会」の設立の手続を忘れていた。司法書士さんにお任せでもいいが、それくらいは自分でやろう。

　発起人は渡海夫婦のほか、円毛留氏に加わってもらって3人。株主もこの3人だけである。定款には、3人とも「設立時取締役」で、渡海氏本人が「設立時代表取締役」と記載した。「設立時監査役」は円毛留夫人に引き受けてもらった。この定款に渡海夫人と円毛留氏のハンコをもらい、公証役場で認証を受け、取引銀行の口座に出資金300万円を振り込み、その他必要な書類を揃えて法務局で設立登記を済ませた。出資金のほか、公証人と法務局にお金を払わなければならなかったが、手続はさほど面倒ではなかった。そうそう、マジャール商会の定款には店の土地建物の件は何も記載していなかったけれど、会社の本店は自宅にしておいたから別に問題はないだろう。

　あとは、ソムリエとシェフの候補者の面接だ。ソムリエは渡海夫人が気に入った、長身で美形の男性、そして、シェフはウィーンで修業した女性シェフにした。こちらは渡海氏が痛くお気に召したのだ。

4．そしてめでたく「ワインバー・マジャール」が開店。口コミ、雑誌取材でお店はいきなりの大ブレーク。渡海夫婦は、お店に出ずっぱりの大忙しになった。朝から晩まで忙しい仕事の合間に、渡海夫人はソムリエと顔をつきあわせてはワイン談義に花を咲かせ、渡海氏はシェフとヨーロッパの社会と文化について語り合い、というところから始まって、数ヶ月経つうちに、なんだか妖しい雰囲気が立ち込めてきた。ある晩、渡海氏は、閉店後の店のなかで夫人がソ

ムリエと親密にひそひそと話し込んでいる様子を目撃してしまった。気がつけば夫婦仲は冷却状態に…。

　円毛留氏のほうは、夫人ともども、しょっちゅうお店を訪れてはワインと料理に舌鼓をうつ一方、1000万円の残代金のことが気になっていた。いずれ折をみてちゃんとしなければと思いつつも、お店も順調だし、まあ大丈夫だろうと高をくくっていた。

5．開店から半年経ったある日――。渡海夫人とソムリエが突如姿をくらました。「この人とヨーロッパで人生をやり直します。あとのことは一切貴方にお任せします。」という置き手紙を残して。

　それ以来、渡海氏は「ワインバー・マジャール」の経営の意欲を失い、シェフもさっさと転職してしまった。すっかり客足が遠のいた店内に残っているのは、閑古鳥と昼間からワイン浸りの渡海氏だけ。

　円毛留氏は、誰にどのような請求ができるか？

何が問題なのか

① 会社ができる前・人が生まれる前

　円毛留氏と渡海氏が交わした売買契約書では、買主は「株式会社マジャール商会」とされているのだから、円毛留氏は、本来、会社に残代金1500万円を請求すべきである（民555条）。

　ところがやっかいなのは、その売買契約の当時には買主の「株式会社マジャール商会」という法人が未だ存在していなかった、という点である。会社は、設立登記の完了によってはじめて成立し（会49条・911条）、法人となる（会3条）。それより前は、たとえ設立直前であっても会社は存在しない。自然人（生身の人間）でいえば、ちょうど母親の胎内で育っている胎児のようなもので、医学的に母胎の外で生育可能であっても、実際にオギャーと生まれなければ、私法上は、権利義務の主体たる「人」にはならないのである（民3条1項、ただし民721条、886条）。つまり、円毛留氏は、胎児を相手に土地建物を売ったのと同じで、店の売買契約は当事者（買主）たる会社が不存在のために、無効ということになる。そうだとすると、円毛留氏としては、原状回復、すなわち、株式会社マジャール商会に対して、受領した2000万円の返還とひきかえに（家賃相当額は差

し引いてよいだろう）、自己の土地建物の返還を求めることができるだけである。

　だが、考えてみれば、次項でみるように、発起人の設立手続の遂行によって、会社も胎児のように徐々に成長していくのであって、設立登記の瞬間に突如としてこの世にあらわれるわけではない。この設立登記前の会社を一般に「設立中の会社」とよぶ。未だ会社ではないが、さりとてゼロでもない、宙ぶらりんな過渡期のこの「設立中の会社」をどのように捉えるべきか。

② 発起人・設立時役員

[1] 発起人

　株式会社が成立するためには、発起設立の場合には、定款作成から始まり、株式発行事項の決定と株式の引受、出資の履行、設立時役員等の選任という会社法に定める手続をクリアし、その最後に設立登記をなすことになる。だが当の会社がまだ世の中に存在しないとすれば、誰かが会社に代わってこれらの手続きをすすめていかなければならない。その役割をはたすのが発起人（promoter）である。いってみれば、発起人は株式会社の「助産師さん」役であって、会社が無事にオギャーと生まれるまで面倒をみる人——設立事務の担当者——なのである（念のためにいえば、設立に関する責任関係を明確にするために、発起人とは、「発起人」として定款に署名〔記名押印、電子署名〕をした者であるとして、ごく形式的に解されている。大判明41・1・29民録14輯22頁）。

　ストーリーのように、成立後の会社のために事業用の土地建物を取得する行為は、会社の成立後すぐに事業を開始できるよう準備する行為としては有益である。このように、会社が成立後すみやかに事業を行えるように、土地、建物、設備などの取得、原料仕入れや製品販売のルートをあらかじめ確立するなどの行為を開業準備行為という。

　そして、その典型であるいわゆる財産引受について、会社法は、「株式会社の成立後に譲り受けることを約した財産」（会28条2号）は、その価額・譲渡人の氏名・名称を定款に記載しなければ「その効力を有しない」ものと定め（会28条柱書き）、かつ、原則として裁判所の選任する検査役（通常は弁護士）の調査を強制している。ストーリーの店舗用の土地建物の取引はまさにこの財産引受にあたる。しかし渡海氏は、法の不知によって、定款にこの取引に関する記載はいっさいしていない。したがって、右の取引は「無効」というほかない。

だが、譲渡人の円毛留氏から「無効な取引だから土地建物を返してくれ」と主張できるのであろうか。

［2］設立時代表取締役

　発起人の地位とやや紛らわしいのは、渡海氏が「株式会社マジャール商会代表取締役」という肩書きで円毛留氏と売買契約書を交わしていることである。右契約の時点では、肝心の会社が未成立の段階であるから、渡海氏は、まだ代表取締役ではなく、「株式会社の設立に際して代表取締役になる者」すなわち「設立時代表取締役」（会47条1項）であるにすぎない。その設立手続中の権限は、設立経過の調査を行うことであり（会46条1項・2項、なお商登法47条1項）、けっして会社を代表して契約を締結する権限をもつわけではない。

　そのような権限がもしあるとすれば、それは発起人としての権限である（まさに適法な手続きを践んだ財産引受がこれにあたる。東高判昭32・3・20民集12巻14号3236頁参照〔後掲の最判昭42・9・26の原審〕）。だが渡海氏は「代表取締役」と称して契約しながら、実は、当の会社が未成立であり、かつ、無効な財産引受だった。このような場合、渡海氏は円毛留氏に対して、何らかの法的責任を負わないのだろうか。

［3］発起人・設立時役員らの損害賠償責任

　また、渡海氏のほか、渡海夫人および円毛留氏も、設立中の会社における発起人兼務設立時取締役であり、円毛留夫人は設立時監査役に就いている（会38条3項）。これらの人々がみな残代金について知らん顔ができるというのはおかしな話だ。渡海夫人にしたところで「渡海氏にあとはお任せ」で蒸発したからといって、法的責任まで消えるわけではない。だが、円毛留氏夫妻も「責任者」の中に混じっている点はどうだろうか。

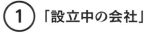
法律家はこう考える

① 「設立中の会社」

［1］同一性説

　発起人が主体となって株式会社の設立事務を遂行していき、会社が無事に設

立されたときに、それまで発起人が取得した権利義務が会社に帰属する。これをどのように説明するか、についてはかつて議論があった。このようにいうと、「発起人が会社を設立するために取得した権利義務が会社のものになるのは当たり前じゃないか！」と思われるかもしれない。だが、さきほど述べたように、発起人はいわば株式会社の「助産師さん」であり、どこまでいっても会社とは他人である。他人間では権利義務の承継が必要になるはずであり、そうすると、もし発起人がその移転行為を怠ったときには、会社にはなんらの権利義務も帰属しないことになりかねない。その不都合を解消するためにドイツの通説を参考にして考え出されたのが、「設立中の会社」と「会社」が実質的に同一であるというアイディア（同一性説）である。

　この考え方によれば、会社の設立登記完了以前に発起人による定款作成および1株以上の引受によって、「設立中の会社」という権利能力なき社団が出現し、発起人はその社団の機関となり、発起人がなした行為の効果は実質的にこの設立中の会社に帰属するものとする。そして、設立中の会社と成立後の会社との同一性を根拠として、会社成立前に前者に帰属していた効果は、成立後は当然に後者に帰属するものととらえるのである（田中耕太郎『改訂会社法概論上巻』〔岩波書店、1955年〕241頁以下）。

　一見すると巧妙な説明であり、従来からの通説・判例の考え方でもあるが、設立手続中に名実共に法人格をもつのは発起人のみである。発起人のなした行為の効果がいくら実質的に設立中の会社に帰属するといってみたところで、それは比喩の域をでるものではない。学生諸君によくある勘違いだが、その比喩をあたかも実体であるかのように真に受けて、設立中の会社には「実質的権利能力」があるはずだとして、その範囲を問題にするなどは、形式としての法人格と、実質としての経済的主体性とを混同するものである。また、設立中の会社は権利能力なき社団とされるから、その権利義務は社団のメンバーの総有と捉えられるべきものであるが（最判昭32・11・14民集11巻12号1943頁）、これはあくまでメンバー全員の法人格を基礎とするものであって、未成立の「会社」の法人格とはどこまでも区別しなければならない。

　実は、同一性説が登場する以前には、「法律上当然の取得説」（発起人の権利義務を会社が取得するのは「当たり前」という考え方）などが唱えられていた（田中耕・前掲書247頁）。同一性説による説明も、結論が先行している点で、実は当然取得説とさして変わらないのである。

［2］発起人の権限

　かりに発起人が設立中の会社の機関であるとすればその権限の範囲が問題になるが、判例は、「会社設立自体に必要な行為のほかは、発起人において開業準備行為といえどもこれをなしえず、ただ原始定款に記載されその他厳重な法定要件を充たした財産引受のみが例外的に許容される」（最判昭38・12・24民集17巻12号1744頁）という。つまり、発起人は会社をこしらえる役まわりなのであって、会社を設立するために必要な行為をなす権限は有するが、事業の開始を準備したり、ましてや事業を前倒しで行ったりする権限などは与えられていないと考えているのである。その根底には、会社の設立の過程で成立後の会社に債務を負わせる行為の効果は、集めた資本を害するおそれがあるから原則として認めないという考え方がある（1981年までのドイツ判例が採っていた事前債務負担禁止原則。丸山秀平「いわゆる会社の前身（Vorgesellschaft）について」田中誠二先生米寿記念『現代商事法の重要問題』〔経済法令研究会、1984年〕21頁以下）。

［3］発起人と発起人組合

　ストーリーでは発起人が3名いる。実態としては、渡海氏ひとりが動いていたにせよ、もし彼らがばらばらに設立事務をすすめていくことになれば設立の見込みは立たなくなる。そこで、発起人同士の間には、通常、会社の設立を目的とする民法上の組合契約（民667条）が結ばれるものと解されている。組合契約の内容である「共同の事業」は会社の設立であるから、発起人が会社の設立を目的とする行為を行うかぎり、それは（同一性説に立つとして）設立中の会社の機関としての行為であると同時に、組合契約の履行行為でもあるということになる。ただし、くれぐれも注意しておくが、発起人全員が構成員であるこの組合契約と、「設立中の会社」（発起設立の場合）は、メンバーこそ同じだが、あくまで別物である。というのは、設立中の会社の機関は個々の発起人であり、個々の発起人が個人的に結んだ組合契約が発起人組合だからである。

② 定款に記載のない財産引受

［1］財産引受

　財産引受は会社法の文言のとおり、通常は売買契約であるが、その譲受の本人である会社が成立する前に発起人が締結する点に特殊性がある。判例の定義

によれば、「発起人が設立中の会社のために、会社の成立を条件として特定の財産提供者から一定の財産を譲り受ける契約」であって、「設立中の会社の名において締結されるものであり、会社の成立を条件として契約上の権利義務が直接会社に帰属することを内容とする契約」である（最判昭42・9・26民集21巻7号1870頁〔大和交通事件〕）。

財産引受の規制の元祖は、金銭の代わりに財産を出資する、いわゆる現物出資（会28条1号）である。現物出資では財産を過大に評価し（たとえば二束三文の土地を高額に評価して）、その対価として不当な設立時発行株式を得るといったことが行われかねない。そこで、現物出資の当事者（発起人に限る。会34条1項と63条1項対照）および内容の定款への記載、さらに、原則として裁判所の選任する検査役の調査を要する（会33条。また、会52条・103条1項）。しかし発起人が、二束三文の土地を会社の成立後に高額で譲り受けることを約束してしまえば、現物出資の規制はまんまと潜脱され、成立後の会社から代金の形でいきなり多額の資金が引き出されることになりかねない。財産引受は、株式を与える現物出資と違って、金銭の支払いを内容とする取引ではあるが、設立のどさくさ紛れに不当な対価を与える危険がある点では同じである（いずれも変態設立事項）。

[2]「効力を生じない」の意義

円毛留氏の土地建物の譲渡は、定款には記載されていなかったのだから無効といわざるをえない。しかし「無効」とは、財産譲渡契約そのものが無効なのか、それとも、無権代理と同様に、契約自体は有効であってその法律効果が成立後の会社に帰属しないという意味なのか。この点、「会社」と実質的に同一の「設立中の会社」をみとめる立場では無権代理となるはずであるが、判例をみると、会社成立後に定款に記載のない財産引受を追認しえないものとし、ただ、新たに事後設立の手続き（株主総会特別決議、会467条1項5号）を践んで財産取得の契約を有効に結ぶことは可能である、としているものがあり（最判昭28・12・3民集7巻12号1299頁、判旨では設立中の会社に言及していない）、財産引受それ自体が無効となると解しているとみられる（前掲の最判昭42・9・26は設立中の会社に触れつつ結論同旨）。

だが、このように財産引受が絶対的に無効であるとしても、「株式会社マジャール商会　代表取締役」という肩書で契約書にハンコをついた渡海氏が自

ら契約の無効を主張するのは少し図々しい気がする。しかし財産引受の規制は会社の保護が目的であるから、会社側が無効を主張しうるのはもちろんのこと、「無効の当然の結果として」財産引受契約のいずれの当事者も主張でき（前掲の最判昭28・12・3）、したがって譲渡人の円毛留氏からあえて無効を主張することもできると解されている。この場合、円毛留氏は店の土地建物の返還を請求しうるが、受領した2000万円は会社に返還しなければならない。

[３] 追認の可否

　マジャール商会株式会社は自らの営業のために土地建物を利用しているが、それは追認には当たらないのだろうか。さきにみたように、追認を否定するのが判例法である。この立場では、契約自体が無効ならば新たな行為をするほかはなく（民119条）、場合によっては事後設立の規制をクリアする必要も生じよう（前掲最判昭28・12・3）。他方、無権代理ならば、本来、遡及的追認ができるはずであり（民113・116条、ドイツでは追認が認められる）、追認を否定するならば、会社財産の保護など別個の理論によるほかない。この点で、近時、信義則（最判昭61・9・11判時1215号125頁）をはじめとして、契約上の地位の移転（東京地判平7・11・17判タ926号244頁）、債務引受け（東京高判平1・5・23金法1252号24頁）という構成によって、実質的に追認をみとめたのと同様の結論を導く判例が出てきていることが注目される。

[４] 無権代理人の責任

　また、そもそも円毛留氏は、「株式会社マジャール商会　代表取締役」と名乗って売買契約を締結した渡海氏の個人的な責任を追及できないだろうか。

　発起人が「代表取締役」と名乗ってプロ球団に宣伝試合をしてもらう契約を締結した事案で、判例は、「民法117条は、元来は実在する他人の代理人として契約した場合の規定であって、本件の如く未だ存在しない会社の代表者として契約した者は、本来の無権代理人に当たらないけれども、同条はもっぱら、代理人であると信じてこれと契約した相手方を保護する趣旨に出たものであるから、これと類似の関係にある本件契約についても、同条の類推適用により、会社の代表者として契約した者がその責任を負う」（最判昭33・10・24民集12巻14号3228頁〔大映スターズ事件〕）と判示した。ただし、この事案では、相手方は善意・無過失であるのに対して、ストーリーでは、円毛留氏は会社が設立中で

あり、かつ、定款に財産引受の記載がないことを知っている。したがって、民法117条2項の類推適用の結果として、履行または損害賠償を請求しえないこととなる。法の不知とはいえ、気の毒な結論ではある。

[5] 会社の不当利得

だが、円毛留氏には、最後の奥の手がある。残代金1000万円の履行請求ではなく、不当利得（民703条）として、会社から1000万円分の利得を返してもらうことである。なぜなら、本来、無効な取引にもとづいて、店の土地建物が会社の事業であるワインバー経営に用いられ、会社が利得している一方、円毛留氏は渡海氏の個人的責任を追及することもできず、損失をこうむっているからである（前掲・最判昭42・9・26）。

もし[4]の無権代理人の責任が認められたり、あるいは、発起人の渡海氏や発起人組合が財産引受の代金を保証したりなど特別な事情があれば、円毛留氏の損失はそちらで填補されるが（前掲最判昭42・9・26）、ストーリーにはそういった事情はありそうにない。

③ 発起人・設立時役員の責任

発起人や設立時取締役・設立時監査役がその職務を行うについて悪意または重大な過失があったときは、これによって第三者に生じた損害を賠償する責任を負い（会53条2項）、彼らは連帯債務者となる（会54条）。会社債権者は、典型的な「第三者」であるから、円毛留氏に対して全員で連帯責任を負うことがありうる。円毛留氏夫妻も連帯債務者ではあるが、内部的求償関係での負担部分はこの場合はゼロと解されよう（ただし、過失相殺はありうる）。

もしもストーリーがこうだったら…

1．渡海氏は「ワインバー・マジャール」の開店の準備のために、会社の設立登記前に、「株式会社マジャール商会発起人総代」の肩書きで、ワイン輸入商の賛久商会からワイン10ダース（代金額36万円）を購入した。会社の定款には右のワインの売買に関する記載は一切なく、賛久商会は、定款に記載のない事実を知らなかった。

右のワインの売買代金が会社設立後も

未払いとなっている場合、賛久商会は、代金額36万円を誰から回収することができるか。

〔ヒント〕まず、誰が代金支払義務を負う「買主」なのかを当事者の意思解釈から特定しなければならない。渡海氏個人（または発起人組合）なのか、それとも発起人・渡海氏による設立後の会社のための財産引受なのか。場合分けが必要になろう。そのうえで、定款の記載なき財産引受にあたる場合、取引は絶対的無効（追認も認められない）と解するのが判例であるが、財産引受の相手方である賛久商会が、発起人の行為であることを知りつつも、定款の記載がないことにつき善意である、という点で、渡海氏の無権代理人の責任を追及しうる善意・無過失（民117条2項）の相手方といえるかどうかが問題となる。

2．渡海氏は、開店の準備で費用を使いすぎたため、引き受けた設立時発行株式の払込み（1000万円）が困難となった。そこで、駅前の丸損銀行の駅前支店から自宅のリフォーム資金として1000万円を借り入れ、払込取扱場所である旨味銀行の駅前支店の所定の口座宛に払込をなした。その1週間後、会社の設立登記が完了したのち、その足で旨味銀行の会社名義の口座から1000万円を引き出して、丸損銀行に「たまたま友人から無利子でお金を借りることができたので」と説明して借入金を全額返済した。

(1) 渡海氏は会社に対していかなる法的責任を負うか。

(2) 渡海氏は剰余金の配当を受け取る権利を有するか。右の事情をまったく知らずに、渡海氏から株式を譲り受けた円毛留氏はどうか。

〔ヒント〕仮装払込みについては、平成26年会社法改正で、出資の履行を仮装した場合の責任および株式の効力の規定が新設された（会52条の2、会規7条の2）。この規定の適用により設問に一応の解答をすることは難しくない。

ただし、これはいわゆる「見せ金」といわれる類型であり、払込の効力について、判例は無効説に立つのに対し（最判昭38・12・6民集17巻12号1633頁）、有効説もなお有力であった（倉澤康一郎『会社判例の基礎』〔日本評論社、1988年〕35頁以下）。いずれの立場から一貫した説明をなしうるかが理論的な問題として残っている（どちらでもいいわけではない）。

（たかだ・はるひと）

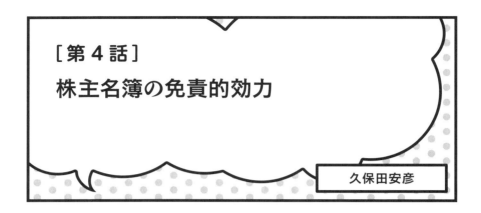

[第4話]
株主名簿の免責的効力

久保田安彦

ストーリー

1．「ぎりぎり足りない、ということか？」
　高野は問いかけた。答えたのは、夕日ビール株式会社の顧問弁護士である。
　「もう一度状況を整理しましょう。夕日ビールには、松尾麦酒を消滅会社、夕日ビールを存続会社とする合併の計画が持ち上がっており、代表取締役である高野社長をはじめ、取締役は全員合併に賛成していますが、最終的には、株主総会の特別決議による承認を受ける必要があります。夕日ビールの発行済株式は1万株で、高野社長が5800株、岡本氏が900株、長田氏が3200株、そして残りの合計100株を10名の零細株主が保有しています。長田氏は合併に強硬に反対していますから、岡本氏が株主総会で賛成の議決権行使をしないかぎり、どうやっても特別決議は成立しません。その意味では、たしかにぎりぎり足りない、といってよいでしょう。特別決議の成否は、岡本氏の意向次第です。」
　「それで、岡本氏はなんて言ってるんだ？」
　「態度を保留しています。ただ、夕日ビールの経営にあまり関心がない、というのが本当のところかもしれません。これまでも総会にほとんど参加していませんし、先日私が話をしたときには、持株の売却も考えているようなことを言っていましたから。」
　「そうか……。なんとか上手く説得できるといいんだが。」高野は、祈りを込めて、そう呟いた。

2．ちょうどその頃、岡本の自宅では、息子の晋一が激しい焦燥にかられてい

た。

　彼女の誕生日が刻々と近づいている。彼女からのリクエストはエルメスのバッグ。値の張るやつだ。いいとこ見せようとして約束したけど、到底買えそうにない。このままだと大変なことになりそうだ。
　彼女の怒り狂う顔を想像しながら、晋一は心を決めた。やっぱり何か親父のものを売っ払って、金に換えるしかない。でも、金目のもので、勝手に売れそうなものといっても……。
　少し前に、法学部生の悪友に相談したときは、株式なんかいいんじゃないか、ということだった。そういや、この間、親父のところに夕日ビールの顧問弁護士が来て、株主総会がどうとか言ってたな。
　晋一は腰を上げると、夕日ビールのことを調べ始めた。
　しばらくすると、いくつかのことが分かってきた。弁護士が持ってきた資料によると、親父は夕日ビールの株主で、夕日ビールは松尾麦酒との合併を計画しているらしい。定款をみると、夕日ビールは公開会社で、株券は発行しないことになっている。
　「これ、いけるぞ。」晋一は思わず声を出した。悪友の話だと、株券不発行会社の株式は意思表示だけで売却できるらしいから、俺が親父の代理人ってことにすれば売却できる。親父の実印の隠し場所も知ってるから委任状も偽造できる。あとは、株の買い手をどうやって探すかだけど……。

3．困難を覚悟していたが、意外に簡単に買い手は見つかった。知人の仁木に売却話を持ちかけると、最初は躊躇していたが、夕日ビールと松尾麦酒の合併話があることを知ると、俄然乗り気になった。
　「松尾麦酒って、あの『ザ・ダイサク』のメーカーだよな。あのビール、ホント最高だよ。松尾麦酒と合併するなら、将来性は間違いないぞ。」
　「そんなに有名なんですか？」
　「『ザ・ダイサク』を知らないって、お前それ、HKT48の朝長美桜を知らないっていうレベルだぞ。」
　「仁木さん、それって、めちゃめちゃ有名ってことですよね。」
　「そう。だから、俺が親父さんから株を買うよ。でも、たしか株を買っても名義書換しないと、株主としての権利行使はできないんだよな。名義書換請求って、どうやるんだ？」
　「えっ、それは……。」

「まぁ、いいか。名義書換の手続は、俺が夕日ビールに聞いてみるよ。」仁木はそう言って、苦笑した。

こうして岡本の知らないところで、息子の晋一が代理人になって、岡本・仁木間で900株の夕日ビール株式の売買契約が締結された。仁木が夕日ビールに問い合わせたところ、名義書換請求には、実印を捺した岡本・仁木連名での請求書に両名の印鑑証明書を添えて提出するよう言われたので、そのとおりにした。もちろん、岡本の実印は晋一が無断で押印したものであったし、印鑑証明書も晋一が無断で取得したものであった。

4. 高野は小躍りした。岡本が仁木に持株を譲渡したことを知ったからである。しかも、仁木からの名義書換請求を受けた総務部長の話では、仁木は松尾麦酒との合併に賛成らしい。まさかこんなに都合よく話が進むとは。

話がうますぎるから、嘘じゃないかとも疑ったが、名義書換請求書には岡本の実印が捺され、印鑑証明書も添付されているから、間違いなく本当の話だ。

これで、松尾麦酒との合併を決められる。高野の顔には、安堵の表情が浮かんでいた。

5. 長田は消沈していた。株主総会で自分は反対したのに、高野と仁木の賛成によって松尾麦酒との合併が決議されてしまったたからである。

ところが、その後まもなく、おかしな話が伝わってきた。こんな話である。

総会の招集通知がこないことを不審に思った岡本が調べてみたら、息子の晋一が勝手に夕日ビール株を仁木に売却していたことが分かった。やっぱり夕日ビール株を持ち続けたいと考えた岡本は、売買契約が無効であると主張して、仁木から持株を取り戻したらしい。晋一は、岡本から勘当されたうえに、仁木から責任を追及されて大変なことになっているようだけど。

長田は考えた。これはチャンスじゃないか。まだ合併は実行されてないから、総会決議を取り消せば、合併を中止させられるんじゃないか。

6. 株主総会を終えて、一息ついていた高野のところに、思わぬ報告が飛び込んできた。長田が夕日ビールを被告に、先日の合併承認総会決議の取消しを求める訴えを提起したという報告である。長田は、当該決議について、招集手続の法令違反・決議方法の法令違反があると主張しているらしい。

「いったい、どういうことなんだ……。」高野は呆然として呟いた。

何が問題なのか

　本ケースの最大の問題は、晋一の女性との付き合い方にあるようにも思うが、それを措くと、以下のように問題を読み解くことができるであろう。

　まず、晋一は、父親である岡本の代理人として、仁木との間で夕日ビール株の売買契約を締結している。しかし、晋一は岡本から代理権を与えられていないから、岡本が追認しなければ、当該契約の効力は岡本に対して生じない（民113条1項）。そして、岡本は追認をしていないから、結局、岡本は依然として夕日ビール株900株を保有する株主である一方、仁木は夕日ビールの株式を取得しておらず、無権利者であることになる。

　これをそのまま当てはめると、本件株主総会の招集通知は、仁木ではなく岡本に送付されるべきなのに、送付されていないから、本件株主総会決議には、招集通知の法令違反（会299条1項違反）が認められることになる。また、仁木は本件株主総会決議について議決権を行使できないから特別決議の決議要件を満たしていないはずなのに、夕日ビールは決議を成立させているから（賛成票の数え間違いと実質的に同じ状況が生じている）、この点で決議方法の法令違反（会309条2項違反）も認められることになる。長田が、招集手続の法令違反・決議方法の法令違反があるとして、本件株主総会決議の取消しの訴えを提起したのは、こうした考え方に基づくものと理解される。

　ただ他方で、本件株主総会のとき、仁木は岡本に代わって株主名簿に株主として記載されていた。しかも、その名義書換の手続にも問題はなさそうである。というのも、夕日ビールは株券不発行会社であるところ、株券不発行会社に対する名義書換請求は、株式取得者が、その取得した株式の株主名簿上の株主と共同で行わなければならない（会133条2項）。そしてストーリーでは、株式取得者である仁木と、売主で株主名簿上の株主である岡本との連名での請求書によって名義書換請求がなされており、法定の手続に従っているからである。

　このように仁木は、適法な手続によって名義書換を行い、株主名簿に株主として記載されていた者である。そうであるかぎり、夕日ビールが仁木を株主として取り扱うことには問題はなく、したがって、本件総会決議には、招集手続の法令違反・決議方法の法令違反はないとも考えられる。

　それでは、上記のような考え方と、長田の考え方は、いずれが正当なのであろうか。これは、株券不発行会社の場合に株主名簿の免責的効力が認められる

かという問題である。以下では、まず株主名簿制度の趣旨を確認したうえで、どのような場合に免責的効力が認められるのかを検討することにしよう。

なお、仮にストーリーについて免責的効力が認められず、本件株主総会決議に瑕疵があると解するとした場合には、以下の2点が追加的に問題になりうる。

①第1に、仮に本件株主総会決議に瑕疵があるとしても、長田は直接的な不利益を被っていないようにもみえる。招集通知を受けられず、議決権を行使できなかったのは、岡本だからである。そこで、岡本ではなく、長田が本件株主総会決議の取消しの訴えを提起できるかどうかが問題になりうる。この問題につき、学説上は、訴えを提起できないとする見解もあるが、判例（最判昭42・9・28民集21巻7号1970頁）・多数説は、訴えの提起を認めるべきであると解している。その主たる理由としては、手続違反がある場合には公正な決議の成立が妨げられていると考えられること、そうであれば、全株主に決議の取消しを求める利益が認められることが挙げられている（伊沢和平「他の株主に対する招集手続の瑕疵と決議取消しの訴え」江頭憲治郎ほか編『会社法判例百選〔第2版〕』〔有斐閣、2011年〕81頁など参照）。

②第2に、本件株主総会決議の瑕疵をどのような訴えによって主張すべきかも、一応問題になりうる。ただし、合併の効力発生後については様々な議論があるが、合併の効力発生前に関するかぎり、総会決議取消しの訴えの提起によるべきことに異論はみられない。したがって、この点についてもストーリーの長田の行為に問題はないことになる。

法律家はこう考える

  株主名簿制度の概要

[1] 制度趣旨

会社法上、株主名簿の制度が設けられている趣旨は、どこにあるのだろうか。それは以下のように説明される。すなわち、株式会社では、株主が多数になるケースも予想され、また株式の譲渡も当事者の意思表示によって（株券発行会社では当事者の意思表示と株券の交付とによって）会社とは無関係に行われる。しかも、会社から株主への通知・催告や株主の会社に対する権利行使は継続的反復的になされるが、その都度、会社が誰が株主なのかを調査し確定する必要

があるというのでは、あまりに煩雑である。また株主にとっても、会社に対して権利を行使しようとする都度、自己が株主であることを証明しなければならないというのでは、やはり不便であろう。

そこで会社法は、株式会社に株主名簿の作成を義務づけたうえで、以下のような基本的ルールを用意することで、会社の株主管理の便宜を図るとともに、株主の権利行使も容易にしようとしている。

[2] 基本的なルール

まず、第1ルールは、株主名簿に株主として記載・記録されなければ（株主名簿の名義書換えを受けなければ）、株式取得者は株主としての権利を会社に対して行使できないというものである（会130条）。このルールがあることで、株主権を行使したい株式取得者は会社に名義書換を請求してくるため、会社は誰が株主なのかを容易に把握できることになる。ただ、会社が株主名簿上の株主を株主として取り扱ったが、実はその者が真の株主でなかった場合に、もし会社が免責されないとすれば、結局会社は真の株主が誰か（誰が株式取得者なのか）を調査せざるをえない。

そこで、第2ルールとして、会社は株主名簿上の株主を株主として扱えばよく、仮にその者が真の株主でなくても、原則として免責される（免責的効力）。

さらに、第3ルールとして、株主にとっても都合の良いように、株主はいったん株主名簿に記載されると、自己が権利者であることを証明することなく（株券発行会社でも株券を提示することなく）、株主としての権利を行使することが認められている（権利推定力・資格授与的効力）。

もっとも、一般に上記の3つのルールがあると説明されるが、会社法上、第2ルールと第3ルールを定める明文の規定は見当たらない。そこで、根拠規定を何に求めるべきかが問題になる。そして、この問題が、株券不発行会社の場合に第2ルール（株主名簿の免責的効力）が適用されるかどうかという問題に影響することになるのである。

② 株主名簿の免責的効力

[1] 会社の免責が問題となる場面

ここで改めて、会社の免責の有無が問題となる場面を確認しておこう。そう

した場面として考えられるのは、(i)会社が無権利者を株主とする名義書換を行ったうえで、その無権利者に株主として権利を行使させた場面（当該者が名義書換えの時点から無権利者であった場合）と、(ii)適法に株式取得した者（A）が株主名簿の名義書換を済ませたが、その後に別の者（B）に株式を譲渡して無権利者になったのに、Bが名義書換未了であったので、会社が株主名簿上の株主Aに株主権を行使させた場面である。

このうち(ii)の場面について、たとえ真の株主はBであることについて会社が悪意であった場合でも、会社が免責されることには基本的に異論がみられない。というのも、会社法上、会社の悪意・善意を問わず、名義書換未了のBは自己が真の株主であることを会社に対抗できない旨が明文で規定されているからである（会130条）。これは株主名簿の免責的効力ではなく、対会社対抗要件としての効力（上記第1ルール）の問題であると理解されている。

これに対し、(i)の場面については、会社法に直接的な規定は見あたらない。そこで、どのような場合に会社の免責を認めるべきかが、免責の根拠条文を何に求めるかとも関係して問題になる。これが株主名簿の免責的効力（上記第2ルール）の問題であり、ストーリーはこの(i)の場面に該当する。

なお、会社が免責されるというのは、会社が、株主名簿上の株主であるが実際は株主ではない者に、株主総会で議決権行使をさせて決議を成立させたとしても、その決議の効力には影響が及ばなかったり、会社が当該者に剰余金配当をしたために真の株主が配当を受け取れなかったとしても、会社やその取締役等は真の株主に対して損害賠償責任を負わなかったりすることを意味する。

［2］会社の主観的要件

会社は原則として免責されるが、悪意・重過失がある場合は免責されない。一般に、悪意・重過失とは、株主名簿上の株主が無権利者であることを立証して権利行使を拒むことができるにもかかわらず、故意または重過失によりそれを怠ることをいうと解されている。つまり、株主名簿上の株主が無権利者であることを認識していても、訴訟となった場合に無権利者であることを立証できるだけの証拠を有しない場合は、会社は悪意・重過失とはされず、免責される。

これは以下の理由によるものと理解される。すなわち、仮にそうした場合に免責が認められないと、会社は株主名簿上の株主に権利行使させるのを避けようとするが、そうすると、名簿上の株主がそのことについて損害賠償等を請求

する訴訟を提起してくるかもしれない。ところが、会社が当該株主は無権利者であることを立証できるだけの証拠を有しない場合には、当該株主の請求が認められることになって、会社は対応に行き詰まってしまうからである。

③ 株券不発行会社の場合

[1] 問題の所在

　株券発行会社について第2ルール（株主名簿の免責的効力）の適用があることには異論がない。これに対し、株券不発行会社については、学説上、振替株式の場合を除き、第2ルールが適用されないとする見解も有力である。これは、すぐ後で述べるように、免責的効力の根拠規定をどこに求めるかという問題と関連するものである。

　ところで、会社法は、明文の規定により、株主に対する通知または催告は株主名簿に記載・記録された株主の住所に宛てて発すればよいとするとともに（会126条1項）、その場合には、たとえ通知・催告が到着しなかったとしても、通常到達すべきであった時に到着したものとみなすとしている（同条2項）。これも株主名簿の免責的効力の表れであるといえるが、明文の規定があるため、すべての会社の場合に認められるとすることに異論はない。

　したがって、ストーリーの夕日ビールも、少なくとも本件株主総会の招集通知を株主名簿上の株主である仁木に送付したことについては、会社法126条1項に基づき免責される（招集手続の法令違反はない）ことになる。そうすると、残る問題は、夕日ビールが仁木に議決権を行使させて本件株主総会決議を成立させたことについても免責される（決議方法の法令違反もない）かどうかである。

[2] 免責的効力の根拠規定

　株主名簿の免責的効力につき、学説は伝統的に、株券発行会社の場合に認められる（会社は悪意・重過失がないかぎり免責される）と解することの論拠を以下のことに求めてきた。

　すなわち、株券発行会社では、名義書換請求に際し、原則として株券の提示が求められる（会133条2項、会規22条2項）。そして、株券を占有する者は適法な権利者と推定されるから（会131条1項）、そのことを基礎に手形法40条3項が類推適用され、会社は悪意・重過失がないかぎり、無権利者を株主とする名

義書換えを行ったこと、さらにその結果として当該者に株主としての権利を行使させたことについても免責されるというのである。

なお、手形法40条3項は、裏書の連続した為替手形・約束手形の所持人は適法な権利者であると推定されるところ（手形16条1項・77条1項1号）、かかる所持人に手形金の支払いをした手形債務者は悪意・重過失のないかぎり免責される旨を規定するものである。

[3] 株券不発行会社の場合

そして学説上の有力説は、こうした論拠に従うかぎり、株券不発行会社の場合（振替株式の場合を除く）は、株主名簿の免責的効力が及ばないと主張している（江頭憲治郎『株式会社法〔第6版〕』〔有斐閣、2015年〕210頁、酒巻俊雄＝龍田節編集代表『逐条解説会社法(2)』〔中央経済社、2008年〕257頁〔北村雅史〕）。

有力説の主張をもう少し詳しく紹介すると、以下のとおりである。すなわち、振替株式の場合（上場株式の場合）には、振替機関から会社に対して振替口座簿に記載された株主の氏名等が一斉に通知され（総株主通知）、それに基づいて会社は株主名簿の名義書換を行うものとされている。そして、振替口座簿に株主として記載された者は適法な権利者と推定されるから（社債株式振替143条）、手形法40条3項が類推適用される基礎が認められる。

他方、こうした振替株式の場合を除くと、株券不発行会社では、株主名簿の名義書換請求は、原則として株式取得者とその取得した株式の株主名簿上の株主との共同申請で行われる（会133条2項）。ところが、この場合の名義書換請求は権利者と推定される立場にある者の請求ではなく、手形法40条3項が類推適用される基礎が認められないというのである。

そこでは、株券不発行会社では、株主名簿上の株主は権利者として推定されない（株主名簿の権利推定力が認められない）ことが前提とされている。株主名簿の権利推定力が認められるのも、株券の権利推定力が及ぶ結果であるという見方に基づくものと理解される。

しかし、有力説のように免責的効力も権利推定力も認められないとすると、株券不発行会社の場合（振替株式の場合を除く）には、株主名簿制度の存在意義の多くが失われてしまう。かかる会社のなかには、上場廃止になった会社をはじめ、多数の株主を抱える会社も存在するだけに、問題は小さくないであろう。

そこで、以下のように解すべきである。すなわち、会社法は株券不発行会社

の場合にも、厳格な名義書換請求手続規制を用意し、無権利者による請求を排除しようとしている。この結果、法定の手続が踏まれる場合は、真の権利者による名義書換請求である可能性が極めて高いから、株主名簿上の株主となった者も適法な株主であると推定される（株主名簿の権利推定力が認められる）。そのうえで、かかる権利推定力を基礎に、手形法40条3項が類推適用される結果、株主名簿の免責的効力が認められると解するのである（葉玉匡美編著『新・会社法100問〔第2版〕』〔ダイヤモンド社、2006年〕、江頭憲治郎＝門口正人編集代表『会社法体系(2)』〔青林書院、2008年〕130頁〔渡邉光誠〕、前田庸『会社法〔第12版〕』〔有斐閣、2009年〕261頁）。

これに対しては、株主名簿の権利推定力が法律上の推定でない点を捉えて、手形法40条3項の類推適用の基礎として不十分であるとする批判もありうる（北村・前掲257頁は株券不発行会社〔振替株式を除く〕の場合につき、株主名簿の権利推定力を認める一方で免責的効力は認めないが、それはこうした批判的見解に拠るものとも考えられる）。しかし、「類推」適用である以上、そこまで厳格に考える必要はないであろうし、株主名簿制度の趣旨に鑑みると、会社法は権利推定力を与えることを当然に予定していると理解することもできそうである。

以上の解釈によれば、株主名簿に記載された者を株主として取り扱う場合は、株券発行会社かどうかを問わず、すべての会社は悪意・重過失がないかぎり、免責される。そして、ストーリーの夕日ビールには悪意・重過失が認められないと考えられるから、本件株主総会決議には招集手続の法令違反だけでなく、決議方法の法令違反も認められないという結論が導かれる。

もしもストーリーがこうだったら…

もしも、問題文⑤の「おかしな話」が長田氏に伝わったのが本件合併の効力発生後であったとしたら、長田はどのような法的措置をとることができるだろうか。

第1に、本件合併の無効を求めることが考えられる。というのも、一般に、合併契約を承認する株主総会決議に取消事由があること（適法な株主総会決議の欠缺）は、合併無効原因に該当すると解されている（江頭・前掲885頁参照）からである。ただし問題は、長田氏がどのような方法で合併の無効を主張すべきかである。本来的には、株主総会決議に取消事由があっても取消判決確定までは決議は有効だから、まずは総会決議取消しの訴えを提

起して、決議取消の確定判決を得たうえで、合併無効の訴えを提起して合併無効を求めるべきようにもみえる。しかし、そのような方法だと、取消判決確定までに時間がかかって、合併無効の訴えの提訴期間に間に合わない危険が大きいであろう。この問題については、第15話の解説（募集株式の発行等の場面を取り扱ったものであるが、その場面でも同様のことが問題になる）を参考にしながら、各自で検討してほしい。

第2に、夕日ビール取締役の対会社責任（会423条）または対第三者責任（会429条）の追及が考えられる。もっとも、前者に関しては、夕日ビール（存続会社）に損害が生じていなければならない。そして一般に、たとえ合併対価が存続会社の株主にとって不公正である場合でも（そもそも合併対価が公正であれば会社にも株主にも損害が生じないと考えられる）、消滅会社株主に交付した合併対価が存続会社の株式・新株予約権であるときは、存続会社に損害は生じないと解されているから（江頭・前掲855頁注2、大阪地判平12・5・31判タ1061号243頁）、その場合、長田は取締役の対第三者責任を追及すべきことになる。他方、合併対価が夕日ビールの株主にとって不公正であり、かつ、消滅会社株主に交付した合併対価が社債・金銭等である場合は、夕日ビールに損害が生じうるから、長田は取締役の対会社責任を追及できる。ただし、対会社責任の場合は取締役の（故意・過失による）任務懈怠、対第三者責任の場合は取締役の悪意・重過失による任務懈怠の存在も必要である。それとの関係で、任務懈怠の有無の判断基準が問題になるが、その点については各自で検討してほしい（東京地判平23・9・29判時2138号134頁参照）。なお、仮に合併対価が不公正である場合は、それが合併無効原因に該当するかどうかも問題になる。判例・多数説は消極的に解するが、他方で、多数説は、特別利害関係人の議決権行使によって著しく不当な合併対価を定める合併契約を承認する株主総会決議が行われた場合は、当該決議に取消原因が認められ、それ合併無効原因に該当すると解している。ただし、仮に本件株主総会決議にかかる取消原因が認められる場合でも、上記第1で取り上げたのと同じこと（どのような方法で合併無効を主張すべきか）が問題になる。

（くぼた・やすひこ）

［第5話］
個別株主通知って何？

―― 振替株式に係る株主権の行使と会社法の特例

髙橋真弓

ストーリー

1．平成23年春。詰甘生は、40年間勤めあげた会社を無事退職した。長引く不況で給与が伸び悩んだ中、二人の子供を育て上げ、退職金で住宅ローンも何とか完済。今漸く第二の人生に辿りついた。しかし、年金以外に収入のないこれからの道のりはまだまだ長い。貯蓄と退職金の残りだけでは、不安がある。

「時間もできたことだし、少し資産運用でもしてみたら？」と妻が言った。日々忙殺されていた現役の頃にはおよそ投資など考えたこともなかった甘生だが、妻の言葉を受けて、証券会社に口座を開き、株式投資を始めてみることにした。

2．はじめは、数十万円を元手に、安定的な銘柄の売買を繰り返していた甘生だったが、徐々に投資額を増やし、成長株に中長期的な投資をすることも考えるようになった。牛熊証券の担当者・射倖夫は、「そういうことでしたら」と、爽やかな営業スマイルで、外食産業のフォルトゥナホールディングス（以下「FT社」）の株式を勧めてきた。

「上場して4年ほどの比較的若い会社ですが、M&Aで幅広い業態に参入し業績を伸ばしてきています。配当実績もイイですし、傘下の有名レストランでの飲食代割引券という株主優待も個人投資家の皆様に人気ですよ。」

―― 平成24年初頭、甘生は、FT社の株式を1株1500円で1000株購入した。

3．FT社の株価は、日々上下動するものの、中期的にみると上昇トレンドを維持していた。平成24年6月、甘生のもとに初めて株主総会の招集通知と株主

優待券が届き、翌月には配当も振り込まれた。優待券を持って訪れたFT社傘下のフレンチレストランは妻にも好評で、夫婦は束の間、"ゆとりある"第二の人生を実感した。

　景気の回復とともに、FT社はまだまだ成長するだろうと確信した甘生は、1株1800円になっていた同社の株式をさらに3500株買い増した。これにより投資総額は一気に780万円に膨らんだ。

4．ところが、それから1年半ほどたった平成25年12月。突然、FT社は、平成26年3月期の業績予想を大幅に下方修正すると公表した。当期も順調に業績が伸びる見通しだったものが、急に赤字予測に転じたのである。FT社の株価は急落し、一時は1株600円台にまで落ち込んだ。

5．平成26年1月10日、株価の大幅下落にショックを受けていた甘生に、追い打ちをかける電話が射からかかってきた。FT社の芽神（めがみ）社長が一部出資するリボーン株式会社が、FT社の全発行済株式につき1株800円を買付価格とする公開買付けを行うことを公表し、FT社もこれに賛同した上、同年6月26日の同社定時株主総会にリボーン社の完全子会社になるための一連の議案を付議する予定だというのである。FT社の経営陣らは、急激な拡大戦略による経営効率の著しい悪化に対して、株主を限定して抜本的な組織改革を行うべく、上場廃止の途を選んだと説明しているらしい。

6．しかし、平均1730円ほどでFT社の株式を取得した甘生である。社長の出資する会社が買収を発表するタイミングに合わせて、株価を暴落させるような下方修正をしたんじゃないか？　ショックは怒りに転じた。「誰がこんな公開買付けに応募するものか」。甘生は無視を決め込んだが、最終的にリボーン社はFT社の発行済株式の85％を取得し、公開買付けは成立した。「なぜ皆こんな価格で応募するんだ！」甘生は歯噛みした。

7．平成26年6月初旬、FT社から甘生に同月26日開催の定時株主総会の招集通知が送られてきた。同封の書類には、

　「本定時株主総会に、(a)A種種類株式を発行することができる旨の定めを設ける定款変更議案、(b)普通株式を全部取得条項付種類株式とし、その取得対価として当該全部取得条項付種類株式1株につきA種種類株式を0.000005株の割合をもって交付する旨の定めを設ける定款変更議案（変更の効力発生日は7月31日）、(c)取得日を7月31日として、上記の取得対価により会社が全部取得条項付種類株式の全部を取得する旨の議案の3議案を付議する」ことが記され、ま

平成26年			
6月26日	定時株主総会		
7月28日	上場廃止日		
7月30日	定款変更の効力発生日の前日	（全部取得条項付種類株式の取得日の前日）	振替機関の取扱廃止日の前営業日（取扱最終日）
7月31日	定款変更の効力発生日	全部取得条項付種類株式の取得日	振替機関の取扱廃止日
	［買取価格協議期間 　　　　（30日間）］ ［買取価格決定の申立て］ ［買取価格決定申立て 　事件の審理終結］	取得価格決定申立て 事件の審理終結	

たあわせて、「A種種類株式の一株に満たない端数しか受け取れない株主に対しては、当該端数の合計数に相当するA種種類株式を売却することによって得られる金銭が交付されること」、「同社の普通株式の最終売買日は7月25日、上場廃止日は7月28日となること」なども示されていた。

　どうやらこれも件(くだん)の買収話の続きなのだろうとは思うが、内容はさっぱりわからない。甘生は、弁護士を目指して勉強中の甥の大志(たいし)に書類を見せ、要するにどういうことなのかと尋ねた。大志は、会社法はそこそこ勉強してるよと得意気に教えてくれた。

　「リボーン社以外の株主はみんな一株未満の『端数しか受け取れない』者にされて、株主じゃなくなるんだ。リボーン社は既に3分の2以上の議決権を握っているから、このままだと株主総会決議は成立して、結局1株800円とそう変わらない価額で締め出されることになる可能性が高いんじゃないかな。ただ、取得対価に不満があるなら、裁判所で争うことができるよ。その場合は、議決権行使書面で反対票を投じておいて、株主総会の日から20日以内（※）に裁判所に取得価格決定の申立てをすればいいんだ」

8．大志は簡単に言うが、裁判所に行くというのは高いハードルだ。費用も時間もかかるだろう。でも、虎の子の老後資金。せめて仲間がいれば……。ともかくも賛否欄の「否」にマルを付けた議決権行使書面を会社に返送し、なおも甘生は逡巡していた。

9．平成26年6月26日開催のFT社定時株主総会で、会社側の提案が可決承認された後の7月9日、甘生は、同じFT社の株主、阿暮渋太にメールを送った。阿暮がSNSで仲間を募り、集団で取得価格決定の申立てを行おうとしていることを知ったのである。「事情は分かりました。弁護士への委任状をお送り下さい。一緒に頑張りましょう。」原告団に参加でき、安堵した甘生の目に阿暮の返信メールの追伸文が飛び込んできた。

「追伸。個別株主通知の申出はしましたか？まだでしたら口座を開設している証券会社で、速やかに手続をとって下さい」。

10．「個別株主通知？」初めて聞いた言葉だった。インターネットで調べてみると、どうやら、証券会社を通じて会社に対し保有株式数等を知らせる手続らしい。しかし、つい先月、FT社自身、甘生の自宅に株主総会の招集通知を送ってきているのだから、当然甘生を株主と認め、保有株式数も把握しているはずだ。一体何のための手続だ？　株主総会後に株式を手放していないと自ら証明しろというのか？　では、株式の取得日当日に証券会社に証明してもらおう。自分はなお歴とした株主だと……！

11．しかし、7月31日に牛熊証券を訪れて個別株主通知の申出をした甘生に対し、射から思いもよらない答えが返ってきた。

「FT社の株式は振替機関の取扱いが廃止になりましたので、もう個別株主通知のお申出はできません……。残念ですが、個別株主通知がなければ、裁判所で価格を争うことは難しいかと存じます」

え……！？

何が問題なのか

会社法の学習が相当程度進んでいる学生の皆さんでも、「振替株式」についてじっくり考えたことがあるという人は多くないのではないだろうか。詳細な特別法の規定は、たしかに読むだけでも厄介である。

しかし、平成21年1月5日以降、いわゆる「株券の電子化」により、上場株

式はすべて「社債、株式等の振替に関する法律」（以下「振替法」という）に基づく株式の振替制度の対象となり、同法の定める会社法の特例の適用を受けるものとなっている。ストーリー中のFT社も、上場会社であった以上、非株券発行会社であり、かつ、その株式は振替株式であったと考えられる（東京証券取引所有価証券上場規程205条(11)、振替法128条1項参照）。つまり、甘生のような一般投資家の間でも広く流通する上場株式について、その移転や権利行使に係るルールを理解しようとするならば、振替株式制度の知識は欠くことができないのである。

振替株式に係る会社法の特例は様々な場面で問題となりうるが、ストーリーのケースは、従来一般的であった全部取得条項付種類株式を利用したスクイーズアウト（少数株主の締め出し）の典型的事案である。すなわち、リボーン社が公開買付けによってFT社の支配的な株主となった後、FT社の株主総会において、(a)種類株式発行会社となるための定款変更決議（会108条2項・466条・309条2項11号）、(b)既発行の株式を、FT社の別の種類の株式（A種種類株式）を対価として取得しうる全部取得条項付種類株式とする定款変更決議（株主総会の決議および既発行株式の株主から成る種類株主総会の決議〔会111条2項1号・324条2項1号〕）、(c)(b)の全部取得条項付種類株式を取得する決議（会171条1項・309条2項3号）を行う。この際、全部取得条項付種類株式1株の取得対価として交付されるA種種類株式の数は、リボーン社に対してのみ1株以上が交付され、残りの株主には1株未満の端数が交付されるように調整しておく。(a)から(c)の決議が成立すると（同日の決議可）、会社は、取得日（会171条1項3号）に、既存株主からすべての全部取得条項付種類株式を取得し、対価としてA種種類株式を交付する。その後、リボーン社以外の株主の保有するA種種類株式の端数は、金銭の交付により処理され（会234条）、結果、甘生を含むリボーン社以外の株主はFT社から締め出されることになるのである。

会社法上、これに不服のある株主には、取締役の責任（会429条1項）を追及したり（東京高判平25・4・17金判1420号20頁等）、株主総会決議取消しの訴え（会831条）や無効確認の訴え（会830条2項）を提起する（東京地判平成22年9月6日金判1352号43頁等参照）など、いくつかの争い方が考えられるが、相対的に簡便なのは、㋐上記(b)の定款変更に係る反対株主の株式買取請求権の行使（会116条1項2号）と、㋑全部取得条項付種類株式の取得価格決定の申立て（会172条1項）であろう。

ただし、一般に、会社に対して株主の権利を主張するにあたっては、前提として、「株主の地位」にあることを会社に対抗できることが必要となる。では、上場株式（＝振替株式）の株主は、どのようにすれば、会社に対して自らが株主であることを対抗できるのだろうか。

　なお、会社からの退出の機会を保障する㋐と、取得価格に不服のある株主を保護する㋑は、その趣旨を異にしており、同時に主張することを否定されるものではない。しかし、平成26年改正前会社法のもとでは、㋐の買取請求から買取りの効力発生時（＝代金の支払の時〔改正前会社法117条5項〕）までの間に、同請求に係る株式につき全部取得の効果が生じた場合には、請求者は株式を失うため、株式買取請求および買取価格決定の申立ては不適法になると解されていた（最決平24・3・28民集66巻5号2344頁〔以下「最高裁平成24年決定」という〕）。本ケースの甘生も、定款変更の効力発生日（平成26年7月31日）の20日前の日からその前日まで、㋐の株式買取請求権を行使することができるが（会116条5項）、7月31日の取得日をもって保有株式を失うため、その後は㋐の主張を維持できなくなる。そこで、以下ではまず㋑の取得価格決定の申立てにつき検討する。

法律家はこう考える

１　株式の振替制度の仕組みと権利行使の方法

［１］振替制度の仕組み

　振替株式に係る取得価格決定の申立てについて考える前に、株式の振替制度の基本的な仕組みを確認しておこう。

　振替株式の取引を行おうとする投資家は、まず「振替機関」（振替法2条2項。現在は証券保管振替機構のみ）または「口座管理機関」（証券会社等。振替法2条4項・44条）に申し出て自己の口座の開設を受け、「加入者」（振替法2条3項）となる。振替機関および口座管理機関は、各加入者の口座ごとに区分された振替口座簿を備え（振替法12条3項・45条2項・129条1項）、その各口座に、加入者の氏名または名称、住所、保有株式の銘柄・数等が記載または記録（以下「記録」という）される（振替法129条3項・4項）。

　各口座管理機関は、振替機関または他の口座管理機関から口座の開設を受け、

最終的には振替機関を最上位とする一つの階層構造に属している（伊藤靖史ほか『リーガルクエスト会社法〔第3版〕』〔有斐閣、2015年〕116頁参照）。振替株式に関する情報はこの階層を伝って通知されていく。例えば、口座管理機関Xに口座を持つ加入者Aが、口座管理機関Yに口座を持つ加入者Bに対して、甲株式会社の発行する振替株式1000株を譲渡するとしよう。この場合、まず、AがXに対して振替の申請を行い、これを受けてXが振替口座簿上のAの口座の保有欄に甲社株式1000株の減少を記録する。次いで、この振替に関する事項は、Xからその直近上位機関に通知され、Xの顧客口座に甲社株式の減少が記録されるとともに、更にまたその直近上位機関へと順送りに伝えられる。これがXとYの共通の上位機関に至ると、今度は川下のYに向かって直近下位機関へ順次通知される。そして最終的に通知を受けたYがBの口座の保有欄に、甲社株式1000株の増加を記録することで、A・B間における譲渡の効力が生じるのである（振替法132条・140条）。

[2] 振替株式に係る権利行使

振替口座簿への記録は、振替株式についての権利の帰属を定めるもので（振替法128条1項）、譲渡の効力発生要件であると同時に、株主名簿の記録に関わらず、会社以外の第三者に対する対抗要件ともなる（振替法161条3項による会社法130条1項の読替適用）。

他方、会社に対し振替株式の取得を対抗し、株主権を行使するには、他の非株券発行会社の株主同様、なお原則として株主名簿への記録が必要となる（振替法161条3項）。ただし、振替株式については、株主が自ら株主名簿の名義書換を請求することはできず（振替法161条1項による会社法133条の適用排除）、代わりに「総株主通知」（振替法151条）の制度が置かれている。これは、会社が剰余金の配当の受領者や株主総会における議決権者等を確定するべく基準日を定めた場合（会124条1項）などに、振替機関が、口座管理機関から報告された情報を集約して、会社に対し、当該基準日等に振替口座簿に記録されている株主の氏名または名称、住所、保有株式の銘柄・数等を通知するというものである（振替法151条1項・6項）。総株主通知を受けた会社は、通知事項を株主名簿に記録し、これにより当該基準日等に株主名簿が更新されたものとみなされる（振替法152条1項）。こうして、基準日に振替口座簿に記録されていた株主は、自動的に株主名簿に記録され、会社法130条1項の対抗要件を満たして、

会社に対する権利行使を行うことができるようになる。総株主通知の仕組みには、いわゆる失念株の問題を生じさせないという利点があるといえよう。

しかし、これに対して、「少数株主権等」（基準日を定めて権利行使者が確定される権利以外の株主権。振替法147条4項）の行使については、加入者が口座を持つ口座管理機関を経由して申出をし、それを受けて振替機関が会社に対して「個別株主通知」を行うという制度が採られている（振替法154条2項～4項）。上述したように、振替制度の下では、株主が自ら株主名簿の名義書換を請求することができないため、基準日の設定されない少数株主権等の行使についても会社法130条1項を適用すると、総株主通知後に振替株式を取得した者は、次の総株主通知があるまで会社に対する対抗要件を具備することができず、権利を行使する機会を逸してしまう。そこで、これら少数株主権等の行使については、会社法130条1項の適用が排除され（振替法154条1項）、振替口座簿上の記録に基づいて、当該加入者およびその保有株式に係る情報が会社に通知されるという仕組みが設けられているのである（なお、個別株主通知には、過去6カ月と28日間の保有株式の増減状況に関する情報も含まれる。証券保管振替機構「株式等の振替に関する業務規程」154条19項6・7号、同業務規程施行規則204条）。こうした制度趣旨から、個別株主通知は、株主名簿の記録に代わる、会社に対する対抗要件であると解するのが通説的見解であり、判例もこれを支持している（大野晃宏ほか「株券電子化開始後の解釈上の諸問題」商事法務1873号〔2009年〕52頁、最決平22・12・7民集64巻8号2003頁〔以下「最高裁平成22年決定」という〕）。すなわち、株主名簿に記録されている者であっても、個別株主通知がなければ、会社に対して株主たる地位を対抗できないのである。

しかし、振替株式以外の株式の場合、ひとたび株主名簿の書換がなされれば、その後は株主側からアクションを起こす必要がないのに対し、個別株主通知は加入者の申出を契機とするものであり、その有効期間も会社に到達してから4週間にとどまる（振替法154条2項、振替法施行令40条）。また、上述の階層構造を通じた情報の集約（振替法154条5項、151条6項）後に会社に通知される個別株主通知には、標準的な日程でも4営業日を要するとされている（証券保管振替機構「個別株主通知に関するＱ＆Ａ」〔2013年〕。10営業日程度を要する場合もある）。こうして、振替株式の株主が「少数株主権等」に該当する権利を行使するには、個別株主通知を失念しないこと、また各権利の性質に鑑みて、いつまでに通知の申出を行うべきかに充分留意することが必要となる。

② 取得価格決定の申立てと個別株主通知

では、上述⑦の取得価格決定の申立てを行う権利は、振替法上の「少数株主権等」に該当し、会社に対する対抗要件としての個別株主通知を要するものであるか。この点、全部取得条項付種類株式は、株主総会による決議後、取得日にその全株式が取得されることから、取得価格決定の申立権は議決権行使の基準日または株式取得の基準日に係る権利に含めて考えるべきであるとする見解（烏山恭一「判批」法学セミナー665号119頁〔2010年〕、吉本健一「判批」金融・商事判例1373号4-5頁〔2011年〕等）や、取得価格決定の申立権は、会社に対する「株主の権利」（振替法147条4項）ではなく、裁判所に救済を求める権利であると解する見解（弥永真生「判批」判例評論619号〔2010年〕201頁）等、学説上は、個別株主通知の必要性を否定する立場も有力に主張されている。しかし、上掲の最高裁平成22年決定は、これが振替法上の「少数株主権等」に該当することは明らかであるとする。株主ごとの個別的な権利行使が予定されている取得価格決定の申立権は、会社法124条1項に規定する権利とは異なるというのがその理由である。

取得価格決定の申立権が「少数株主権等」に該当するとしても、いつまでに個別株主通知が必要であるかは、更に問題となる。申立てに先行して必要という考え方もありうるが、個別株主通知の法的性質を会社に対する対抗要件と捉えるならば、常に各株主の権利行使に先立って個別株主通知が済んでいなければならないというよりも、会社側が権利行使者の株主資格を争った場合にこれを具備すれば足りるという結論につながりやすいと解される（ただし、株主権によっては、その内容および行使要件の趣旨から、更なる時間的制約に服すると解されるものもある。後述「もしもストーリーがこうだったら…」参照）。最高裁平成22年決定は、これらの論理を基礎として、取得価格決定の申立てについては、裁判所における審理において、会社が申立人の株主資格を争った場合に、その審理終結までの間に個別株主通知がなされることを要し、かつこれをもって足りるとした。

しかし、本件のようなスクイーズアウトの場合、一連のスキームが成功すると、FT社は上場廃止となり、振替口座簿上のFT社株式に関する記録は全部抹消される（振替法157条3項、135条）。振替機関の取扱いが廃止されてから口座管理機関（牛熊証券）を訪れた甘生には、個別株主通知の申出を行うことはで

きない。結局、最高裁判例によれば、取得価格決定の申立てに係る個別株主通知の申出は、一見比較的長い期間にわたり認められるように見えるものの、実際には振替機関の取扱廃止日の前営業日（原則として上場廃止日の２営業日後の日）まで（証券保管振替機構「個別株主通知に関するＱ＆Ａ」）という制約を受けるのである。

③ 平成26年会社法改正が本ケースの検討にもたらした影響 ——株式買取請求と個別株主通知

　平成26年６月20日、「会社法の一部を改正する法律」とその整備法が成立し、平成27年５月１日に施行された。この改正には、ストーリーと同種の事案に影響を及ぼす点がいくつか含まれている（なお、ストーリー中（※）[53頁]の取得価格決定の申立期間についても、取得日の20日前の日から取得日の前日までと改められた。会172条１項参照）。

　まずそもそも、株式の併合に係る株主保護手続の整備（会180条〜182条の６）や、特別支配株主の株式等売渡請求制度の新設（会179条〜179条の10）などにより、スクイーズアウトの目的で本件のような全部取得条項付種類株式を用いたスキームが利用されるケースが少なくなる可能性があることが挙げられよう。FT社のケースでも、リボーン社以外の株主が保有する株式の数が１株に満たない端数となるような比率で株式の併合を行い、そのうえで端数を処理すれば（会235条）、ストーリーの場合と同じ結果が得られる。このとき甘生ら反対株主は、株式買取請求権の行使（会182条の４）によって、救済を求めることができる。

　また、ストーリーのスキームによる場合にも、全部取得条項付種類株式の取得日以後に、上述㋐の定款変更に係る株式買取請求を維持できる余地が生じている。改正法は、㋐の買取りの効力発生時を「定款変更の効力発生日」と改めているが（会117条６項）、取得日が上述(b)の定款変更の効力発生日に先行することは論理的にないため、買取りの効力発生日前に請求者がその株式を失うというケースが存在しなくなるからである（坂本三郎編著『立案担当者による平成26年改正会社法の解説〔別冊商事法務393号〕』〔2015年〕202頁）。

　では、「少数株主権等」の行使の一事例と考えられる株式買取請求について、個別株主通知はいつまでに必要なのであろうか。

　この点、最高裁平成24年決定は、株式買取価格の決定の申立てに係る事件の

審理中に、会社が請求者の株主資格を争った場合には、取得価格決定の申立ての場合と同様、その審理終結までの間に個別株主通知がされることを要するとしている。しかし、株式買取請求の場合には、裁判所での審理に先立ち、会社に対する株式買取請求および価格協議の段階があることにも留意が必要であろう。協議により株式買取請求に応じたいと考える会社には、情報提供請求権を利用するという方法もあるが（振替法277条）、この段階で対抗要件と位置付けられる個別株主通知を求めることも不当ではないと考える（拙稿「判批」判例評論650号〔2013年〕141頁。ただし、上記最高裁平成24年決定の判示も振替機関の取扱廃止日による制約を受けるため、スクイーズアウトの一般的な日程による限り、実質的な個別株主通知の申立期限に差異は生じない）。

もしもストーリーがこうだったら…

平成23年春。馬路目孝行は、亡父の所有していたFT社の株式を全て相続して同社の株主になった。亡父は芽神社長と二人でFT社を興した創業者であったが、同社の上場後経営の一線から外され、議決権比率も3％にまで下がっていた。人の良い父からFT社の経営権を奪った芽神社長に強い憤りを感じていた孝行は、亡父の一周忌である平成24年5月2日を期して、FT社に対し、同年6月開催の定時株主総会につき、取締役3名選任の件を議題とすること、及び孝行ほか2名を取締役として選任する旨の議案の要領を招集通知に記載することを請求した。

5月の連休明け、次は理論武装だと考えた孝行は、須磨跡弁護士の事務所を訪ねた。口角泡を飛ばす勢いで熱弁をふるう孝行に、須磨跡弁護士は「ところで」と極めて冷静に尋ねた。

「個別株主通知はお済みですよね？」
＊＊＊＊＊＊

会社法上、一定の要件を満たす株主は、株主総会に議題（株主総会の目的事項）を提出したり（会303条：議題提案権）、提出議案の要領を招集通知に記載するよう求めたりすることができる（会305条：議案通知請求権）。孝行が行使しようとしているこれらの株主提案権も、個別株主通知の要否とその期限が問題となる権利である。

「基準日を定める権利」そのものではなくとも、これと一体のものと捉えられる権利は、「少数株主権等」に該当しないと解してよい。よって、例えば、議場における議案提案権（会304条）は「少数株主権等」に該当しない。しかし、議題提案権や議案通知請求権は、公開会社である取締役会設置会社であれば、原則と

して、総株主の議決権の100分の1以上または300個以上の議決権を6カ月前から継続保有する者にしか行使できず、議決権に関する基準日株主すべてに認められる権利ではない。このため、かかる権利は振替法上の「少数株主権等」に該当すると言わざるを得ないと解される。

では、個別株主通知はいつまでに必要か。取締役会設置会社における議題提案権の行使、および議案通知請求権の行使は、株主総会の日の8週間前までにしなければならない。これは、会社が招集通知に提案議題および議案の要領を記載して発送するための準備期間を確保することを趣旨とする。この趣旨からすれば、株主総会の日の8週間前までには、株式継続保有要件を充足する者の請求であることを会社が確認し得なければならない。すなわち、この日までに会社に対して個別株主通知がなされることが求められているといえよう（大阪地判平24・2・8金判1396号56頁）。

（たかはし・まゆみ）

[第6話]
株式の相続・共有

——ある同族会社のお家騒動

横尾　亘

ストーリー

「お父様のことは尊敬しているけれど、もう懇切丁寧な接客や高級家具の時代じゃないのよ！『値段の割にはイイよ！』のCMを打っている空似家具は絶好調だし、スウェーデンのイケイケ家具だってどんどん日本に進出してきているわ！」

　巣鴨梅子はひとり焦りの色を隠せないでいた。巣鴨家具は、九州出身の巣鴨勝利（かつとし）が創業者として一代で築き上げた大手家具販売会社であったが、近年は国内外のライバル会社が躍進したあおりを受けて業績が悪化しており、ここ数年無配当を続けざるをえなくなっていた。巣鴨家具の発行済株式総数は3万株であったが、そのうち勝利が1万株を、勝利の妻である松子が6000株を、長男である守男と次男である継男が4000株を、長女である梅子と次女である竹子がそれぞれ3000株を保有しており、株式の譲渡については会社の承認が必要である旨の定款の定めがあった（単元株制度は導入されていない）、つまり同族会社であった。また、巣鴨家具の取締役は勝利・松子・守男の3名であり、代表取締役には長年勝利が就任していた。ところが、平成24年12月頃から病気で伏せがちになり、ついに平成26年5月25日に死亡してしまったのだ。5月30日に葬儀が行われたが、遺言書がなかったため、その場で勝利の遺産について松子・梅子・守男・継男・竹子が話し合いを持ったが、かねてより折り合いの悪い梅子と守男が激しく対立したため、話し合いは物別れに終わった。ただ、一応この緊急事態の収拾を図るため、松子と守男の話し合いにより、守男を代表取締役

とすることにはなったのであった。
「梅子に口出しさせると、今までの経営方法を変えろとうるさそうだ。ここは俺たちだけで経営してオヤジの遺志を継ごう。ちょうど定時総会のシーズンだし、取締役の任期も終わるし。お前たちも協力してくれるよな？」
　守男は、継男、竹子に勝利の葬儀の場でひそかに約束していた。そして、平成26年6月27日に開催された定時株主総会において、守男・継男・竹子の3名を取締役に選任する決議が成立し、その後開催された取締役会で守男が代表取締役に選定されて、勝利による従来の経営方針を守りつつ経営を行うこととなった。だが、松子と梅子に対しては株主総会の招集通知が発せられていなかった。
　「なぜ私やお母様には通知をよこさないのよ！　私が社長になって、もっとカジュアルな路線でいかなければ巣鴨家具はつぶれるかもしれないわ！」
　梅子はアメリカの大学院で経営学修士を取得した秀才であり、外資系金融機関勤務を通じて蓄えた知識をもつ自分こそが経営者にふさわしいと考えており、株主総会で自分を取締役候補者にすべきとの提案をしようとしていた。だが、それを封じられたことで梅子は憤慨した。そこで、学生時代の親友であり弁護士でもある駒込秀子に相談した。
　「梅子、あなたは株主なのよ。お母様だって……株主に対する通知もれがあったのなら、その株主総会決議は取り消すことができるのよ。そのうえで株主総会をやり直して社長になればいいじゃない！」
　そうアドバイスされた梅子は、平成26年6月27日に開催された株主総会における取締役選任決議の取消を求めて、8月1日に訴えを提起し認容判決を得ることができ、判決は確定した。
　「これで第一段階終了ね。でもどうやったら今度開く株主総会で勝つことができるのかしら？　このままだと守男たちに負けそうだわ……」
　ふたたび、梅子は駒込秀子に相談すると、秀子は「お父様の保有していた1万株についてあなたが議決権を行使すればよいのよ。守男・継男・竹子さんたちは反対するでしょうけれど、お父様の財産を本来1／2相続するはずであるお母様の同意を取りつければ、あなただって1／8相続するはずなのだから、人数では負けても権利行使者の指定は可能なはずだわ。」という。そこで、梅子は秀子の言うとおり、松子・守男・継男・竹子を呼んで会議を開き、勝利の保有していた株式の議決権を梅子が行使することについて、守男・継男・竹子か

らは反対されたものの松子から同意を取りつけ、勝利が保有していた共同相続株式についての権利行使者が自分である旨を巣鴨家具に通知する手続をとった。そして、臨時株主総会では、松子が6000株、梅子が1万3000株分の議決権を行使することで、松子と梅子、そして梅子の夫である太宰治郎を取締役に選任することに成功した。そして、その後に開催された取締役会決議で代表取締役として選定された……。

梅子が巣鴨家具を経営するようになって3か月後……。
「もう俺は嫌になっちまったよ。こんな会社の株、俺は持っていたくない。でもいくらで売ればいいのか……」
守男は、梅子が社長になり従来の経営方法を180度切り替えた巣鴨家具に嫌気がさし、保有する株式を友人である田端義三に譲渡しようとした。ところが、巣鴨家具は譲渡を承認しなかったため、やむをえず巣鴨家具に保有株式を買い取ってもらうことにした。とはいえ、梅子が社長となった巣鴨家具と守男との間で売買価格の決定ができるはずもなく、また巣鴨家具は非上場会社であるため巣鴨家具の株式には市場価格というものが存在せず、守男は保有株式をいくらで巣鴨家具に対して売却すればよいのかわからず途方に暮れている。そこで、守男も学生時代の友人であり弁護士でもある金森光五郎に相談をもちかけた。

梅子のこのような代表取締役就任劇に問題は無かっただろうか。また、守男が株を巣鴨家具に売却する際の価格の算定方法はどう考えればよいのだろうか。

何が問題なのか

株式の相続と相続株式についての議決権行使方法

ストーリーでは、平成26年6月27日開催の定時株主総会について松子と梅子に対する招集通知もれという手続上の瑕疵があり、提訴期間内であれば梅子は招集手続の法令違反を理由に株主総会決議取消の訴えを提起しうる（会831条1項1号）。もっとも、総会決議の瑕疵が手続上の瑕疵にすぎない場合には、裁判所はその違反する事実が重大でなく、かつ、決議に影響を及ぼさないものであると認めるとき、決議取消の請求を棄却できる（裁量棄却＝会831条2項）。裁量棄却がなされるかどうかについては、統一的な基準を見出すことは難しく、

個々の事案について判断されることとなる。ストーリーでは、梅子の保有株式は3000株であり、発行済み株式総数に対して10％にすぎないため、梅子に対する招集通知もれのみを理由として株主総会決議取消の訴えを提起した場合には、裁量棄却されるおそれがないとはいえない。しかし、松子と梅子の保有株式を合計すれば9000株になり、発行済み株式総数３万株に対して30％にものぼるため、裁量棄却の対象にはならないと解される。なお、梅子が梅子自身に対する招集通知もれだけでなく松子に対する招集通知もれも合わせて取消事由として主張することが許されるかどうかについては、株主総会決議取消の訴えが共益権であることから許されると解すべきである（最判昭42・9・28民集21巻7号1970頁）。

このように、取締役選任決議が取り消されたとしても、新たに梅子が取締役として選任されるためには、取消判決後に開催される株主総会で多数派を占める必要があるものの、このままでは守男・継男・竹子の保有株式合計１万1000株に対して、松子・梅子の保有株式合計は9000株にしか達しない。そこで、梅子（というより友人の駒込秀子）は、梅子の父である勝利が保有していた株式に目をつけたのである。勝利の１万株について梅子が議決権行使をすることができれば、松子・梅子派が議決権行使しうる議決権数は合計で１万9000株に達することとなるからである。しかし、他方で勝利が保有していた株式については遺産分割が成立していない。はたして、勝利が保有していた株式について梅子が議決権を行使することは、秀子が言うように松子による同意のみによって可能なのだろうか。梅子は共同相続人の一人にすぎないのだから不可能なのだろうか。

② 非公開会社株式の評価方法

ストーリーでは、巣鴨家具は全株式譲渡制限会社である（会２条17号）。したがって、守男が巣鴨家具の株式を田端義三に譲渡しようとする場合には、譲渡について巣鴨家具に対し承認を求める必要がある（会136条）。そして、取締役会設置会社である巣鴨家具は、定款に別段の定めがない限り取締役会において譲渡を承認するか否かの決定をなすこととなる（会139条）。しかし、巣鴨家具は譲渡を拒絶したのであるから、自ら守男保有の株式を買い取るか、いわゆる指定買取人を指定しなければならない（会140条）。そのうえで、巣鴨家具が守

男保有の株式を買い取ることになれば、買取価格（売買価格）を決定しなければならないが、これは巣鴨家具と守男とが協議によって決定することになる（会144条1項）。しかし、この協議が整わない場合には、守男または巣鴨家具は裁判所に対して売買価格の決定を申し立てることになる（会144条2項）。株式の譲渡が自由であり市場を通じて取引されている場合には、市場価格が存することになるから、たとえ協議が整わなかった場合でも裁判所は市場価格を基準として売買価格を算定することができるだろう。しかし、巣鴨家具のような全株式譲渡会社の株式については市場価格が存在しないため、算定方法の決定は困難を極めることになる。はたしてどのような算定方法が適切なのであろうか。

法律家はこう考える

① 株式の相続と共有

　株式（株主としての地位）も財産的価値を有することから、相続の対象となる（ただし、持分会社の社員としての地位は原則として相続の対象とならないことに注意。会607条1項3号）。巣鴨勝利は平成26年5月25日に死亡していることから、保有していた1万株については相続が開始される（民882条）。そして、ストーリーの松子・守男・継男・梅子・竹子のように相続人が数人あるときは、相続財産は、その共有に属することとなる（民898条）。判例によれば、相続人が数人ある場合において、その相続財産中に金銭その他の可分債権あるときは、その債権は法律上当然分割され各共同相続人がその相続分に応じて権利を承継する（たとえば、貸金債権に関する最判昭29・4・8民集8巻4号819頁）こととなる。しかし、株式は株主たる資格において会社に対して有する法律上の地位を意味し、株主は株主たる地位に基づいて、剰余金の配当請求権・残余財産分配請求権などのいわゆる自益権と、株主総会における議決権などのいわゆる共益権とを有するのであって、このような株式に含まれる権利の内容および性質に照らすと、共同相続された株式は、相続開始と同時に当然に相続分に応じて分割されることはないとされている（最判平26・2・25民集68巻2号173頁）。したがって、判例の立場によれば、株式の共同相続人は、依然として相続株式を「共有」しているのにすぎず、遺産分割協議（民907条）を待つほかない。

　学説には相続の対象が株式である場合について、当然に分割が生じるとする

ものもあるが（出口正義「株式の共同相続と商法203条 2 項の適用に関する一考察」筑波法政12号〔1989年〕74頁など）、勝利の株式 1 万株を、松子が5000株（1／2）、守男・継男・梅子・竹子がそれぞれ1250株（各 1／8 ）として可分な権利であると考えることは困難ではなかろうか。勝利の保有していた株式 1 株について、松子は 1／2 、守男・継男・梅子・竹子はそれぞれ各 1／8 の持分をもっており、それが 1 万株存在している状態であると考えるべきである（このような考え方に反対するものとして、山下友信編『会社法コンメンタール 3 巻』〔商事法務、2013年〕40頁〔上村達男〕）。また、細分化された割合的単位の形をとる株式は、経営支配権も株式の数という形で分割可能であり、可分債権と同視しうるとするものとして、伊藤靖史ほか『事例で考える会社法』〔有斐閣、2011年〕114頁〔田中亘〕）。また、もし仮に可分債権の取り扱いをしても、割り切れない端数分については準共有関係を承認せざるを得ない（徳島地判昭46・1・19下民集22巻 1・2 号25頁）、といった問題点も指摘されている。

　もちろん、共同相続人間で遺産分割の協議が成立すれば、梅子は勝利から相続し分割された分の株式について議決権行使できる。しかし、ストーリーには、「松子・梅子・守男・継男・竹子が話し合いを持ったが、かねてより折り合いの悪い梅子と守男が激しく対立したため、話し合いは物別れに終わった」との一文があることから、遺産分割協議はまだ成立していないものと考えられる。したがって、相続は開始されているものの遺産分割が成立していないことから、勝利が保有していた株式については依然として民法898条にいう「相続財産の共有」状態のままであるということになる。なお、民法学説上は、相続財産の共有の性質について、民法物権編にいう共有と同一の性質を有するとする「共有説」と、組合員の合有関係に類するとの「合有説」（たとえば、中川善之助＝泉久雄『相続法〔第 4 版〕』〔有斐閣、2000年〕223頁など）とに分かれているが、判例は「相続財産の共有は、民法改正の前後を通じ、民法249条以下に規定する『共有』とその性質を異にするものではない」としている（最判昭30・5・31民集 9 巻 6 号793頁）。株式は所有権以外の財産権（あるいは財産的価値を持つ地位）であるから、共有説に立ったとしても正確には準共有であるが、準共有には法令に別段の定めがあるときを別として、共有の節の規定が準用されることとなる（民264条）。

　このように、株式について準共有状態にあるときの権利行使につき、会社法は「共有者は、当該株式についての権利を行使する者 1 人を定め、株式会社に

対し、その者の氏名または名称を通知しなければ、当該株式についての権利を行使することができない。」と定めている（会106条）。したがって、梅子が共有状態の相続株式について議決権行使をするためには、権利行使者を決定しなければならないところ、権利行使者の決定方法については会社法上に明文規定がないため、解釈問題となる。

判例は、権利行使者の決定について、原則として相続により準共有する者の間で持分の価格に応じてその過半数で決することができるとしている（最判平9・1・28判時1599号139頁、最判平11・12・14集民195号715頁。なお、「持分の価格に応じて」とされているが、実際には後述のように非上場株式についての持分価格の算定は非常に困難であることから、持分の「割合」に応じてという意味に解してよいし、それで結果が変わることはない。東京高決平13・9・3金判1136号22頁、伊藤ほか・前掲『事例で考える会社法』113頁〔田中亘〕参照）。その理由は、準共有者の全員が一致しなければ権利行使者を指定することができないとすると、準共有者のうちの一人でも反対すれば相続人全員の株主権の行使が不可能となるのみならず、会社の運営にも支障を来すおそれがあり、会社の事務処理の便宜を考慮して設けられた規定の趣旨にも反する結果となるからである。また、株主権の行使は準共有物の管理権（民252条本文）に属するものであると位置づけることによっても同一の結論が導かれる（相澤哲＝葉玉匡美＝郡谷大輔『論点解説　新・会社法』〔商事法務、2006年〕492頁）。なお、判例は、準共有株式につき権利行使者の指定・通知を欠き、その権利行使が民法の共有に関する規定に従ったものではないときは、会社側が同意しても会社法106条但書は適用されず、不適法になるとし、さらに、「共有に属する株式についての議決権の行使は、当該議決権の行使をもって直ちに株式を処分し、又は株式の内容を変更することになるなど特段の事情のない限り、株式の管理に関する行為として、民法252条本文により、各共有者の持分の価格に従い、その過半数で決せられると解するのが相当」としている（最判平27・2・19民集69巻1号25頁）。

判例の立場に従えば、梅子は法定相続人である妻（松子）・長男（守男）・次男（継男）・次女（竹子）に呼びかけて権利行使者指定のための話し合いを真摯に行い、まとまらなければ、多数決をもって梅子を権利行使者として指定することとなろう。なぜなら、多数決による決定には全共有者の参加の機会が与えられる必要があり（大阪地判平9・4・30判時1608号144頁、青竹正一『閉鎖会社紛争の新展開』〔信山社、2001年〕38頁）、権利行使者の指定につき真摯に協議する

意思を持つことなく権利行使者を選定した場合には、選定および権利行使者による議決権行使は権利濫用にあたる可能性があるからである（大阪高判平20・11・28判時2037号137頁）。持分割合（法定相続分）については、妻である松子が１／２、子どもである守男・継男・梅子・竹子がそれぞれ１／８ということになり、松子の持分を加えれば持分の過半数を梅子は制することができ、自身を権利行使者として指定し、会社に通知することができる。そうすれば、株主総会決議において、梅子と松子は１万9000株について議決権行使が可能となり、１万1000株について議決権行使することのできる守男らを制して取締役となることができる。

　もっとも、学説には、権利行使者の指定は一種の財産管理委託行為ということができ（徳島地判昭46・１・19下民集22巻１・２号18頁参照）、また、権利行使者に白紙委任するほどの重要な行為であるから、管理行為ではなく、処分行為ないしこれに準ずる行為（変更）として全員一致を必要とする（民251条）との有力説もある（大野正道「株式・持分の相続準共有と権利行使者の法的地位」『企業承継法の研究』〔信山社、1994年〕127頁）。また、中小企業の支配株式の共同相続のケースでは、権利行使者の決定が企業の実質的な承継者決定を意味するから、単なる共有物の管理行為とみることはできないとする指摘もある（江頭憲治郎『株式会社法〔第６版〕』〔有斐閣、2015年〕123頁注３）。企業承継者の決定を伴う議決権行使が単なる株式の管理行為を超えたものであるとする指摘は注目に値するし、また、遺産分割終了まで相続株式の権利行使が「棚ざらし」になっても多数決で決するより害は少ないとの考え方（江頭・前掲123頁注３参照）も、利益衡量論としては説得力をもつ。

　しかし、全員一致がなければ権利行使できないとすれば、相続人全員の株主権の行使が不可能となるとの不利益が生じるという、裁判所による指摘は重要である（前掲・最判平９・１・28）。ストーリーのように、梅子と守男の対立が修復不可能になっている場合には、共同相続人による全員一致による合意の成立は不可能であり、遺産分割を待つほかなくなる。遺産分割の協議が成立しなければ民法907条に基づく審判となるが、企業継承者として誰がふさわしいのかを裁判所に判断させるのは酷である（伊藤ほか・前掲『事例で考える会社法』116頁〔田中亘〕）。この点にかんがみると、「特段の事情」（判例にいう特段の事情は、共有株式の議決権行使によって可決されようとしている議案が少数株主の締め出しである場合などを念頭においていると考えられる）のない限り、原則として

持分価格の多数決によるべきであるとする判例の立場に、より説得力があるように思われる。

② 株式の評価

　市場取引を通じた価格（市場価格）の存在しない株式の評価については、さまざまな方法が考えられてきたが、大別すると①会社が現に有する資産の価値に注目する「資産価値法」（簿価純資産方式など）、②会社または株式が将来的に生み出す価値に注目する「資本還元法」（収益還元法・配当還元法・キャッシュフロー還元法〔DCF法〕）、③類似の業種または類似の会社の株式価値に注目する「比準法」の3つに分類することができよう（以上の分類は、柴田和史「非上場株式の評価」『会社法の争点』〔有斐閣、2009年〕60-61頁を参照。東京高決平22・5・24金判1345号12頁も同様の分類をしている）。

　①については会社が将来的に生み出す価値を反映しないために（たとえば、伊藤靖史ほか『リーガルクエスト会社法〔第2版〕』〔有斐閣、2011年〕91頁）、③については他社につき成立している指標を利用する便宜的方法にすぎないために（江頭憲治郎「譲渡制限株式の評価」同ほか編『会社法判例百選〔第2版〕』〔有斐閣、2011年〕20事件解説45頁）、近年では批判が多く、②を重視する学説が多い。しかし②についても、とくに配当還元法については「同族会社的色彩が濃厚で少数者による支配が確立している会社では、配当額の決定は経営担当者や支配株主の経営政策に依拠するところが多く、それ自体不確定要素の高いものであるから、過去の配当額に多くを依拠する配当還元方式のみによることは不十分であ」ると指摘したうえで、配当還元方式（②に含まれる）に簿価純資産方式（①に含まれる）と収益還元方式（②に含まれる）を併用すべきと判断した裁判例がある（東京高決平元・5・23判時1318号125頁）。このように、個々の算定方法にはそれぞれ問題点があることから、実際には複数の算定方法を組み合わせて価格の算定を行う裁判例が多い（多くの裁判例が存在するが、さしあたり神田秀樹『会社法〔第16版〕』〔弘文堂、2014年〕115頁注1を参照のこと）。

　近年注目されているのは、キャッシュフロー還元法（DCF＝Discounted Cashflow法）である。この方法は「評価対象会社から将来期待することができる経済的利益を当該利益の変動リスク等を反映した割引率により現在価値に割り引き、株式価値を算定する収益方式（インカム・アプローチ）の代表的手法

であり、将来のフリー・キャッシュ・フロー（企業の事業活動によって得られた収入から事業活動維持のために必要な投資を差し引いた金額）を見積り、年次ごとに割引率を用いて現在価値の総和を求め、当該現在価値に事業外資産の価値を加算し、負債の時価を減算して企業価値を算出し、株主が将来得られると期待できる利益（リターン）を算定する方法である」（前掲東京高決平22・5・24）と説明される。もっとも、将来キャッシュフローの予測や割引率の算定に困難が伴うとの指摘や（神田秀樹・前掲115頁、伊藤ほか・前掲『リーガルクエスト会社法〔第3版〕』94頁）、現時点において会社がどれほど多額の現金を保有していても企業価値の評価にそのことが反映されない（柴田和史・前掲論文61頁）との指摘があり、DCF法が優れているとしても、複数の算定方式を適切な割合で併用すべきであるとの見解もある（たとえば福岡高決平21・5・15金判1320号20頁）。とはいえ、配当還元方式に対して向けられる配当政策の恣意性という批判については、DCF法は少なくともかわすことはできそうであり、理論上もっとも合理的な手法であるとして学説上支持を集めている（伊藤ほか・前掲『リーガルクエスト会社法〔第2版〕』92、94頁など）。

　ストーリーにおいても、ここ数年巣鴨家具は無配当を続けており、梅子の経営方針の変更によって仮に業績が上向いたとしても、経営が軌道に乗るまでは従来通りの無配当政策を続ける可能性もある。このような場合には、DCF法に他の算定方式を組み合わせて買取価格を算出するのが望ましいのではなかろうか。

もしもストーリーがこうだったら…

　ストーリとは違い、仮に巣鴨家具の株式を、勝利が1万株、守男が1万株、継男が1万株保有していて、巣鴨家具の取締役には勝利・守男・継男が就任していたとしよう。守男が代表取締役に選定され経営を行っていたのだが、守男が法令違反行為をなしたため、勝利が守男を株主総会決議によって取締役から解任しようとした。ところが、継男が守男の味方をして、取締役解任決議が否決されたため、勝利が原告として巣鴨家具および守男を被告として相手どって、役員解任の訴えを提起していたとしよう（会854、855条）。その後で勝利が死亡すると、相続財産としての株式の相続は開始されるが、梅子は勝利が提訴した訴訟を承継することができるのだろうか。譲渡は特定承継であるのに対して、相続は包括承継

である（中川善之助ほか・前掲40頁）。したがって、梅子は勝利の原告としての地位を承継することになるのだろうか。

　この点、相続が包括承継であることを認めつつも、社員権否認論の立場に依拠して、会社訴権のようないわゆる共益権は一身専属的な権利であるとして相続の対象となり得ない（民法896条参照）との見解（たとえば松田二郎『私の少数意見』〔商事法務研究会、1971年〕103頁）もある。しかし、判例は、社員権論の立場に依拠して、共益権が自益権と密接不可分の関係において全体として株主の法律上の地位としての株式に包含されることから、共益権も相続の対象となるとしている。そのうえで、訴えが提起された後に相続がなされた場合には、相続人は訴権を承継することとなるのはもちろん、被相続人の提起した訴訟の原告たる地位も承継するとしており（有限会社の事例であるが、最大判昭45・7・15民集24巻7号804頁）、学説上も支持を集めている。したがって、梅子は相続によって当然に訴訟を承継することになる（民訴法124条1項1号）

　もっとも、相続人が複数であるような場合には、上述のように相続株式は相続人の準共有に属するので、相続人は権利行使者1人を定めて会社に対して通知しなければならない。権利行使者の指定がなかった場合には、特段の事情が無い限り、共同相続人は原告適格を有しないこととなる（最判平2・12・4民集44巻9号1165頁）。

　　　　　　　　　　（よこお・わたる）

[第7話]
株式譲渡制限ルールって意味あるの!?

――従業員持株会と株主間契約

笹本幸祐

ストーリー

1.「はぁ～～～暇やな～～～どっかで事件でも起きてくれへんかな」ここは、柚鳥法律事務所、机の上に乗せた両脚を組み直しながら、弁護士の柚鳥茶羅雄は小さくつぶやいた。茶羅雄は、先月亡くなった父親の内蔵が守ってきたこの事務所の跡継ぎの二代目である。阿寒大の法科大学院を5年かけて卒業し、何とか3回目にして司法試験に合格して、2度の2回試験挑戦の末にようやく弁護士になったのであるが、見るからにいい加減そうな風体や雑な対応が災いしてか、相談に来た客も途中で他の弁護士に依頼を変更したりと、なかなか思うように新規の顧客を増やせないでいた。「先生、もうちょっと真面目に仕事してくださいよ。新規の顧客開拓とかしなくていいんですか？」とコーヒーを茶羅雄の脚を避けるように置きながら、事務員の平乃旬子は眉をひそめた。旬子は勤めていた株式会社出鱈目水産が破綻し、元上司の紹介でこの事務所に転職をしてきたのだが、茶羅雄のいい加減さに、この事務所大丈夫なんだろうかと心配でたまらなくなって、つい愚痴が口を出た。ちょうどそのとき、勢いよく階段を上がる靴音がしたかと思ったら、荒々しい物音を立ててドアを開けて、男が入ってきた。「若センセ、大変ですわ！」男は開口一番そう告げて、肩で息をした。

2. 男の名は、世渡辺太也、株式会社NakazTobazの専務取締役である。NakazTobazは、内蔵の頃からの顧問先であり、代表取締役の遣木梨世やその息子で常務取締役の遣木貴栄太とは、茶羅雄も顔見知りであった。「どないし

はったんや、いったい」茶羅雄は、世渡の血相を変えた雰囲気に圧倒されたかのように、慌てて机の上から脚を下ろした。「若センセ、会社が訴えられたんですわ！」「マジか」「そんな冗談でこんな焦ったりしまへんわ。」「りょ。たしかにな。で、訴えられたって何か下手でもうったん？」「いや、とにかくまぁかいつまんで話しますよってに、聞いてくださいな。」そう言うと、世渡は、肩で息をしながら、自ら気持ちを落ち着かすように、旬子が出してくれたお茶をゆっくりとすすってから、おもむろに話し始めた。

「うちの会社は、遣木さんらの同族的な株式会社で、定款にも、株式の譲渡には取締役会の承認を要する旨の制限を定めてます。」「ウィッス」「で、これは若センセがまだ全然生まれてへんくらいの昔ですけど、従業員らにうちの株式を取得させることによって、従業員の財産形成だけやなしに、会社との一体感を強めて、会社の発展に寄与させることを目的として、従業員持株会を作ったんです。よそのどこの会社もたいてい従業員持株制度を設け始めてましたし。」「ほんまそれな。」「若センセ、ちゃんと聴いてます？」「ホント先生ちゃんと聴いてあげてください！」横で聴いていた旬子も思わず茶羅雄につっこんだ。「ウィッス」「ま、よろしわ。続けますな。うちの従業員に下高（したたか）ってのがいてましてな、もうかなり古くからうちで働いてくれたんですが、この下高がうちを訴えてきよったんですわ。」「へ？従業員に訴えられたん？？？」「そうなんですわ。」

3．世渡は内ポケットから手帳を取り出すと、びっしりとメモの書かれたページを見ながら話を続けた。「この下高がですな、同じうちの従業員の抜掛（ぬけがけ）っちゅうやつから、抜掛が保有してるうちの株式400株を1株1000円、合計40万円で買う旨の契約を締結したんですわ。」「マジか。」「マジです。で、抜掛は、遣木さんに対して、この株式譲渡についての承認を求めてきよったんです。」「マジか。」「だからマジですって。で、当然ながら、会社としては、譲渡制限を設けてますから、抜掛に対して、そんな株式の譲渡は認められへんって回答したんですわ。そしたら、抜掛は、会社を相手取って、株式譲渡先指定請求書をもって、さっきの株式について譲渡の相手方を指定するように請求してきたんですわ。」「ちょ。すげ。」「それだけやないんです。さっきお話しした、持株会では、だいたい昭和34年頃までには、持株会が従業員らにうちの株式を譲渡する際の価格を額面額である1株100円として、株主が退職や死亡によってうちの株式の保有資格を失ったときや、個人的な事情でうちの株式を売却する必要が

生じたときは、持株会が額面額でこれを買い戻すっていうルールができてたんですわ。そやから、抜掛も下高もこのルールがあることもその中身も知ってるんですが、その上で、抜掛は、昭和39年から昭和63年にかけて6回にわたって、持株会から、うちの株式を合計2740株ほど、1株100円で買い受けてたんですわ。で、その売買の際には、持株会との間で、さっきの株式譲渡ルールに従う旨の合意もしてたんですわ。」「マジか。」「だから嘘ついてどうするんでっか。しまいに怒りまっせ。」

4．世渡は、少しムッとしながら、さらに口角泡を飛ばすような勢いでしゃべり続けた。「要するにそういった合意があったのに、無視するようなことを抜掛と下高がしたからですな、持株会は抜掛に対して、先程の株式譲渡先指定請求書の提出をもって、抜掛の株式売却の確定的な意思が明らかになったとしてですね、持株会がその株式譲渡ルールに従う旨の合意に基づいて、1株1000円として合計40万円で譲渡する旨の売買契約の対象となってるその400株を譲り受けたってことを通知したんですわ。その上で、持株会から会社に対して、その400株の譲渡について承認が請求されてですね、会社は当然ながらそれを承認したっちゅうわけですわ。」「りょ。」「ほんまにわかってもらえたんでっか？なんか若センセ見てたら、わかってもらえてるんかどうかめっちゃ不安ですわ。」「ほんまそれな。」「若センセ！」「先生っ！」世渡だけでなく、横で茶羅雄の代わりに熱心にメモをとっていた旬子までもが茶羅雄に向かって叫んだ。

5．「世渡さん、要するに、下高さんが、抜掛さんからおたくのその400株の株式を譲り受けたっていう主張をして、会社に対して、自分がその株式を所有する株主であることの確認を求める訴訟を提起してきたってことよね？？？」あまりに頼りない返答しかしない茶羅雄を横目に、旬子がメモをもとに確認した。「いや、それだけやなしに、うちの会社が、抜掛と下高の400株の株式譲渡を認めないで持株会が買い取った旨を通知したもんやさかい、抜掛が、うちの会社に対して、その400株の株式について、抜掛から下高に名義を書き換えろっていう請求まで訴訟でしてきてるんですわ。で、今日、こうして若センセのところに駆けつけたんは、持株会が、持株会と抜掛との間でのさっきの株式譲渡ルールに従う旨の合意に基づいて、その400株を取得したということを主張して、抜掛らとの間で、持株会がその株式を所有する株主であるってことの確認を求める訴えを起こしたとして、勝てる見込みがあるかどうか、遣木社長と専務から、ぜひとも若センセに訊いて、至急訴訟対策をとってくれって言われたから

ですねん。若センセ、どうです？勝てますやろか？」「先生、どうやの？」世渡と旬子が不安げに茶羅雄の方を見ると、そこには会社法と背表紙に印刷された本を数冊抱えた茶羅雄の姿があった。その姿を見たとたん、世渡と旬子は軽いめまいを覚えた。

何が問題なのか

　会社法では、株式譲渡自由の原則を定めている（会127条）が、会社が、株式の譲渡による取得には会社の承認を要するという方式で、定款によって株式の譲渡制限を設けることを認めている（会107条1項1号、136条以下）。譲渡制限自体は、発行するすべての株式の内容として定めることも可能であるが、種類株式の一つとして、発行する株式の一部についてそうした定めをすることもできる（会108条1項4号）。発行する株式の全部または一部について譲渡制限をしていない会社が公開会社であり（会2条5号）、発行する株式の全部について譲渡制限をしている会社が非公開会社である。種類株式とは、会社が一定の事項について、内容の異なる2以上の種類の株式（種類株式）を発行する場合の当該株式のことをいい（会108条）、そのような株式を発行する会社を種類株式発行会社という（会2条13号）。この種類株式の内容となる事項として、会社法は、先に掲げた譲渡制限のほか、①剰余金の配当、残余財産の分配（会108条1項1号2号）、②議決権制限（108条1項3号）、③取得請求権、取得条項（108条1項5号6号）、④全部取得条項（108条1項7号）、⑤拒否権（108条1項8号）、⑥クラス・ボーティング（108条1項ただし書き、9号）について定めている。このように、株主は株式を自由に譲渡できるとするのが原則とされてはいるものの、譲渡制限株式を発行することもでき、定款によって株式の譲渡は制限されることがあるわけだが、現実の会社実務においては、それ以外にも、株主間契約等の形で、株式譲渡についてバラエティに富んだ譲渡制限を設けることがしばしば行われる。これがいわゆる契約による株式の譲渡制限である。

　では、なぜ契約による株式の譲渡制限が広く用いられるのか。その最も重要な理由について、会社法が認める譲渡制限が画一的なルールであって、実務上の個別具体的なニーズに必ずしも応えていないことを掲げる見解がある（伊藤靖史ほか『事例で考える会社法』〔有斐閣、2011年〕465頁〔田中亘〕）。その見解によれば、①合弁事業などの業務形態において、少なくとも一定期間は、当事者

は株式を手放さないという形で、提携事業にコミットすることが求められるが、そのためには相手方の承諾がなければそもそも株式を譲渡できないと定める必要性、②買取価格について当事者間で協議が調わない場合に、申立てによって裁判所に価格を決定してもらうには費用と時間がかかり、結果も予測困難であるから、譲渡価格を一定額にしたり、価格決定ルールを事前に約定する必要性、③合弁事業などでは、出資額から少数派株主となった側の当事者であっても、強い発言権を有していることが多いため、株主がそれぞれ、他の株主による株式の譲渡について同意権を有するような仕組みを定めておくことの合理性、などが当事者が会社法におけるルールとは異なるものを望む例として掲げられる。少なくとも個別的な事情において一定の合理的な効率性が認められる限りは、契約による譲渡制限を認める余地はあるといえよう。したがって、ストーリーでは、株主が退職や死亡によって株式の保有資格を失ったときや、個人的な事情で株式を売却する必要が生じたときは、従業員持株会が額面額でこれを買い戻すという譲渡制限ルールが定められているため、その効力をどう解するかが問題となる。

法律家はこう考える

① 定款による譲渡制限と契約による譲渡制限

　ストーリーは、従業員持株制度と退職従業員の株式譲渡の合意について争われた最判平7・4・25集民175号91頁（以下最判①とする）を踏まえた上で、日経新聞株式譲渡ルール事件として知られる最判平21・2・17判時2038号144頁（以下最判②とする）および同ルールが問題となった東京地判平21・2・24判時2043号136頁（以下東京地判①とする）を一般的な非公開会社における事例に置き換えたものである。

　定款による株式の譲渡制限について、会社法は、136条以下において詳細にその方法を規制して、それ以外の方法による譲渡制限を認めていない。これは、定款による株式の譲渡制限が定款変更によって定めることができるために反対株主を拘束し、定款による定めをした後に株式を取得した者に対しても効力が及ぶから、反対株主の利益への配慮と株式取得者の不測の損害の防止のために譲渡制限の内容を法律で画一的に定めておくことが必要だからである（伊藤靖

史ほか『リーガルクエスト会社法〔第3版〕』〔有斐閣、2015年〕101頁)。それゆえ、契約当事者間でのみ拘束力が生じる、契約による株式の譲渡制限は、契約の自由の原則に基づいて、基本的に自由にその内容を約定することができると解するべきである。

　非公開会社では、多くが発行する全部の株式の内容として譲渡制限を設ける定款の定めを置いているが、実務上は、閉鎖性を維持するために、他の当事者の承認なしに株式を譲渡できないとする同意条項や、一方当事者が株式を処分しようとする場合に他方当事者に対し事前の通知義務を負い、通知を受けた当事者が先買権を有するとする先買権条項のほか、相続や退職、または合弁会社における一方当事者に合弁契約上の債務不履行や支配権の移転といった一定の事由が生じたときに他の株主に対して株式を売り渡す義務が発生するとする売渡強制条項などが株主間契約の形で行われている(江頭憲治郎『株式会社法〔第6版〕』〔有斐閣、2015年〕242頁)。ストーリーでは、株主が退職や死亡によって株式の保有資格を失ったときや、個人的な事情で株式を売却する必要が生じたときは、従業員持株会が額面額でこれを買い戻すという譲渡制限ルールが定められているが、これも一種の株主間契約である。非公開会社における従業員持株会と従業員との間では、株式の市場価値にかかわらず、一定価格で従業員等に株式を譲渡して、会社はできるだけ高配当をするべく努力しながら、従業員等が株式の譲渡を望んだり、または退職するときには、株式を一定の価格で持株会に譲渡する旨の合意がなされ、持株会はその株式を同価格で取得を希望する他の従業員等に譲渡するというようなルールが定められているのが通常一般的なのだという現実を頭に置いておかなければならない。

② 株主間契約による譲渡制限についての裁判例と学説

　従来、裁判所は、前掲最判①まで、ストーリーのような従業員持株制度のもとで、株主間契約による、退職時に取得価格と同額で株式を売り渡す旨の債権契約につき、ほぼ一貫して有効と解してきた(東京地判昭48・2・23判時697号87頁、東京地判昭49・9・19判時771号79頁、東京高判昭62・12・10金法1199号30頁、京都地判平元・2・3判時1325号140頁、神戸地判平3・1・28判タ763号266頁、名古屋高判平3・5・30判タ770号242頁、東京高判平5・6・29金判932号28頁。なお、神戸地尼崎支判昭57・2・19下民集33巻1〜4号90頁も従業員持株制度の目的、内

容およびその利益配当の実績等を考慮して、契約を有効として同様の結論を示してはいるが、同事案は、持株会ではなく会社が直接当事者となっており、持株会が当事者となっている他の判決とは事案が異なることには注意を要する)。そして、最判①が、それら下級審の流れに沿う形で、最高裁として初めてその問題について、商法204条１項（会127条）に違反するものではなく、公序良俗にも反しないとして有効と解すべきことを明らかにした。この判断枠組みはその後の下級審裁判例でも踏襲され（東京地判平10・8・31判時1689号148頁、東京地判平成19・7・3判時1992号76頁等）、その後、最判②および東京地判①によっても維持されている。

　これに対して、学説では、会社法が株主の投下資本回収の利益を重視して株式の譲渡制限制度を定めているのであるから、会社が個々の株主との間で個別的合意によって株式譲渡制限制度の趣旨に反する場合には、脱法行為として無効と解する一方で、株主間ないし株主と第三者間の合意については会社法は直接関知しないとされており、従業員持株制度のもとでは、当該合意に経済的合理性が認められるかどうかが決定的な問題であると解されてきた（森本滋「判批」私法判例リマークス2010年(上)108頁参照）。現在では、合意内容が株主の投下資本の回収の機会を不当に著しく制限するものではない限りは、会社と株主間の契約による譲渡制限も有効であるとした上で、譲渡制限の内容ごとに効力を検討し、特に非公開会社における株価の算定が困難であるとしても、株式の取得価格が固定されていることのみから、それを譲渡価格としたりする約定は、キャピタルゲインを得ることを否定するものとして、十分な合理性があるとはいえず、配当性向が100％近くなければ、そういった価格の決定方法は原則として無効であると解するのが、多数説である（弥永真生「会社法判例速報」ジュリスト1374号〔2009年〕23頁に掲げられた文献参照）。

　従来の裁判例および学説を整理して考えると、会社が当事者であっても、契約内容が株主の投下資本の回収の機会を不合理に奪うものではない場合や、持株会が当事者であっても、実際には持株会が傀儡に過ぎず、会社が脱法的に株主にとって不利な内容の契約を締結させたものと同視できるような場合も考えられるので、契約当事者が会社であろうとなかろうと、株主間契約による株式の譲渡制限は原則として有効であると解した上で、どのような場合に無効と解するべきかについて検討する必要があるという認識では一致しているように思われる。

③ 非公開会社における従業員持株制度と投下資本の回収

　もともと非公開会社の株式は流通性がほとんどないため、一般には取得が困難であり、従業員持株制度があるからこそ取得することができているとはいえ、その取得した株式を処分することは一般的にはほぼ不可能であるから、キャピタルゲインを獲得することはできないといっていい（上柳克郎「株式の譲渡制限」『商事法論集』〔有斐閣、1999年〕95頁）。それゆえ、ストーリーのような売渡を強制する契約を無効としたところで、通常は従業員の利益には直接は結びつかない。また、譲渡価格が取得価格と同じである場合には、キャピタルロスも負わないことになるから、必ずしも株主にとって不利益が生じるとはいえないことに留意しなければならない（田中・前掲470頁）。

　最判②および東京地判①は、「日刊新聞紙の発行を目的とする株式会社の株式の譲渡の制限等に関する法律」〔昭和26法212号〕によって譲渡が制限され、「キャピタルゲインを獲得することができない形での譲渡制限に関する契約を締結するルール」（以下同様のルールをまとめて当該ルールとする）があった会社についてではあるが、①株式の保有資格を原則として現役の従業員等に限定する社員株主制度を採用している会社において、持株会における当該ルールは、社員株主制度を維持することを前提に、これにより譲渡制限を受ける株式を持株会を通じて円滑に現役の従業員等に承継させるためのものであって合理性がある、②非公開会社であるから、もともと会社の株式には市場性がなく、当該ルールは、従業員等が持株会に株式を譲渡する際の価格のみならず、持株会から株式を取得する際の価格も額面額とされていたから、キャピタルロスを被るリスクもない反面、キャピタルゲインを期待しうる状況にもなかった、③従業員は、当該ルールの内容を認識した上で、自由意思により持株会から額面額で株式を買い受け、当該ルールに従う旨の合意をしており、従業員等が株式を取得することを事実上強制されていたという事情はうかがわれない、④会社が、多額の利益を計上しながら特段の事情もないのに一切配当を行うことなくこれをすべて会社内部に留保していたというような事情も見当たらない、ということを理由に、当該ルールは会社法107条及び127条の規定に反するものではなく、公序良俗にも反しないとして有効と判断した。

　これについて、非公開会社の従業員持株制度のもとにおいては、従業員の財産形成に寄与しようとする制度趣旨との関連における投下資本回収の機会の確

保とともに、運用の便宜（制度の維持）にも配慮しなければならず、当該ルールが広く用いられている現状を前提とする限り、このことについて従業員等が十分に理解し納得していることを前提に、株式取得の手続・経緯等から投下資本の回収についてある程度の制約を受けることもやむを得ないとの見解もある（森本・前掲109頁）が、特に当該ルールの売買価格の有効性について、従業員持株制度が従業員福祉の制度である以上、株式保有期間の留保利益をまったく反映しない売買価格の定めの有効性には疑問がある（江頭・前掲245頁）との批判や、会社の倒産リスクが理論的にはゼロであると断定できない以上、将来の譲渡価格が取得価格を下回ることによる損失を被るおそれもないとはいえないのではないかとの疑問が提起されている（弥永・前掲23頁）。

　しかしながら、従業員持株制度には、たしかに福利厚生の一環として従業員の資産形成を図るという趣旨もあるが、それは今では表向きの制度目的ともいえるのであって、現実的には配当性向が100％に近いなどということはほとんどありえず、特に非公開会社においては、従業員の経営参加意識を高めることによる労使協調にその目的があり、さらには本音として一番重視されているのは、その労使協調の結果、安定株主を形成することであるとも思われるのであって、その点からすれば、東京地判①からわかる配当実績を見る限りは他の裁判例とそれほどかけ離れているわけではないようであるものの、最判②が当該ルールを有効とする理由として従業員持株制度が従業員の資産形成に寄与することを掲げていないことも十分に理解できる。

　また、倒産リスクは、流動性リスクとともに株式投資の決定要因となるわけであるが、キャピタルロスはいわゆる値下がりリスクであるから、当該ルールによってキャピタルロスもほとんど考えられないことと、倒産リスクを理論的にはゼロとはいえないとしても、現実的にほぼゼロとすることとを同じようにとらえることは適切ではないように思われる。実際にはそういったことをすべて含めたとしても非公開会社の場合には株価の算定は非常に困難であるから、そのことを踏まえた上で、労使協調や安定株主の確保という従業員持株制度の目的を考慮し、株主が保有期間中の配当収益に期待して株式を取得することも十分にありうると考えれば、従業員株主の投下資本の回収という利益が制限されることに合理性があるともいえる。したがって、このような立場からはストーリーにおける債権契約を無効にする積極的な理由は乏しいということになろう。

もしもストーリーがこうだったら…

ストーリーにおいて、当該ルールが、もしも、合弁契約等に基づいて、株式の譲渡について会社に同意権・買取先指定権を与えるものであったような場合には、どうなるであろうか。

具体的には、同意権を与えるもの（同意条項）としては、株主間契約で、他方当事者の承認無しに株式を譲渡することは禁止するという旨を定めるもので、合弁契約においては合弁会社株式の譲渡だけでなく、事実上の移転や担保化等一切の処分を禁止する内容が明示されることがある。買取先指定権を与えるもの（先買権条項）としては、株主間契約で、一方当事者が株式を処分しようとする場合には他方当事者に事前の通知義務を負い、通知を受けた当事者が先買権を有する旨を定めるものである。

いずれも、株主間契約として行われる限りは自由であり、有効であると解されるが、同意権を有したり、買取先指定権や先買権を有するのが、常に会社（取締役、取締役会、執行役等）であるような場合には、会社が株主の投下資本の回収の機会を制約することになり、定款変更によらずに取締役に株主を選ばせてしまう危険性があるため、契約自由の原則が妥当するとはいえず（江頭・前掲242頁）、業務提携へのコミットメントといった合理的理由がなく、現経営陣の経営支配権の維持・確保に利用されるおそれがあるときや、売買価格の適正さが確保されていないようなときは、会社法の脱法行為として無効と解すべきである（田中・前掲472頁）が、私募の要件（金商2条3項1号）を充たすため、あるいは取締役に株式を保有させて職務に精励させるためといった理由から、積極的な合理性が認められるときは無効と解するべきではないとする見解もある（前田雅弘「契約による株式の譲渡制限」論叢121巻1号〔1987年〕39頁）。

（ささもと・ゆきひろ）

[第8話]
株主総会は荒れ模様

髙橋美加

ストーリー

　夕方の社長室で株式会社鯉キングの社長、野々村謙一は、副社長の尾形に自分の決意を告げた。「ワシは引退する。後のことは任せるけん、祐太をよろしく頼む。」祖父の代からの「野々村養鯉場」を「株式会社鯉キング」にして、観賞用錦鯉の養殖から食用鯉の養殖・加工さらにレストラン経営にまで事業を拡張した敏腕社長の謙一に引退を決意させたのは、長男・祐太に経営させていたレストラン「カルペ」の失敗であった。「カルペ」の閉店、レストラン業からの撤退を決めた謙一であったが、可愛い一人息子を放逐することはできず、自分が引退することで会社内外の批判をかわそうと考えたのだった。

　尾形は「分かりました。祐太さんのことはお任せ下さい。幸い、最近、熱狂的な錦鯉愛好家が増加傾向で売上げも好調ですし、今年の稚魚も有望との報告を受けていますから、社長の勇退になにがしかのはなむけをお贈りできると思います。」と答え、その日のうちに総務部長の沢崎と打ち合わせを始めた。沢崎は2ヶ月後に迫った定時株主総会の議題とその内容について鯉キングの取締役会に諮るべく準備中であり、野々村謙一の引退の話を受け、後任の取締役候補者に野々村祐太を推薦すること、謙一に退職慰労金を支給することを提案に盛り込むと決めた。

　2日後、株式会社鯉キングの取締役会が開かれた。代表取締役社長の野々村謙一、副社長の尾形を含む5名の取締役全員が集まり、沢崎の提案を聞いた。そして株主総会の議題としては、第1号議案を剰余金処分、第2号議案を役員

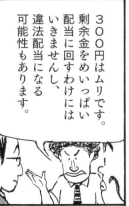

の選任、第3号議案を役員報酬、第4号議案を退職慰労金の支給、とすることが決まり、会社提案として野々村祐太を新任の取締役候補者とすることも、報酬や退職慰労金を内規通り支払うこともすんなり決まった。ところがここで沢崎から次のような相談が持ち込まれた。

「実は、昨日、大株主の辰川さんからお電話をいただきまして、『毎年毎年1株10円しか配当しないのはけしからん、1株300円の配当を求める』とお叱りを受けました。今日明日にでも正式に株主提案として通知をよこすからそのつもりでいろ、ということです。どうしましょうか。」取締役会に出席していた財務担当取締役の石井は、これを聞いて即座に「300円はムリです。剰余金をめいっぱい配当に回すわけにはいきませんし、違法配当になる可能性もあります。」と叫んだ。謙一は苦笑して「辰川さんか、あの人は時々ワヤ言いよるんじゃ、昔のええ時代が忘れられないんやろ。ま、この提案はムリちゅうことで、取り上げなくてええわ。」と述べ、例年通り1株10円の配当額とする会社提案のみが決議され、取締役会は終了した。

定時株主総会開催日の約1ヶ月前、「鯉キング」全株主に宛てて株主総会招集通知が発せられた。「鯉キング」は同族会社で証券市場には上場しておらず、株式は野々村家の親戚が多くを保有していたが、譲渡を制限する旨の定款があったわけではなく、「鯉キング」の取締役や従業員、取引先や養鯉場の近隣住民が少しずつ株式を保有しており、筆頭株主の謙一でも持株比率は2割程度であった。辰川は「鯉キング」の元取締役かつ大株主で、議決権ベースで5％相当の株式を保有していた。その辰川は取締役会の翌日、1株あたり300円の配当と自分を取締役候補者にするように求める株主提案をしてきたが、会社側の発した招集通知には先の4つの会社側提案のほか、辰川を取締役候補者とする株主提案のみが第5号議案として記載されていた。招集通知を見た辰川は激高し、再度沢崎に電話をかけ「よくも配当のことを無視しよったな。総会の時に言うたるけんのう。」と怒鳴りつけたあげく、株主総会の3日前に50項目にわたる質問状を送ってよこしてきた。その内容は、野々村父子に対する批判がほとんどであったが、謙一へ支給予定の退職慰労金額の開示、配当額に対する説明要求も含まれていた。

梅雨空の6月の木曜日、鯉キングの株主総会は、例年通り、本社近くにあるイベントホールで行われ、約50名の株主が出席した。総会に先立ち、これまた例年通り、副社長の尾形が議長に選出され、株主総会の開会が宣言された。一

通りの挨拶の後、財務担当取締役の石井から昨年度の事業状況と決算状況の報告がなされた。淡々とした会議の雰囲気ががらりと変わったのは、石井が剰余金処分に関する第1号議案に関して説明を始めた時だった。石井が、レストラン「カルペ」閉店による不測の事態に対応するため社内留保金を多めに残し、株主配当額は例年通り1株あたり10円にしたいという会社提案を示した途端、会議場フロアの前方に座っていた辰川が「おい、それだけ剰余金があるならもっと配当にまわさんかい！」「なんで毎年10円なんじゃ！」「『カルペ』の失敗は祐太のせいじゃろう、祐太に説明させろ！」と大声で野次りはじめたのである。議長の尾形は「説明中は静粛にお願いします」「ご発言は挙手の上、議長の指名を待って下さい」と注意したが、これは逆効果になり、興奮した辰川は立ち上がって「お前には聞いてへんわ‼」と怒鳴りはじめた。これには尾形の方もムッとしたようで「これ以上の発言を続ける場合は、退場を命じます！」と応戦し、辰川は不承不承、着席し、黙った。ところが、謙一の辞任に伴い退職慰労金を支給する旨の第4号議案に関連して、石井が「退職慰労金は、慣例によりまして、支給時期・金額とも取締役会にご一任いただきたくお願い申し上げます」と説明したところで、またもや辰川が立ち上がって、「そんなん、任せられるか！　いくら出すのかはっきりせえ！」と大声を上げた。石井は「ご承知の通り、弊社には勤続年数・担当業務・功績の軽重等から割り出した退職慰労金支給基準がございますので、基本的にはこの基準にのっとって評価いたします」と返答したが、辰川は納得せず、今度は罵詈雑言を浴びせかけたため、尾形はガードマンを呼び、辰川を退席させた。

　辰川の退席後、採決が行われ、第1号議案から第4号議案までの会社提案は全て可決、辰川の株主提案であった第5号議案は否決されて終了した。新任の取締役となった野々村祐太は尾形に近寄って礼を述べながら「それにしても尾形さん、見かけによらず武闘派ですね。あの辰川さんを退席させるなんて。でも、大丈夫でしょうか……」と気弱そうに言った。尾形は厳しい顔で返事をした。「たしかに、辰川さんがこのまま引っ込むとは思えませんね。こちらも覚悟が必要かもしれません。」

　はたして、株主総会の1週間後、辰川の代理人を名乗る河口なる人物から沢崎の元に電話がかかってきた。河口によると、辰川は今回の株主総会について、招集通知に自分の提案が載っていなかったこと、質問状に対応した返答をもらえなかったこと、何より退席させられたことに強い不満を持っており、法的手

段に出る用意があるとのことであった。沢崎はあらかじめ尾形から忠告されていたこともあり、特に動揺することもなく「それは、株主総会決議取消しの訴えを提起するということですか？」と尋ね、河口は「そんなところだ」と答えた。鯉キングの新経営陣は覚悟を決め、争いの場は法廷へと移る見込みである。

何が問題なのか

① 株主総会の手続と株主の権利保護

　株主総会は、事業年度毎に少なくとも１度は開催され（定時株主総会、会296条１項）、事業の様子や決算の報告がなされるほか、剰余金の配当（会454条１項）や役員の選任（会329条）をはじめとした法定決議事項や定款所定の事項につき必要に応じて決議されることになる（会295条２項）。株式会社の理念的な所有者である株主が会社の意思決定に参加する重要な機会であることから、それぞれの株主が必要な情報を取得して議決権を行使できるように、株主総会の招集や議事進行等について会社法は詳細な手続規定を置いている。

　今回のストーリーはいわば「荒れた株主総会」の典型事例といえるケースである。大株主辰川が、株主総会の手続や決議の瑕疵として主張しそうなものは何か、総会前の状況と、総会当日の状況に分けて見てみよう。まず、株主総会前の段階で、辰川が株主提案を行っているにもかかわらず、一部の提案が招集通知に記載されなかった点が考えられる。次に株主総会当日の状況はどうだったか。辰川は、会議の議長である尾形の指示に従うことなく不規則発言を繰り返し、少なくとも総会の雰囲気を悪くしており、たしかにあまりお行儀の良い言動とはいえない。しかし、辰川にも株主として質問や発言をする権利は当然あり、退場させて議決権行使の機会を奪うには、それなりの理由が必要になる。

② 株主提案について

　「鯉キング」のような取締役会設置会社では、株主総会において何を議題とし（会議の目的事項とするか）、それぞれの議題について具体的にどのような内容の議案にするかは、原則として取締役会において決定される（会297条４項参照）。しかし会議の出席者であり議決権者でもある株主が議題・議案を提案す

ることも可能である（会303条1項、304条1項）。辰川は議決権ベースで5パーセントの株式を6ヶ月以上前から引き続き保有する大株主で、議題提案を行う資格要件を充たす。また、議案提案は株主総会の場において株主であれば誰でも出せるが、8週間以上前にその議案の要領を会社に通知していれば、招集通知に記載してもらうことができる（会305条1項）。ところが辰川の場合、提案した内容のうち一つは招集通知に記載されなかった。このように、取締役会において株主提案を取り上げず、議案の要領を記載しないとすることは許されるのか、許されない場合はどうなるのかが第一の問題である。

③ 株主総会の議事と株主の質問

　株主総会の議事進行はそれぞれの会社の自治に委ねられており、会社法は、議長の権限として秩序維持と議事整理を行う旨規定するのみである（会315条1項）。議長は、議事運営のための命令を出すことが許され、命令に従わない場合その他株主総会の秩序を乱すものを退場させることができることも規定されている（同条2項）。尾形が辰川に対して出した退場命令が適切であったかは、辰川の行為が正当な権利行使の範囲を超えて株主総会の秩序を乱すほどであったかどうかによる。

　ところで、辰川の発言は、その内容からすると、剰余金処分議案や取締役の退職慰労金支給議案に関する質問と受け取ることができる。株主が議決権を行使するに当たって、会議の目的事項に関する説明を求めた場合、取締役等の役員はこれを説明しなければならない（会314条）。辰川は事前に質問状を送っており、口調は乱暴であるが、担当取締役からの説明に対してさらなる質問を投げかけているとみることもできる。悪口雑言があったとしても、そのことと、会議の目的事項に対する必要十分な説明がなされたか否かとは分けて考える必要がある。

　辰川による「法的手段」は、株主総会が一応終了した段階にあっては株主総会決議取消の訴え（会831条）によることが考えられる。上記の株主提案権の問題は招集手続の、議事運営や説明の問題は決議の方法に関する法令違反（同条1項1号）に該当する可能性がある。

法律家はこう考える

① 株主提案権の行使について

　辰川が必要な資格（6ヶ月前から総株主の議決権の100分の1以上もしくは300個以上の議決権を保有する株主であること〔会303条2項〕）を備え、手続を実行した場合、「鯉キング」の取締役会は必ずその株主提案を取り上げ、また、議案の要領を招集通知に記載しなければならないのか。まず、前提として、今回の議題提案・議案提案・議案要領の通知請求権について整理しておこう。

　株主総会の「議題」、つまり会議の目的事項されるのは、招集通知では「議案」と銘打っているために混乱しやすいが、ストーリー中「第1号議案〜第5号議案」との番号を付された表題である。辰川の提案は剰余金に関するものと取締役選任に関するもので議題としては会社側提案にも上がっている。つまり、辰川の提案は、法律上の「議題」を新たに付加するものではなく、あくまで議題の中身の具体的な提案である「議案」につき、会社側提案とは別の議案を提出した、ということになる。このような株主側の代替提案（会社提案とは両立しない議案）については、両方が可決されてしまうと論理矛盾を引き起こすため、招集通知において区別して記載され、会社提案と両立しない旨の注記がなされることが多い。なお、株主による議案提案はあくまで株主総会の会議場で提出するものとされており（会304条1項参照）、招集通知に議案の要領を記載してもらうためには305条によらねばならない。既述のとおり、議案提案は単独株主権であるが、議案の要領の通知請求権は少数株主権である。

　辰川は事前に議案提案をなし、その要領を招集通知に載せるよう請求したと考えられるが、それでは辰川の提案はかならず招集通知に記載され、株主総会において取り上げられなければならないか。会社法304条但書きによれば、株主による提案内容が法令違反であったり、直近3年以内に株主総会において大差で否決されたようなものであったりする場合には、提案を取り上げなくてもよいと規定されている。ストーリーにおける辰川の増配提案は、担当取締役によれば違法配当のおそれがあるとのことだが、それがどの程度の根拠があったかによるだろう。元社長の鶴の一声で提案の不採用が決まっただけであれば、取締役会の判断として適切であったか疑問の余地がある。株主提案権が株主の権利である以上、明確な根拠をもって違法といえない場合まで、取締役会が裁

量権をもって採否を決定するのは不適切だからである。株主提案議案について招集通知に議案の要領を記載せず、株主総会でも取り上げなかったことにより手続上の瑕疵の存在が疑われることになる。

② 説明義務と議事運営

　先述の通り、株主総会議長には総会秩序を維持する必要性から、命令に従わない者を退場させる権限がある。この権限が実際に行使されるのは珍しいが、裁判例としてもまったくないわけではなく、議事に無関係の罵詈雑言を繰り返し、再三の警告を無視した者への退場命令が違法とはされなかったケース（東京地判平8・10・17判タ939号227頁）の他、事前に出席者の生命や身体への危害が予想されるような場合に所持品検査を受けない限り特定株主の出席を禁止する旨の仮処分が認められたケース（岡山地決平20・6・10金法1843号50頁）もある。ストーリーの辰川が退場させられるほどの不規則発言だったかは事実認定の問題であるが、その罵詈雑言によって他の株主の質問の機会が奪われ、総会における審議が滞る事態になれば、退場命令も不当とはいえない。

　一方「鯉キング」取締役による議案説明が必要十分な内容であったかという点は、質問し、説明を求めたのが辰川であったとしても、平均的な株主を基準に、議決権行使の前提として合理的な理解及び判断をするために客観的に必要と認められる程度のものであったかが問われる（東京地判平16・5・13金判1198号18頁）。辰川が説明を求めた事項は剰余金配当と退職慰労金の支給に関する議案で、前者は分配可能額の計算や剰余金の使途等、後者は支給基準等に関する説明を要することになるだろう。特に退職慰労金に関しては、職務執行の対価である限り取締役の報酬の一部とされるため、株主総会において一定の情報を開示して決議を取る必要があり（会361条）、また支給後は事業報告書へ記載されなければならない（会435条2項、会規121条3号）。ストーリー中の石井担当取締役の説明は、そのような退職慰労金支給基準の説明として、十分なのだろうか。

　会社法は361条において報酬の種類ごとの決議方法を定める。金銭で支払われる報酬については、取締役ごとの個別の額を示して決議する必要はなく、総額あるいは上限について株主総会で決議し、個別の支給額については取締役会において協議して決定する手法も多い。一方、退職慰労金の場合は一回の株主

総会の株主総会で退任する取締役が一人の場合もあり、総額決定方式によっていたとしても個別の支給額が明らかになりかねないが、これを嫌う慣習からストーリーの石井取締役のようなスタイルで、取締役会に一任する旨決議することが多いとされる（詳細は伊藤靖史ほか『リーガルクエスト会社法〔第3版〕』〔有斐閣、2015年〕227頁等参照）。無条件の一任ではなく、一定の支給基準を株主が推知しうる状況において、当該基準に従い決定すべきことを委任する趣旨の決議であれば、そのような手法による決議も有効であるとするのが判例の考え方である（最判昭39・12・11民集18巻10号2143頁）。「鯉キング」にも勤続年数等による一定の支給基準があるようだが、問題はこれを株主が推知しうる状況にあったか、である。書面決議を採用している会社であれば、株主総会の招集通知に際して、議決権行使のための参考書類を一緒に送付しなければならず（会301条参照）、その参考書類に支給基準を書く等の措置が求められている（会規82条2項）。実際には、この支給基準は必ずしも参考書類において記載されていなくても、ある程度「推知しうる状況」であればよいとされ、たとえば本店に備え置くなどの対応でもよいと解されている。石井取締役は「ご承知の通り」と言っているが、辰川のみが知っている（辰川は元取締役）だけでは足りず、「鯉キング」の株主一般として支給基準を知ろうと思えば知ることができる状況が必要であろう。

　以上をクリアして初めて、「鯉キング」の株主総会は説明義務を尽くした問題のない議事運営であったということができる。もっとも、退場命令の当否や説明義務の履行は事後的に争う際、水掛け論に陥るおそれもある。ストーリーの最終段階ではもはや利用できないが、紛糾が予想される株主総会について、会社または株主は総会に先立ち検査役の選任を裁判所に請求して、総会に係る招集手続及び決議の方法を調査させ、証拠を保全する制度の存在も指摘しておきたい（総会検査役・会306条）。

③ 辰川の「法廷闘争」

　辰川が今回の株主総会について株主総会決議取消の訴えを提起する場合、上記のような瑕疵を主張することになる。辰川が②でみたとおり自らの退場の当否を争う場合、議事の進行上、辰川の退場時にはまだどの議案についても決議が取られていなかったであろうから、ストーリーの第1号議案から第5号議案

に関するすべての決議について不服を申し立てたいと考えるであろう。決議取消の訴えは株主総会決議の日から3ヶ月以内に、原告適格を有する者によって行われる（会831条1項）。辰川は株主なので訴訟要件に問題はないようにみえるが、特に役員選任議案に関して若干注意が必要である。

　まず否決された第5号議案（辰川自身を役員に選任する旨の株主提案）についてである。決議取消の訴えは、そもそもなされた決議自体が第三者にも効力が及ぶ者であることが前提で、さらにその決議を形成力をもって遡って効力を覆すための制度であるから、可決された総会決議のみが取消の対象となる。そのため、否決された決議の取消訴訟にはそもそも訴えの利益がない（東京高判平23・9・27資料版商事法務333号39頁）。また、第2号議案（野々村祐太を役員に選任する旨の会社提案）について、もし決議取消訴訟が長期化し、係属中に野々村祐太の任期が満了してそのまま退任し、その後の総会決議で新役員が選任された場合、特別の事情がない限り決議取消の訴えは実益を失い、訴えの利益を欠くとされる（最判昭45・4・2民集24巻4号223頁）。つまり、辰川から取消しの訴えを提起されたとしても、鯉キングの側としては、訴訟のかたわら次の株主総会で役員を選任し直してしまえば、瑕疵があったとしてもこれを治癒させてしまうことができるのである。

　総会決議取消訴訟は取消判決が認容されてはじめてその効力が遡及するため、訴訟係属中であっても野々村祐太は取締役としての職務を遂行できる。しかし、もし、辰川が野々村祐太を取締役の職に就かせることが適当でないと考えるのであれば、選任決議取消の訴えを本案として、職務執行停止および職務代行者選任の仮処分（会352条、民保23条2項）を申し立てることもできる。ただし、祐太の職務執行を停止するための「保全の必要性」は、祐太がそのまま職務を執行すれば会社に回復不能の損害が生ずることの疎明が必要となり（名古屋高決平2・11・26判時1383号163頁）、総会決議の瑕疵の問題からはやや離れることになる。

もしもストーリーがこうだったら…

　もしストーリーの中の辰川の提案が、たとえば以下のような内容を含んだ膨大なもので、提案理由等を合わせると300頁を超える文書で行われた場合、どのように処遇されるだろうか。

　議題1　取締役解任の件（野々村謙一の解任）

議題2　取締役選任の件（辰川の選任議案）
議題3　取締役選任の件（黒山の選任議案）
議題4　定款の一部変更の件（取締役の報酬の個別開示）
議題5　定款の一部変更の件（代表取締役の世襲禁止）
……（中略）……
議題55　定款一部変更の件（株主総会における事前質問の回答義務

なお、議題3の黒山は、養魚技術を買われて渡仏した「鯉キング」元従業員であるが、沢崎が確認したところ、黒山は取締役就任を承諾したわけではなく、辰川が勝手に名前を出しただけだということがわかっている。

　辰川の株主提案権行使が手続上適法に行使されたもので、特に不採用とすべき理由が見つからない場合、会社はその議題を取り上げ、議案の要領を招集通知に掲載しなければならないのは本文の通りである。しかし、株主提案権の行使が当該株主の私怨を晴らし、あるいは特定の個人や会社を困惑させるなど正当な株主提案権の行使とは認められない目的に出たものである場合には、権利の濫用として許されない場合がある旨、述べた事例がある（東京高決平24・5・31資料版商事法務340号30頁）。この事例は、提案株主側が招集通知への株主提案議案の記載を求める仮処分申請であったが、すでに会社が招集通知の印刷作業を開始しており、仮に申し立てが認められた場合には、会社の費用および事務作業の負担はかなり大きなものとなること、招集通知および参考書類の作成が間に合わず、株主総会を開催することができない事態も予想されることを理由として、申立が認容されることによる不利益が大きいことを理由に、保全の必要性を否定したケースである。今回のストーリーでも、大量の提案件数、重複を多く含む冗長な提案理由書、具体性・実現可能性に乏しい提案、役員候補者等の特定人を狙い撃ちにして経歴等を無断で開示すること等、権利濫用ではないかと思わせる事実があるといえなくもない。しかし、特に定款変更議案に関して、定款にどのような規定を置くべきかは株主の自治に委ねられるべきものであり、明確に違法な内容でない限り、議題・議案から削除することには慎重であるべきだろう。

　なお上記「議題1　野々村謙一の解任議案」に関して、謙一は当該株主総会において退任し、再任予定もない取締役であるが、この者を解任する議題を提案して意味があるのかという問題がある（たとえ謙一の解任議案が可決されても、当該総会終了時までの残任期につき解任されるにすぎない）。この点、解任と任期満了（あるいは辞任）とでは346条1項の適用があるか否かといった点において法的に

差異がある以上、残任期がどれほど短くとも解任議案を取り上げる意味はあるとした事例がある（東京地判平26・9・30金判1455号8頁、そのような株主提案を取り上げなかったことが不法行為にあたるとしつつ、取締役らに過失はないとされた事例）。

また、株主提案に際し、株主総会参考書類に記載すべき事項を規定する会社法施行規則93条1項は、提案理由が明らかに虚偽であったり、もっぱら人の名誉を侵害しもしくは侮辱する目的によるものと認められる場合は提案理由を記載しなくてよいとされているが（東京地決平25・5・10資料版商事法務352号34頁）、参考書類に記載すべき「議案」自体にはそのような規定はなく（会規73条1項1号）、したがって提案理由の不当性を理由に、招集通知において記載されるべき「議案」から除外することはできないとされている（前掲東京地判平26・9・30）。

(たかはし・みか)

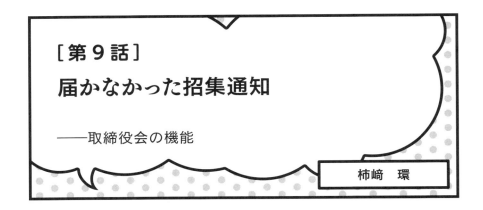

ストーリー

 どこまでも青い空、遠浅の石垣島の海岸から見渡す海は青緑色に輝き、夢見大洋の未来の行く手を阻むものは何もないかのように思えた。「これからは、この沖縄が俺の舞台だ……」大洋は、心のなかで呟いた。父、夢見琉海が急死したという知らせを受けたのは、大洋が東京の生活に嫌気がさしていたころだった。「こんな、田舎で終わる俺じゃない！」そういって、家出同然で東京に出てきたものの、どの仕事も続かず、気が付けば安アパートで、その日暮らしの日雇いバイトの生活だ。父は、沖縄で小さいながらもホテルを経営している。大洋は跡取り息子として、父の期待を一身に背負っていたが、長ずるにつれ、学業の方はさっぱりで、高校時代は、友人たちとバンドを組んで音楽三昧の青春の日々だった。「あいつらも、もういいオッサンだよな……」たしかに、当時、沖縄では、ちょっと鳴らしたロックバンドのメンバーだった白浪那伊作や屋良名唯翔も、それぞれに実家の稼業をついて、沖縄商工会議所の中堅としてがんばっていた。

 沖縄に戻った大洋は、株式会社ホテル海ぶどう（以下、ホテル海ぶどう社という）の代表取締役に就任し、父のホテル経営を継いだ。ホテル海ぶどう社の取締役には、年老いた母、夢見輝乃のほかに空良未呂弥が就任した。空良は父の古くからの友人で、仕事のことでは父がよく相談していたことを大洋は子供心に覚えている。幼い頃には、かわいがってもらった空良には今でも頭が上がらない。煙たい空良の取締役の選任を最初は拒否するつもりだったが、母から、

死んだ父の遺言だからと拝み倒され、しぶしぶ了解した。ただし、経営には直接タッチしない非業務執行取締役の社外取締役という立場で取締役会に参加してもらうことになった。大洋は、父の古臭いホテル経営を刷新して、今風の高級リゾートホテルに変貌させる野望をもっていた。「とりあえず、あいつらの力を借りよう。」大洋は昔馴染みの白浪と屋良に社外取締役の就任を頼み、彼らも、本業があるけどできるだけ力になるよと快く承諾してくれた。したがって、ホテル海ぶどう社は、小さいながらも、取締役会のメンバー５名のうち３名は社外取締役という構成となり、それに、父の代から番頭のように使えてくれていた立津奏斐(たつてつかない)が監査役に加わり、新しい船出となった。

　高級リゾートホテル志向への経営転換は、えらく物入りだった。設備投資には多額の費用がかかり、その割には、宿泊客の数は思うように伸びない。大洋はどうにかできないかと、白浪や屋良に相談したところ、白浪が「昔馴染みのツテがある」と紹介してきたのが喜納久宰(きなつねただ)だった。喜納は沖縄のリゾート開発やそのノウハウを提供する事業を手掛けており、ホテル海ぶどう社のプライベート・ビーチを含めた土地の一部を譲ってもらえれば、そこにリゾート施設を造り、その施設を格安でホテル海ぶどう社にリースするというスキームを提案してきた。ビーチに洒落たリゾート施設でもあれば、客足も伸びる。大洋は、わらをもすがる思いで喜納の提案を受け入れ、さしあたりプライベート・ビーチを含むホテルの土地を譲渡する約束を交わした。喜納との約束を取り付けて心躍る大洋であったが、一抹の不安が胸をよぎった。「待てよ……」最近、空良の様子がおかしい。これまでは、大洋の素人じみた無謀な経営プランにも、いつも何も反対せずに黙って賛成してくれていた。しかし、最近の空良の顔色をみると、そろそろ堪忍袋の緒がきれそうな予感がする。そこで、大洋は、取締役会の招集通知を空良には出さずに、喜納に対する当該土地の譲渡を議題とした取締役会を開催し、夢見大洋、夢見輝乃、白浪那伊作、屋良名唯翔の賛成を得て取締役会の承認決議が可決された。

喜納「……それで、取締役会の承認決議は通ったんですね」
大洋「それはもう、ウチは一枚岩ですから。それにこんな有難い話に乗らない手はありませんよ」
　喜納は、この土地の譲渡契約にあたって、大洋から渡された契約書類一式を

満足そうに眺めていたが、そのなかの取締役会の議事録の写しに目を留めた。
喜納「おや、おたくの取締役さんはたしか5名では？1名足りませんね。」
大洋「ああ、空良は、その日、急用がありまして取締役会には出席していません。でも定足数も満たしていますし、それに空良は、これまで私の経営方針に一度として逆らったことはありませんから、問題ないでしょう。」
喜納「そういうことなら。で、今後のことですが……」

　喜納は、すぐに買い取った土地に建設するリゾート施設のリース契約の件を大洋に早口で説明し始めた。大洋は、自分の未来にも、沖縄の海に煌めくまばゆい光が当たり始めたことを感じながら、喜納の話に聞き入っていた。

　空良は、後悔していた。先代の夢見琉海が亡くなる直前に、空良は枕元に呼ばれ「大洋のことを頼む。どうか辛抱強く見守ってやってほしい。」と懇願された。だから、大抵のことは何もいわず、取締役会でも反対したことはなく、イエスを繰り返してきた。しかし、もうこれ以上、大洋の無謀なやり方を続けては、先代が命をかけて守りぬいたこのホテルを潰してしまうことになる。「次の取締役会では、少し厳しく意見しなければ……」そう思っていた矢先に、大洋は、空良に招集通知も出さずに、イエスマンしかいない取締役会の決議を経て、ホテル海ぶどう社の資産の半分以上を占める大事な土地を喜納に売ってしまった。空良は自ら喜納の素性を調査したところ、東京でもあまり評判のよくない土地ブローカーであることが判明した。「もう我慢の限界だ。」空良は、知り合いの弁護士に相談したところ、取締役会決議の招集通知に漏れがあったことを理由に、有効な取締役会決議を欠く「重要な財産の処分」だということでホテル海ぶどう社は喜納に取引の無効を主張していくことができるかもしれないという。さて、この主張は認められるだろうか。

何が問題なのか

① 取締役会の役割

　取締役会とは、そもそも何をするところだろうか。会社法362条1項1号には、「取締役会設置会社の業務執行の決定」とある。そして2号には、「取締役の職務の執行の監督」とある。株式会社では、株主のお金を預かって会社を運

営する以上、慎重に業務にあたらなければならない。そのため、取締役会を置く会社では、取締役らがディスカッションを行う合議制により、業務執行の決定を行う。この決定に基づいて、代表取締役がきちんと行動しているかを取締役会が監督するのである。もっとも、代表取締役も取締役会のメンバーであるので、自分で決めたことを自分で監督するという一面がある。これではいわゆる「自己監督」になってしまい、果たして監督の実効性があるのか疑問が生じる。アメリカの株式会社制度も、かつて同様の悩みを抱え、制度上、業務執行を行う最高経営責任者（CEO）を取締役会の外に置くことで、業務執行と監督する機関を分離し、自己監督の弊害を克服ようとした。したがって、現在のアメリカの取締役会は、業務執行の決定ではなく、CEOの監督を主要な役割としている。これに対して、日本では、取締役会の外に置かれたのは業務執行者ではなく、取締役の職務を監査する役割を担う監査役であった。日本の戦後のコーポレート・ガバナンス改革の歴史は、企業不祥事が起こるたびに、監査役の権限を強化する改正を行い、コーポレート・ガバナンスの実効性を高めようとしたといっても過言ではない。ところが、こうした役割を担う監査役には、代表取締役を辞めさせる権限はない。この権限は、あくまで取締役会にあるのだ（362条2項3号）。そのため、欧米諸国からは、「最高経営責任者の首を切れない者が、経営のチェックをしても実効性がない」という批判の声が強い。そこで、平成26年会社法改正では、経営から距離を置いて客観的な立場からの発言が期待できる社外取締役を取締役会の中に置くことを推奨する方向の改正がなされ（会327条の2）、また、後述するように監査等委員会設置会社という機関設計の選択肢が加えられた。ストーリーでは、空良や、白浪、屋良は社外取締役である。しかし、はたして本当に社外取締役を置くことで取締役会の監督機能は向上するのだろうか。本件においても、考えてみる価値はありそうだ。

② 「重要な財産の処分」に取締役会の承認を要することの意味

昭和56年の商法改正により、それまで一般的に認められてきた取締役会の監督権限が明文で定められ、さらに取締役会の専属的決定事項を明確化することにより、代表取締役の不適切な業務執行を監督する取締役会の権能を明らかにした。ストーリーでは、ホテル海ぶどう社の土地の一部を喜納久宰に譲渡している。この取引が会社法362条4項1号の「重要な財産の処分」に当たるとす

れば、取締役会の承認を得なければならない。では、そもそも「重要な財産の処分」といえる基準は何だろうか。さらに、その取締役会決議に際して、取締役会の構成員の一人である空良のもとに招集通知が届いていない。このような取締役会決議の手続きに瑕疵があった場合、当該取締役会決議の効力を認めてよいのだろうか、また、その瑕疵ある取締役会決議に基づく代表取締役の取引の効力は、取引相手である第三者との関係ではどうなるのか。いずれも明文の規定はないため、法解釈が必要となる。

法律家はこう考える

① 社外取締役の役割と取締役会の機能

上述のように、日本の取締役会は、条文上は、業務執行の決定と取締役の監督の両方を担う建付けとなっている。世界的にみれば、取締役会の機能については、業務執行の決定を中心とするマネジメント・ボードと、業務執行者の監督を中心とするモニタリング・ボードとしてみる2つの捉え方がある。日本の場合は、そのどちらを採用することも可能な機関設計が用意されているが、その実態は、その法律上の機関設計のいかんにかかわらず、ほとんどの取締役会がマネジメント・ボードとして捉えられている。そのため、取締役会の監督機能は自己監督的側面が否めないことから、より独立性の高い社外の者をいれて業務執行の決定の透明性を確保しようという狙いのもと、平成26年会社法改正が行われ、社外取締役の要件が厳格化された。従来は、①その会社または子会社の業務執行取締役、執行役・支配人その他の使用人（以下「業務執行取締役等」という）でない者という視点から、社外取締役の要件を定めていたが、改正後は、①に加えて、親会社の関係者や、一定の親族関係を有する場合であっても、社外性を認めないとしたこととした。もっとも、この改正によっても、米国では独立取締役の条件となる「重要な取引先等」を社外性から除外する措置はとられていないため、実質的に経営からの独立性が確保されているといえるか判断するのは難しい。さらに数のうえでも、すべての取締役会に社外取締役を1人以上義務付ける提案は、改正の審議途中で見送られ、少なくとも、公開会社でかつ大会社の有価証券報告書提出会社が社外取締役を置いていない場合には、定時株主総会で、社外取締役を置くことが相当でない理由を説明しなければな

らないとする規定（会327条の2）によって、社外取締役の選任を実質的に誘導しているにすぎない。

そもそも社外取締役を入れることの意義は、世界的にみても、取締役会の監督機能の充実という観点から、①最高経営者の評価機能、②利益相反防止機能、③助言機能の3点にあると説明されることが多い。しかし、日本のように社外取締役の資格者の質・量ともにグローバルな水準に届かない状況では、これらの機能を社外取締役が実効的に果たすことは難しく、取締役会自体の監督機能の強化は、まだまだ道半ばといわざるを得ないだろう。

② 「重要なる財産の処分」の判断基準

次に、ストーリーのプライベート・ビーチを含むホテル海ぶどう社の土地の譲渡には、取締役会の承諾が必要だろうか。昭和56年商法改正で「重要な財産の処分」を取締役会の承認事項としたのは、取締役会の監督機能の明確化のためであった。ただし、何が重要な財産の処分にあたるかについては、条文上は明らかではない。判例によれば「重要な財産の処分に該当するかどうかは、当該財産の価額、その会社の総資産に占める割合、当該財産の保有目的、処分行為の態様及び会社における従来の取扱等の事情を総合的に考慮して判断すべきものと解するのが相当である。」（最判平6・1・20民集48巻1号1頁）とされる。これに対して学説では、当該財産の価額、会社の総資産に占める割合等、数量的にみて客観的に重要性が判断できる場合は問題ないが、その量的な指標に満たない場合には、「当該財産の保有目的」や「処分行為の態様」、「従来の取り扱い」をも勘案して判断するという見解が有力である。いずれの立場も、取締役会の判断を仰ぐ必要のある財産の処分であるか否かを画する重要性の評価については、当該財産の量的要素だけでなく、質的要素も勘案して判断しようとするものであるが、その考慮方法に若干の違いがある。

ストーリーでは、ホテル海ぶどう社の経営の立て直しにあたり、このプライベート・ビーチを喜納に売却し、そこに建設されるリゾート施設のリース契約を結び、喜納と提携したリゾート開発によって乗り切ろうというのが大洋のもくろみであった。判例の立場によれば、当該土地の譲渡につき土地の売却価格や資産割合のみで判断するのではなく、売却先・リゾート開発の提携先はもちろん、売却目的であるリゾート開発計画が及ぼす経営への影響等の質的要素と

を併せて総合的に重要性を判断してくことになろう。もっとも、学説の立場によれば、このプライベート・ビーチの資産価値が、ホテル海ぶどう社の資産の半分以上を占める以上、当該財産の処分は、量的要素だけからみても、「重要な財産の処分」に当たると考えられる。

③ 取締役会の招集通知に瑕疵がある場合の取締役会決議の効力

ストーリーでは、プライベート・ビーチの売却に関する取締役会が開催される際に、社外取締役である空良に招集通知が送られていない。このような招集通知の手続きに瑕疵がある取締役会の決議は有効だろうか。学説では、取締役会の招集通知の瑕疵は、単なる手続き上の瑕疵ではなく、取締役会が、その権限行使を慎重かつ適切に行うために構成員間の議論や意見交換による合議制を採る以上、その出席機会の確保の手段である招集通知の欠缺は重大な瑕疵であり、これに基づく取締役会決議は無効とすべきであると考える。

この点、判例では「取締役会の開催にあたり、取締役の一部の者に対する招集通知を欠くことにより、その招集手続に瑕疵があるときは、特段の事情のない限り、瑕疵のある招集手続に基づいて開催された取締役会の決議は無効となる解すべき」とする立場をとる（最判昭44・12・2民集23巻12号2396頁）。では、ここでの特段の事情とはなんだろう。判例によれば、「その取締役が出席してもなお決議の結果に影響がないと認めるべき事情」を指すとするが、「決議の結果に影響がないと認めるべき事情」の判断基準は、明確には示されていない。ただし判旨では「名目上の取締役であったとしても、総会招集通知を送付しない理由はない」とされており、名目上の取締役への不送達であるからといって、それだけで手続きの瑕疵が、取締役会決議の結果に影響を及ぼさないとは考えられていない。

本件において、空良は社外取締役であり、ストーリーにもあるように、これまでの取締役会では、大洋の経営方針に反対したことはなく、空良に招集通知がなかったことは本件の取締役会決議の結果に影響を及ぼすことはないかにみえる。しかし、空良は、「次の取締役会では意見する」と決めていた。したがって、空良が、もしこの取締役会に参加していたら、他の取締役たちを説得して、この取引を思いとどまらせたかもしれないし、そうしなかったかもしれない。取締役会の結果に影響を及ぼさないことを事後的・客観的に立証すること

は、実は結構、難しいのである。しかし、判例においては、少なくとも、その者が反対したとしても、取締役会の多数決において圧倒的多数で可決されたであろうことのみをもって、取締役会決議の結果には影響がない「特段の事情」とは認めていない。それでは、取締役会が議論を尽くして慎重に経営の方向性を決するため合議制を採った意味がなくなるからである。さらに、大洋が意図的に招集通知を出さなかった場合には、その取締役が取締役会に与える影響を阻止したいというのが実質的な理由であろうから、それは、取締役会の監督機能を阻害することを意味している。したがって、本件に特段の事情を認めることは難しく、取締役会決議は、原則通り無効となる。

④ 取締役会決議の無効を第三者に主張できるか

本件の取締役会決議に特段の事情がないとしたら、重要な財産の処分のための取締役会決議は無効となるが、ではホテル海ぶどう社は、取引の相手方である喜納に対して、土地の売買契約の無効を主張できるだろうか。取締役会決議のない代表取締役の取引の効力については、会社法上に明文の規定はない。しかし、通常、取引の相手方は、取締役会の内部的な手続上の瑕疵やその理由などを知りえるものではないし、株式会社の業務に関する一切の裁判上、裁判外の包括代表権のある代表取締役と取引する場合には、その権限があることを信頼して契約を結ぶだろう。そこで、判例は、重要な財産の処分にあたりながら取締役会決議の承認がない取引の効力につき、取引の安全の見地から、民法93条但し書きを類推適用して「その取引行為は、内部的意思決定を欠くにとどまるから、原則として有効であり、相手方が、取締役会決議がないことを知りまたは、知りうべかりし場合に限って、無効である」とする（最判昭40・9・22民集19巻6号1656頁）。会社の内部的手続である取締役会の決議がないにもかかわらず代表取締役が行った対外的な取引を、内心的意思決定と代表取締役の代表行為の外形との間の不一致とみて、民法93条但し書き類似の構造があることに着目したものである。この法律構成をとることにより、会社が、取締役会決議がないことにつき、相手方の悪意または過失があって知らなかったことを立証した場合には、無効を主張できることになる。

これに対して、学説は、取引の安全を図るための第三者の保護と、取締役会の決議を要求して守ろうとする会社の利益とを調整するにあたり、その保護す

べき法益のどちらに重きを置くかによって大きく2つの立場にわかれ、また、保護される相手方にどこまでの注意義務（ここでは調査義務）を要求すべきかの判断でも考え方が異なっている。

　まず、取引の安全を重視する立場として、第1説は、代表取締役の業務に関する対外的な行為には一切制限がないため、取引の相手方の信頼保護を第一に考えて、たとえ取締役会の承認決議を欠いたとしても、取引は有効であり、取締役の責任をのちに会社が追及できるだけという説がある。第2説は、原則として取引は有効としながらも、取締役会決議がないことに悪意である相手方は保護に値しないことから、そのような相手方に対しては、一般悪意の抗弁をもって、会社はその無効を主張できるとする（一般悪意の抗弁説）。

　これらの見解に対して、代表取締役の権限を取締役会決議によって制約する取締役会の監督機能の意義を重くみれば、一般原則どおり、取締役会決議を欠く代表取締役の取引は無効となる。ただし、代表権が法律上制限される場合には、民法110条の類推適用により、善意・無過失の相手方を保護すべきとする第3説があり、さらに第4説として、原則無効でありながら、会社法362条4項の取締役会決議を、349条5項の代表取締役の権限に加えた内部的制約とみることで、その制限をもって善意の第三者には対抗できないとする見解がある。第5説には、原則無効としながら、ただ、相手がこれを知らない場合、または知らないことに過失もないという場合には、その無効を主張しえないとする立場（相対無効説）がある。

　以上のように、取引の安全を重視する立場に軸足を置けば、原則的に取引は有効であり、その無効を主張する会社側に、取引相手の悪意または過失（または重過失）を立証する責任が課されるが、他方、取締役会決議を要求することで守ろうとする会社の利益を重視する立場では、原則、無効となり、取引の相手方が自らの善意または無過失（または無重過失）を立証しなければならない。少なくとも、本ストーリーでは、喜納は、取締役会議事録の写しをみて、取締役会決議の承認があり、その決議に取締役1名が欠けている点まで指摘し、その理由を問うている。そのうえで、大洋の返答が真実か否かまで調査する義務違反が、喜納にあったとはいえないだろう。したがって、喜納に過失があったことをホテル海ぶどう社が立証することは難しく、判例の立場にたっても、当該取引の無効の主張は認められないだろう。

もしもストーリーがこうだったら

　もしホテル海ぶどう社が監査等委員会設置会社の機関設計を採用していたならば、代表取締役が「重要な財産の処分」を行う場合、監査役設置会社と比較してどのような違いがあるだろうか。[ヒント]監査等委員会設置会社は、監査役を置かない代わりに監査等委員会を取締役会に設置する機関設計の会社であり、平成26年会社法改正により導入された。指名委員会等設置会社のように、指名委員会、報酬委員会を置くことは強制されていない。しかし、監査等委員会の構成員のうち過半数は社外取締役であり、監査等委員には取締役の選任や報酬について意見陳述権が認められ（会342条の2第1項・4項、361条5項6項）、監査等委員の選任もそれ以外の取締役とは別枠で選任される（会329条2項）。監査等委員は取締役会のメンバーであるから、監査役とは異なり、業務執行者を監督する者が、業務執行者の選任解任権の裏付けをもつため、その点では、指名委員会等設置会社同様に、取締役会の実効的な監督機能の向上を目指した機関設計として期待されている。

　「重要な財産の処分」については、監査役設置会社の場合と異なり、全取締役の過半数を社外取締役が占めるときには、取締役会決議により代表取締役に対して権限委譲することが可能である（会399条の13第5項）。そのような構成の取締役会であれば、モニタリング・モデルとして十分な監督機能の発揮が期待できるだろうから、代表取締役へ権限移譲できる事項を増加して会社の経営効率の向上を目指し、取締役会は、より基本的な会社の経営方針を議論できると考えたからである。しかし、監査等委員会設置会社の場合、監査役設置会社のように常勤の監査役を置く義務はない。社外取締役が取締役会を通じて監督機能を発揮するためには、内部統制システムを活用することが想定されているから（会399条の13第1項1号ハ）であるが、果たしてストーリーのような小規模な会社に、社外取締役の適切な職務遂行を確保する内部統制システムを整備できるかは、事実上、相当に疑わしい。しかも、上記の重要財産の処分の権限委譲は、取締役の過半数が社外取締役でなくとも、定款の定めがあれば、上記同様に代表取締役の権限の拡大は可能（会399の13第6項）とされている。以上のことからみれば、会社の規模を問わず採用可能な監査等委員会設置会社において、取締役会に期待される実効的な監督機能を確保できるか議論の余地のあるところであろう。

　　　　　　　　　　（かきざき・たまき）

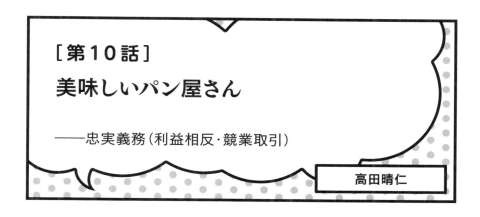

ストーリー

1.「人生は一度だけ〜 メシは一日三度だけ〜 三度のメシより旨いもの〜 それは半田のパ・ン・だ〜♪」

おかしな節をつけた歌声から、半田製パン株式会社の朝は始まる。ご本人は戦前のドイツ映画の名作『会議は踊る』のテーマ「ただ一度だけ」のつもりらしい。

声の主は、社長の半田である。半田は若い頃、日本ではまだ珍しかったドイツパンの修業を思い立ち、ドイツで数年間の苦労の末にマイスターの資格をとった。帰国後、手持ちの資金のほか、親戚・友人にも出資してもらって会社を立ち上げ、都内でパンの店をオープンした。開店当初は本場のドイツパンは酸っぱいと不評で売れ行きはかんばしくなかったが、健康ブームのお蔭でライ麦を原料にした「半田のパン」は雑誌・テレビに取り上げられ、いまでは関東一円に支店を置き、関西でも事業の展開を検討中という繁盛ぶりである。

パン屋の朝は早い。午前5時には、中堅企業の社長となったいまでも半田は自らパン工場に入る。現場の従業員たちは例の歌声が近づいてくるといっせいに「グーテンモルゲン！ ヘア・マイスター！」と大声で挨拶する。これは開業のときからの儀式だ。半田は、この会社の創業社長であり、そして、ドイツパン作りにかけては全員の師匠。絶対的権威なのである。

半田は満足そうに、「グーテンモルゲン」と挨拶を返し、しばらく現場の様子をみて、最初のパンが焼き上がるころ、工場のとなりのビルにある社長室に

戻り、腹心で取締役の南田と菅田から本日のスケジュールを確認すると、ようやく朝食兼自社製パンの試食となる。

2．半田には悩みがあった。一人娘のことである。前夫人をガンで早くに亡くし、大事に育ててきた。だが、その娘・蘭蘭はごはん派で、和食しか受けつけない。子どものころにパンを食べすぎたのかもしれない。食べ物の好みだけならいいが、パン屋の仕事にまったく興味がなく、跡を継ぐ気もないようなのだ。数年前に再婚した半田の現夫人好子、つまり義理の母とも距離を置いている様子である。

「蘭ちゃん、大学を卒業した後はどうするんだね。パパはできればうちの会社に入ってもらいたいんだが……。」「それは無理！私、和食屋さんがいい。京都に『ささや』ってお店を出して、竹林みたいな内装にしたいの。」「これはまた妙に具体的だな。ま、そうしたいなら仕方ないか……。」

3．半田は仕事一筋で、あまり自分の財産や懐具合が気にならない男である。そもそも早朝から働いて夜も早く寝るから、カネをつかう暇がなく、カネに執着する理由もない。いいかえれば、「半田製パン株式会社」がそのまままるごと半田の財産、いや人生そのものなのである。そうはいっても、蘭蘭のいう「ささや」を開くには、少なくとも6000万円ほどのカネが要る。

「仕方ない。会社の金を借りるとしよう。」半田は財務をまかせている南田に指示し、半田製パンから6000万円を無利息で借用する書類を作成させて捺印した。しかし京都南座裏の店舗の権利取得に結構な費用がかかり、また、蘭蘭のいうまま工務店に贅沢な造作をつくらせているうちに、あっさり予算をオーバーしてしまった。すべて半田名義の親掛かりである。「こんな我が儘に育ててしまったのが失敗だったか。だが乗りかかった船だ。今は金利も安いし、銀行から2000万借りておくとするか。」

今度は、半田製パンのメインバンクの丸損銀行に相談した。「社長、半田製パンではなく、社長個人にお貸しするということですね。そういうことでしたら、念のため、半田製パンの保証をいただけますか？」「もちろん。」「お手数でも半田製パンの取締役会の議事録の写しをご用意ください。」

半田は、南田に指示して、半田製パンが丸損銀行に対する半田個人の2000万円の債務を保証する旨の取締役会決議の議事録を作成させ、南田と神田が捺印し、形だけ監査役になっている妻の好子の印を半田が捺して銀行に届けた。特に臨時で取締役会を開いたわけではないし、妻には何も伝えていない。半田製

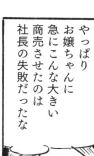

やっぱりお嬢ちゃんに急にこんな大きい商売させたのは社長の失敗だったな

そうか…
御苦労様…

娘には会社から6000万円、さらに私個人で銀行から…2000万円…困った…

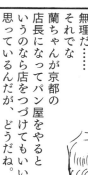

蘭ちゃん、パパも会社ももうこれ以上「ささや」にお金を出すのは無理だ……
それでな蘭ちゃんが京都の店長になってパン屋をつづけてもいいというのなら店をつづけてもいいと思っているんだが、どうだね。

こうして東京の半田製パンとは別に京都に半田個人の1000万円の出資で和菓子テイストのパンを売り物にした「株式会社京パン」を設立した……パンの商売はお手のもの、京パンは売れ行き好調だ。

半田君京都で随分とこの会社のお金をつかったそうじゃないか…君が病気でこの会社は大変なんだ……

[第10話]
美味しいパン屋さん

パンでは取締役会というものを定期的に開く習慣がなく、半田が毎日顔を合わせている南田・神田にその都度、必要な指示を出すだけ、好子は会社に来たこともない名ばかりの監査役だが、それで不便なことは何もなかったのである。

4．蘭蘭は夢の「ささや」を開店した。当初は京都の観光客でけっこうな賑わいだった。だが、新規開店効果はいつまでも続かない。半田に頼まれて東京から様子を見に来た神田は、閑古鳥が鳴く店内を眺めて、「やっぱり、お嬢ちゃんに急にこんな大きい商売をさせたのは社長の失敗だったな……。」とため息をついた。

5．1年近くが経ち、半田は腹をくくった。

「蘭ちゃん、パパも会社も、もうこれ以上『ささや』にお金を出すのは無理だ。」「うん……。」娘の涙には弱いが、もはやそうもいっていられない。

「それでな、蘭ちゃんが京都の半田製パンの店長になってパン屋をやるというのなら、店をつづけてもいいと思っているんだが、どうだね。」「えっ、パン屋を……。」「いやなら、京都の店は完全にたたむしかないな。」

「わかった……。でも和風がいい……。」半田は、案外しぶとい娘にウーンと唸った。「前に市場調査したときも京都では和風のパンが好まれるようだったな。わかったよ。蘭ちゃん、がんばってごらん。」

こうして、東京の半田製パンとは別に、京都に半田個人の1000万円の出資で和菓子テイストのパンを売り物にした「株式会社京パン」を設立し、店も改装した。半田は代表取締役に就いたが、ほか取締役・監査役は、蘭蘭と若い友人たちに任せることにした。もともと関西では半田製パンが市場調査をしていたし、パンの商売はお手のもの、京パンは売れ行き好調である。

6．それからさらに1年ほど経ったとき、働きづめで高血圧の半田を悲劇が襲った。脳出血の発作である。一命はとりとめたものの後遺症がのこり、これまでのように歌いながら元気に働くことはできない。半田製パンは司令塔の病気で業績は下降気味である。丸損銀行は返済期の到来で半田に2000万円の貸付金の返済を請求してきたが、南田と神田が半田に気づかって、半田製パンが代わりに返済した。不幸中の幸いで、蘭蘭をはじめ若いメンバーで経営を継続している京パンは、半田の病気の後も好調を維持している。

7．そんなとき半田製パンの古くからの株主で、半田の叔父・腹田（はらだ）が本社に現れた。昔からお金のことに滅法うるさく、非情な人柄で、半田は苦手である。

「どうだい、体の具合のほうは？」

「いや、ご覧のとおりです。リハビリもがんばっているんですが……。」半田は寂しそうに杖に目をやった。
「京都のほうはどうなっている？」
「蘭ちゃんが仲間と元気でやっていますよ。」
「南田君と神田君から聞いたのだが、京都で随分とこの会社の金をつかったそうじゃないか？」
「その分、がんばって売上げを伸ばしています。」
「それならこの東京本社の京都支店として商売すべきだろう？ 君が病気で東京は大変なんだ。京都の開店資金も会社から貸したらしいし、丸損銀行の借金も会社が肩代わりしたっていうじゃないか。京都で儲かっているなら、東京にカネでも株でもちゃんと戻すべきだと言っているんだ。こちらはこれでも株主だからな。」
「叔父さん、会社のことは僕に任せてくださいよ……。」
「心配して親切に言ってやっているのに、その言いぐさはいったい何だ！」
8．腹田は、半田製パンの監査役である好子宛に、会社が半田に対して次の訴えを提起するように提訴請求書を送りつけてきた。すなわち①半田が半田製パンから借り入れた6000万円、および、②半田製パンが丸損銀行に支払った2000万円を半田製パンに返還すること、③京パンの株式を1000万円の半田の出資金と引き換えに半田製パンに引き渡すこと、④競業取引によって半田製パンが被った損害3000万円を弁償することである。半田製パンは半田を訴えなかったため、60日後に腹田は半田に代表訴訟を提起した。

何が問題なのか

　半田は、半田製パン株式会社の創業者でワンマン社長である。しかし、半田製パンは半田個人とは別の人格をもつうえ（会3条）、半田製パンには腹田をはじめとする半田の親戚・友人の株主たちがいるのであって、いくら半田が会社の「主人公」であったとしても、会社と半田個人との利益の対立が生じうることは間違いない。半田は取締役として会社に対して善管注意義務（会330条・民644条）・忠実義務（会355条）を負い、これに違反した場合には会社に対して取締役の任務懈怠責任（会423条）が生じ、たとえ本人に悪気がなかろうともパン会社を「食いもの」にしたと非難されることがありうるのである。特に、

取締役がその職務上の地位を利用し、自己または第三者の利益のために行為してはならないという義務（狭義の「忠実義務」(duty of loyalty)と呼んでおく）の違反に関連して、利益相反取引・競業取引の規制がなされている（最大判昭45・6・24民集24巻6号625頁は、会社法355条に定める忠実義務を「民法644条に定める善管義務を敷衍し、かつ一層明確にしたにとどまる」ものと判示し、忠実義務に独自の意味を認めなかった。善管注意義務違反（duty of care）とは異なる特別な要件・効果が法定されていないからであろう。しかし学問上の分析としては、会社・取締役間の利益衝突について利益相反取引・競業取引の規制を含む取締役の義務違反の類型を考えることは機能的な面および比較的法的な意味で有益である。ちなみに、信託法29条以下では善管注意義務と忠実義務を分けて規定している）。

　腹田は冷徹に半田の地位利用行為を指摘し、会社に代わって半田に原状回復および損害の填補を求めてきたといえる。

①まず、半田が半田製パンから個人的に借り入れた6000万円である。「取締役が自己又は第三者のために株式会社と取引をしようとするとき」すなわち直接取引をしようとするときには、事前に取締役会においてその取引につき重要な事実を開示し、承認を受けなければならない（会356条1項2号〔直接取引〕。同条2項により、取引後には遅滞なく事後報告をしなければならない）。だが、借入についての取締役会決議は存在しない。このような場合も貸付は有効か。有効ならば腹田が会社に代わって半田に6000万円の返済を求めうるかが問題となり、もし無効だとすると腹田が会社のために半田に同額の不当利得の返還を請求しうるかが問題となる。

②つぎに、半田は丸損銀行からの2000万円の個人的借入に際して半田製パンを保証人に立てているが、この件については形式的に取締役会議事録を作成したのみであって、会議らしいものは開かれていない。また、監査役の好子には何も知らせないまま、半田が議事録に監査役の捺印をしている。本来なら「会社が取締役の債務を保証する」場合には（会356条1項3号〔間接取引〕）、①と同様、取締役会においてその取引につき重要な事実を開示し、その承認を受けなければならない（会365条1項柱書・2項）。取締役会の承認のない取締役の債務保証は有効かが問題となり、有効ならば、半田製パンは保証債務の弁済によって半田に求償権を取得し、丸損銀行に代位するが（民459条1項、500条、501条）、無効ならば半田製パンが丸損銀行になした支払いは保証債務の履行ではなく、任意の第三者弁済となり（民474条）、半田製パンは丸損銀行の承諾を得

てこれに代位することとなる（民499条、467条、501条）。ここでも株主が代表訴訟を使って取締役に対して求償権を行使しうるかが問題となろう。

③さらに、娘の蘭蘭のために、半田は株式会社京パンを設立して株主となり、自ら代表取締役に就任している。半田が京パンのために半田製パンの「事業の部類に属する取引」（会356条1項1号）つまり競業取引を行うものといえるならば、やはり重要事実を開示して取締役会の承認（および事後承認）を受けなければならない（会365条1項・2項）。また、腹田は半田の所有する京パンの株式を半田の出資金1000万円と引き換えに半田製パンに引き渡すように求めている。3000万円の金銭賠償だけではなく、このような形の請求も認められるかが問題となる。

法律家はこう考える

① 利益相反規制——直接取引

[1] 直接取引の意義——民法108条との関係

まず半田が、取締役会の承認を受けずに半田製パンからなした借り入れは有効か。考えてみれば、半田は、一方では半田製パンを代表して金銭を貸付け、他方で、みずから借り入れをしているわけである。これを民法上「自己契約」といい、会社法で定める直接取引のうち、代表取締役が「自己のために」会社となす取引に該当する。こうした「自作自演」は無効ではないか。

何人も同一の法律行為について、「相手方の代理人となることはできない」のが原則である（民108条本文）。しかし、本人があらかじめ許諾した場合はその限りではない（同条但し書き）。半田製パンと半田との直接取引については、半田製パンの取締役会の承認が「本人の許諾」に該当し、その承認を受ければ民法108条は適用されないものとされる（会356条2項）。これをうら返しにいえば、本人の承認を受けずになした自己契約による取引は無効ではなく、無権代理（効果不帰属）ということになる。「どちらでも同じことではないか」と思った読者はぜひ注意してほしい。法律行為が無効ならば、無権代理のように遡及的な追認はできないし（民116条と民119条を対照）、表見代理（民109条・110条・112条）や、無権代理人の責任（民117条）の適用も認められないはずである。両者は大違いである。

判例も、民法108条違反の効果について、絶対的な無効ではなく、本人の利益保護のために代理権授与行為の効力を制限した無権代理と解している（大判大4・4・7民録21輯451頁、最判昭37・10・23集民62号937頁）から、利益相反取引規制に違反した取引の効力も無権代理ということになる（最大判昭43・12・25民集22巻13号3511頁）。実質的にみても、民法108条が定める自己契約・双方代理、さらには利益相反取引の規制は、いずれも本人（会社）の利益の犠牲のもとに、代理人（取締役）が自己の利益を図ってはならないという狭義の忠実義務を共通の基盤としている（四宮和夫＝能見善久『民法総則〔第8版〕』〔弘文堂、2010年〕304頁）。

　無権代理ならば事後に会社が遡及的に追認することも可能であるが、半田は事後報告もしていないので半田製パンの取締役会決議による事後承認も存在しない。効果不帰属というべきである（念のためにいっておくと、事後承認の取締役会決議は、特別利害関係を有する半田を議決から除き、南田と神田が行うべきである〔会369条2項〕。決議を省略するにしても法定の要件をクリアしなければならない〔会370条〕）。

[2] 無権代理（効果不帰属）の主張適格
　では、半田製パンが半田に貸し付けた金銭の返還を求めた場合、半田は、自己への貸付にあたり半田製パンの取締役会の承認を受けていないことを理由に、無権代理で貸し付けた（半田製パンへの効果不帰属）と主張することはできるか。
　利益相反取引規制の趣旨は、会社と取締役との間で利害の対立する取引について、取締役が会社の利益の犠牲において私利をはかることを防止し、会社の利益を保護することを目的とするものであるから、半田がその貸付の効果不帰属を主張することは許されない（最判昭48・12・11民集27巻11号1529頁）。もっとも、かりに半田が効果不帰属を主張できるとしても、半田製パンから貸付金相当額の不当利得の返還請求（民704条）を受けることは避けられない。

[3] 代表訴訟による不当利得返還請求
　腹田は、半田製パンの半田に対する貸金返還請求を株主代表訴訟によってなすことはできるか。
　代表訴訟によって追及しうる会社の取締役に対する責任は、原則として委任契約の債務不履行に基づく損害賠償責任（会303条・423条）である（会社法上の

法定責任も含まれる。会120条4項、213条1項、213条の3第1項、286条1項、286条の3第1項、462条1項、464条1項、465条1項）。判例は、それだけでなく、取締役が会社との取引によって負担することになった債務（「取締役の会社に対する取引債務」）についての責任も、仲間意識からその追及が懈怠されるおそれがあるとして、代表訴訟の対象になるとしている（最判平21・3・10民集63巻3号361頁）。判例の立場からは、貸金返還債務もこれに含まれる。

　しかし、会社が取締役に対して有する取引上の債権の行使は、そもそも業務執行の一種であって、取締役会ないし代表取締役の権限に属しており、株主が代表訴訟を使って会社に代わって債権回収を行うことは「所有と経営の分離」に抵触するおそれがある。会社が取締役の取引債務について免除・猶予すべきと判断したときにも、株主がこれを取り立てることまで認めるのは行き過ぎであろう（もちろんそうした経営判断自体が不当であるとして任務懈怠責任〔損害賠償責任〕が追及されることは十分ありうるから、取締役が自分勝手に免除・猶予の判断をしてよいわけではない）。

　以上のような立場からすると、腹田が半田に6000万円の借入金債務を履行させることはできないというべきであるが、6000万円の会社資金を事業に活用せず、無利息で自ら利用したことについて、善管注意義務違反により会社が通常得べかりし利益に相当する額の損害を被らせたものとして、また、履行期（返済期）を徒過した場合、善管注意義務に違反して遅延損害金相当額の損害を会社に被らせたものとして、いずれも任務懈怠に基づく損害賠償義務を負うと考えることができよう。腹田としては、会社の損害さえ立証できれば半田の任務懈怠が法律上推定され（会423条3項1号2号）、かつ、半田はその任務懈怠について帰責事由がないとの抗弁を提出することができないから（会428条）、半田の責任追及は容易である。

② 利益相反規制——間接取引

[1] 間接取引

　半田製パンの半田への貸付けは、取締役が直接の取引相手になる直接取引のケースであるが、半田製パンが半田の丸損銀行からの借入金について保証する行為では、半田製パンの相手方は半田ではなく丸損銀行である。「株式会社が取締役の債務を保証することその他取締役以外の者との間において株式会社と

当該取締役との利益が相反する取引」、つまり間接取引に該当する（会356条1項3号）。

[2] 承認のない間接取引の効力
　上記の昭和43年12月25日の最高裁大法廷判決は、会社の承認のない直接取引と同様に、承認のない間接取引も「一種の無権代理人の行為として無効」とし、ただ、「取引の安全の見地より、善意の第三者を保護する必要があるから、会社は、その取引について取締役会の承認を受けなかったことのほか、相手方である第三者が悪意であることを主張し、立証して始めて、その無効をその相手方である第三者に主張し得る」と解している（相対的無効説）。会社（半田製パン）にとって間接取引の相手方は、直接取引とは違い、取締役（半田）以外の第三者（丸損銀行）であるから、その取引が間接取引に該当し、あるいは、会社の承認がなかったとは知らないこともありえる。現に、ストーリーでは丸損銀行は承認が欠けることについて善意・無重過失である。
　そのようにいうと、「無権代理ならば、取引の相手方の保護は権限外の行為の表見代理（民110条）によるのではないか」と疑問に思う読者もあるだろう。しかし、代表取締役の代表権は会社の業務に関する「一切の」行為をする権限であるから（会349条4項）、一般の任意代理人と異なって、権限外の行為というものは考えられない。また、代表権に加えた制限は善意の第三者に対抗できないが（同条5項）、会社の内規などで代表権に制限を加えた場合（取引額の上限など）とは違い、利益相反規制によって法律上課されている制限は「加えた」とはいえない。結局のところ、相対的無効説の成文法上の根拠は何かといえば、「最高裁大法廷判決があるのみで、条文上の根拠は薄弱である」というしかない。上記の最高裁大法廷判決をリステート（条文化）する形で立法的に解決するほかないはずであるが、何か立法上の障害でもあるのだろうか。

[3] 代表訴訟による求償権の行使
　代表訴訟によって追及しうる取締役の責任の範囲を任務懈怠責任に限るとする前述の立場からは、結局、腹田の代表訴訟による求償権の行使は否定されることになる（判例の考え方からも、求償権の行使を「取引債務」といえるかは微妙であるが、会社が提訴を懈怠する可能性が高い点を重視すると、これも代表訴訟の対象に含むと解されるのではないか）。しかし、半田が半田製パンに丸損銀行か

らの個人的な借金である2000万円の肩代わりをさせた事実を任務懈怠として責任を追及することは認められる（会423条3項1号2号）。

③ 競業取引の規制

　半田が京パンを設立し、その代表取締役に就任してパンの製造販売を行ったことは、競業取引の規制に違反するか。

　まず「第三者のため」の意義については、第三者の名において（代理・代表行為として）競業取引をすることと解する立場（名義説）と、第三者の計算においてすることと解する立場（計算説）との対立がある。そのいずれにせよ、取締役が他の会社の代表取締役として、かつ、その会社の計算において競業取引を行った場合に「第三者のため」に取引をすることにあたる。

　問題なのは、たとえパンの製造販売という目的物（商品）が競合する事業に属する取引であっても、関東の半田製パンと京都の京パンが行う取引とでは、市場が競合せず、したがって、取締役の競業取引によって会社の利益が害される危険がないことから、「事業の部類に属する取引」（会356条1項1号）に該当しないのではないか、という点である。だが、市場での競合については、会社が現に行っている事業のみならず、すでにその準備に着手している事業もふくむものと捉えるべきであろう。

　そもそも競業取引の規制は、取締役が会社の営業秘密を知りうる機会が多いことから競業による会社の利益侵害の危険を防止することを目的としている。半田製パンは関西進出を検討中だったのであり、半田は半田製パンの調査結果をふくむ有形無形の資源を利用できたからこそ京パンが成功したといえる（蘭蘭の和風趣味も京パンの成功に一役買っているにせよ）。

　競業取引についても、利益相反取引と同様に、取締役に取締役会の事前の承認を受ける義務（会356条1項柱書き、365条1項）が課せられている。この義務に違反した場合、競業取引（京パンの販売行為）を無効にしても取引相手（京パンの客）が困るだけで会社（半田製パン）の救済にはならないのだから、取引自体は有効というべきである。そこは利益相反取引の規制違反とは異なっている。むしろ、競業取引について会社の承認を受けないと、取締役への責任追及（会423条1項）に際して、取引によって取締役または第三者が得た利益の額が会社の損害額と法律上推定される点に意味がある（同条2項）。これが競業取

引を行う取締役のデメリットであり、会社のメリットである。

　実質的にみれば、会社が競業取引を取締役に委託したものとみなして、違法に得た利益を丸ごと取り上げる英米法の擬制信託（constructive trust）と類似の効果があるといえる（道垣内弘人『信託法理と私法体系』〔有斐閣、1996年〕73頁以下）。しかし会社（代表訴訟を提起した株主の腹田）が、半田に対して、こうした損害賠償ではなく、京パンの株式を引き渡せ、と請求することができるかは別問題である。この点、下級審判決には、取締役会が業務執行に関するすべての決定をワンマン社長の代表取締役に委任していたものとし、代表取締役が会社と競業取引を行うために完全子会社の設立を行い、子会社株式を個人のものとしたのはかかる委任の本旨に反するものであって、会社としては、委任（民646条）またはその類推により、代表取締役に対して株式の移転を求めることができる、と判示したものがある（東京地判昭56・3・26判時1015号27頁〔山崎製パン事件〕）。だが、代表取締役に重要な業務執行を独断で行うことまで委任できるはずはない（会362条4項）。問題は適法かつ具体的な業務執行の委任の存在が認められるか否かに尽きるはずである。それが認められないのに、会社の救済のために、擬制信託を法的な根拠なくして導入するような解決法には無理があるといわざるをえないであろう。

もしもストーリーがこうだったら…

①半田が京パンの取引先である株式会社京都製粉に対し、京パンへの取引上の便宜をはかってもらう目的で、半田製パンの代表として、特別に有利な条件で取引した場合、利益相反取引規制の違反といえるか。

②蘭蘭が当初開店した和食店「ささや」の経営主体が、半田が80％出資し、その余は蘭蘭およびその仲間が出資して、半田が代表取締役を務める「株式会社ささや」であり、その定款所定の事業目的は「飲食店の経営その他これに付帯する一切の事業」であったとする。半田は「ささや」開店の時点で競業取引規制に違反したといえるか。

③　②で半田は「株式会社ささや」の取締役に就任しておらず、蘭蘭を代表取締役としながらも、実質的に「株式会社ささや」を主宰し、その後、店を京パンに改装し、会社の事業目的に「パンの製造および販売」を追加させたとする。半田は競業取引規制違反の責任を負うか。

〔ヒント〕①会社法356条1項3号にいう「その他」の間接取引の適用範囲がどこ

までなのか問題になる。もともと会社と第三者がなす取引で、実質的に取締役の役得になるようなケースは無限に考えられる。だが取締役の忠実義務違反の責任は別として、間接取引を無制限に拡げると取引の効力が不安定となって困ることになる。間接取引の規制を及ぼすべき範囲を考えるにあたってキーポイントになるのは、昭和56年の商法改正で、直接取引の規定に間接取引の明文が追加されるきっかけとなった最高裁大法廷判決である（最判昭43・12・25民集22巻13号3511頁）。直接取引の規制を「取締役個人に利益にして、会社に不利益を及ぼす行為」に拡張し、当時は明文のなかった間接取引にも規制が及ぶと解したのである（間接取引の規制は昭和56年改正で明文化された）。会社にとって直接取引と同程度の危険性のある取引であればそれを防止しなければならず（防止の必要性）、また、会社の債務負担行為や出捐によって、取締役に利益が生じることが外形的・客観的に明らかであれば事前規制にもなじむものといえる（基準の明確性）。したがって、会社が取締役の債務を保証すること「その他」というのは、会社が取締役の債務を引き受ける行為や、会社が担保を提供する行為のように、会社にとっての危険性が類型的に認められる場合を指すと解すべきであろう（北村雅史『会社法コンメンタール8』〔商事法務、2009年〕82頁）。

②競業取引規制の目安となる市場での目的物の競合については、飲食物の提供という広い捉え方をするのか、あるいはパンの製造販売という具体的な事業で捉えるか、考え方が分かれうる。

③半田が「株式会社ささや」の実質的な主宰者として、蘭蘭に競業取引をさせていると評価される場合、半田自らは「株式会社ささや」の名義においても、計算においても、そもそも取引行為を行っているとはいえない。また、「株式会社ささや」の法人格が否認されない限り、自己の計算において蘭蘭に競業取引をさせているともいえない。このような場合にも取締役が会社の事業上の機密を利用して会社の利益が害される危険があることに基づいて競業取引規制を及ぼすべきかがポイントである。

（たかだ・はるひと）

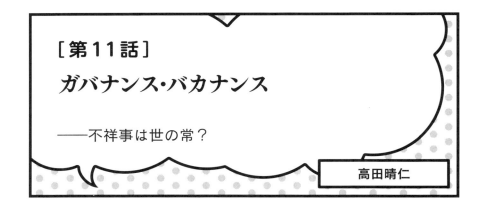

ストーリー

1. 汗まみれの額をぬぐって空を見上げる。いつもの轟音とともに、「善良電子」の小さな看板の上空に、どこか遠くの国へと翔んでいく飛行機がみえる。ここは都内O区の工場地帯。といっても、長引く不景気と企業の生産拠点の国外移転で、かつての中小の工場がどんどんマンションに建て替わっている。「うちもいつまで持つかなぁ。上のほうはメチャクチャやっているようだし。」

工場の機械油で汚れた経済新聞の一面トップには「王様電子で巨額の損失隠し」「創業家次男の濫費が原因か？」の白抜きの大見出しが躍っている。

「こっちには1銭単位で発注部品の単価を削ってくるくせに、こいつら人をなんだと思ってんだ。」

腹が立つのと同時に、目高は、王様電子の孫請けのそのまた系列会社、という無力な自分の立ち位置をかみしめるほかはなかった。

2. 「いったい、ぜんたい、お前は何を考えているんだっ！」東証一部上場企業、王様電子の創業者・南野古都也代表取締役社長は怒りで震えていた。社長室のデスクの前で突っ立っているのは、代表取締役副社長の南野是識。度胸があるようにみえるのは、本当は感受性が乏しいだけだ。

「お前にはいままで何の不自由もさせてこなかっただろう。何が不満でこんなことをする！」

「裏表が面白い社会勉強をさせてやるからって。」

「なにぃっ!?」南野社長は怒りの目をそのままギロリと、部屋の隅でなめく

じのように溶けそうになっている裏表有造(うらおもてありぞう)財務担当専務取締役に向けた。

「おい、裏表君、説明してくれ。このバカにいったいどんな楽しい社会勉強をさせてくれたのかね？」

「はあ……。競走馬のオーナーに……。えー、ドバイまでバカナンス、いえバカンスに……。」

「ドバイだぁ？」

「はい、競走馬とごいっしょに……」

「オイ！　お前はそんなことに100億単位で会社のカネを使いこんだのか?!」

南野社長はもう涙声になっている。

3．王様電子で生産部門の統括責任者を務めている専務取締役の逃道一太郎(にげみちいつたろう)は、ふと、前年度の決算の際に、会計監査人を頼んでいる底抜(そこぬけ)監査法人の担当者底迄悠花(そこまでゆうか)に面談を求められたときのことを思い出していた。

「逃道専務、お忙しいのに申し訳ありません。」

財務については管轄外の逃道は、会計監査人が自分に何の用だろうと不思議に思った。

「はい、なんでしょう、底迄先生。」

「あのう、この間の経営委員会で今度の決算のことについて何か特別なお話がありましたか？」

「いえ。底迄先生、ご存じのようにわたしは生産現場のほうなので、財務のことはちょっと……。」

「そうですよねえ。……ときに膏血(こうけつ)ファンドってお聞きになったことがありますか？」

「いいえ、まったく。そのファンドがどうかしたんでしょうか？」

「王様電子と大きな取引があるんですが、そのファンドの件について、財務担当の裏表専務から何かご説明をお聞きになられたか、うかがっておきたいと思いまして。」

「えっ。そりゃあどうも、わたしのような技術屋には財務のことは何とも……。で、社長は何と言っていましたか？」

「いまお話をうかがっているところです。こちらとしても無責任な仕事をするわけにもいきませんので。」

「わかりました」といいつつ、逃道は、内容もさりながら、底迄が、担当違いの自分に財務の不祥事疑惑を直撃してきたことに非常に悪い予感がした。と

いっても管理部門の問題に生産部門の人間が口を出すなど、この企業のタテ割りの文化では考えられないことだった。

4．「膏血（こうけつ）さん、あんたオレに任せときゃ大丈夫だって、あれほど言っていたでしょう。」

裏表は電話口で、恨みを込めてシンガポールの膏血 啜（こうけつすする）に言った。事務所で机に脚をのっけて電話を受けている膏血はまったく動じない。

「はあ？うちから漏れたんじゃなくて、おたくらのミスでしょ。」

旨味銀行の元ディーラーで、いまでは国際的な「節税」やら、マネーロンダリングやら、ともかくウラ稼業まっしぐらの膏血は声のトーンを変えずに返した。

「ぽんぽんの副社長さんの豪遊が目立ちすぎたからでしょ。あのねえ、言っておくけど、困っているのはうちのほうですよ。ほかのお客様も迷惑がっているよ。」

裏表は「ほかのお客様」の恐ろしい正体を感じて一瞬背筋がさむくなった。

「ファンドの投資の件はどうか黙っていてください。お願いです……。」

「ああ、ご出資いただいたお客様の秘密は守りますよ。うちは何も後ろ暗いことはないしね。」

「うちも一切おかしな取引はしていませんから！」

もちろん、大嘘である。南野是識が湯水のように使いこんだ遊興費は、裏表の手で、あたかも海外の膏血ファンドへ出資したかのように経理操作されていたのであった。裏表が是識の遊興費の大きすぎる「おこぼれ」にあずかっていたのは言うまでもない。そして、それよりもさらに多額の「出資金」「コンサル料」という名の口止め料を膏血のスイスの銀行口座にたっぷり注ぎ込んだのも裏表だった。

5．「マスコミは入れるなと言っただろう！」会議室の外で総務部の係員の怒声が響いている。社外取締役の何木矢那夫（なんぎゃなお）は自分の運の悪さを嘆かないわけにはいかなかった。

「どうしてここの社外取締役を引き受けたんだろう。いい会社だと思ったのに。まさか粉飾をやっていたとは……」。

旨味銀行の元副頭取で、プロの金融マンの経歴を買われて、王様電子の南野社長に就任を請われた自分が、債務隠しでマスコミに袋だたきの会社のお目付役だなんていう現実を信じたくなかった。膏血は古巣の銀行の後輩で、むかし

からろくな奴じゃないと思っていたが、まさかこんな形でとばっちりを受けるとは。

　取締役会がはじまった。議長の南野社長以下、逃道はじめ取締役５名、常勤監査役の日和見鶏、社外監査役の曾野、田野も同席している。何木は知っていた。公認会計士の底迄の疑問点の指摘を、当初握りつぶそうとしたのは、日和見だったことを。特別背任の罪で逮捕された南野是識と裏表有造、それから一時帰国中に逮捕された膏血。そんな連中を日和見は見て見ぬふりしていた共犯者だ。社長だって、息子から膏血ファンドの件をとっくに聞いていたというじゃないか。

　社長が重い口を開いた。「臨時取締役会にお集まりいただいてありがとうございます。この度は大変なご迷惑をおかけして、うちのバカが、……お恥ずかしいかぎりであります。まず、お詫りいたします。南野是識の代表取締役副社長、および裏表有造の財務担当専務の任を解きます。なお、両名より取締役の辞表を出させる予定です。」

　重苦しい空気がながれた。かすかにみなが頷く気配だけがした。

　「つぎに経営責任ですが……」

　一同が固唾を飲み込んだ。創業社長が責任をとって辞任するというのか。

　「事実関係がすべてわからない状態のままで、私が完全に身を引くというのも無責任ですので、私は代表権のない会長職に退き、逃道一太郎氏を代表取締役社長に推したいと思います。」ゆっくりと、一語一語かみしめるように南野社長は社長としての最後の提案を行った。

　緊張のなか、やがて異議なし、の声がいくつか上がり、「逃道社長のもとで事実調査委員会を設けてこの危機からなんとか脱出したいと思います。では逃道君。」

　逃道は立ち上がった。「この難局を乗り切れるかどうかはみなさま方のご協力にかかっております。……」

6．「なーにが、経営刷新だよ！」善良電子の目高は新聞に向かって激高した。

　「うちは王様電子の仕事がなくなっちまって、これからどうすりゃいいんだよ！でもな、こっちは親父の代に買わされた王様電子の株があんだよ。株主代表訴訟っていうのがあるそうじゃないか。どうせ王様電子の系列から切られたんだ。どいつもこいつも訴えてやる！首を洗って待ってろ、ってんだ。」

　目高は誰のどのような責任を追及することができるだろうか。

何が問題なのか

① 役員らの責任

　怒り心頭の目高のターゲットとなりうる候補者は、南野親子、裏表、逃道、何木ほかの各取締役、日和見、曾野、田野の各監査役、会計監査人の底抜監査法人である。会社法423条1項では彼らを「役員等」と呼んでいる（会329条1項では取締役・会計参与・監査役が「役員」であり、会計監査人は「等」扱いである）。会社とこれらの役員らとの関係は委任に関する規定に従うから（会330条）、役員らが故意・過失によって職務の執行につき善管注意義務（民644条）を尽くさなかったときは、委任契約の本旨に従った債務の履行をしなかったことになり、そのことと相当因果関係のある会社の損害を賠償しなければならない（民415条。取締役の負う忠実義務（会355条）と善管注意義務の関係は大問題であるが、ここでは立ち入らない。[第10話]を参照）。会社法423条は、役員らの地位の重要性に鑑みて、任務懈怠責任という形で、債務不履行責任を特に明確化・厳格化したものと考えられる。

　ストーリーでは南野是識と裏表専務に故意の任務懈怠があることはいうまでもない。社長の南野古都也も、両名の加害行為を見逃し、かつ、彼らから事実関係を聞いていながら、我が子かわいさのあまり善後策をとるのが遅れたのだとすると、やはり任務懈怠責任を負う。また、監査役は取締役の職務執行を監査する（会381条1項）のが任務であるのに、当の日和見が取締役の会社への加害行為に加担するなど、法の期待に真っ向から反している（以上の者は会社法430条により連帯責任を負う）。他方、不祥事の兆候を発見して行動を起こした会計監査人には、一般的にいって任務懈怠があるとはいえないだろう（会397条1項・3項、金商193条の3参照）。

　では、業務の管轄ちがいの逃道や社外取締役の何木、社外監査役の曾野、田野の責任はどうなるだろうか。

② 代表訴訟

　役員らに受任者としての義務違反があった場合、損害賠償を請求することができるのは委任者である会社である。取締役会を設置する会社において、役員

らに損害賠償を請求する訴えを起こすとき、本来であれば会社のためにそれらの行為を行う機関は代表取締役（会349条1項）である。しかしながら、自分自身の責任を追及することはもちろん、「身内意識」から考えて他の取締役の責任を追及することを期待するのは難しい。そこで、会社法は、監査役を設置する会社が取締役に対して訴えを起こすときには、代表取締役ではなく、監査役が会社を代表する権限をもつものと定めた（会386条1項）。したがって、監査役は、取締役の職務懈怠によって会社に損害が生じたことを発見したときは、取締役会に報告し（会382条）、会社の損害を回復しうる現実の可能性を考慮しつつ、会社のために損害賠償請求の訴えを起こすべき職務を負う（ただし監査役や会計監査人の責任を追及する権限と任務は代表取締役に残っている）。

　さらに、監査役が会社のために取締役の責任追及の訴えを起こさなかったときは、株主が会社のために代表訴訟——会社法は「責任追及等の訴え」という——によって損害賠償を請求することができる（会847条）。この代表訴訟は、株主（日高）が、会社（王様電子）の役員らに対する損害賠償請求権を会社に代わって行使するのであって、株主が役員らに対して損害の賠償（株価の下落分など）を支払え、と請求する訴えではない。世間でよく誤解されがちな「株主vs役員」の図式ではなく、「会社vs役員」なのである（民訴115条1項2号の法定訴訟担当）。したがって、株主がこの訴訟に負けてしまえば費用は持ちだしになるうえ、たとえ勝ったとしても、会社が役員らから損害賠償を支払ってもらえるだけであり、株主は直接なんらトクにならない。弁護士を雇うなどの費用も、全額ではなく、「相当額」を会社にあとから請求できるだけである（会852条1項）。理屈の上では、役員らが会社の損害を賠償の形で填補すれば、会社が損害を回復した分だけ株主の持株の価値が回復するといえなくもないが、大抵は微々たるものである。だからこそ、平成5年の改正で、株主が訴状に貼る印紙代（提訴手数料）は、請求額の多少にかかわらず一定額（現在は1万3000円）でよいことにされたのである（会847条6号・民訴費4条2項）。

　しかし提訴手数料が安いということは、数千億円の代表訴訟を起こすことも十分可能ということであり、当然ながら濫訴のおそれもある。その歯止めとして、第1に、不正な利益を図り、または会社に損害を加えることを目的とする提訴は却下され（会847条1項但し書き・5項但し書き）、第2に、裁判所は、被告の役員らの申立てと原告の提訴が「悪意」によるものとする疎明（一応の証明）に基づいて、原告株主に相当の担保を立てさせることができる（会847条の

4第2項・3項)。これらの点で、ストーリーでは、目高が下請けを切られた腹いせまぎれに提訴しているのは加害目的にあたらないか、また、新聞報道を頼りにしている程度の訴えだとしたら、勝訴の見込みが薄く、担保を立てなければならない「悪意」の株主といえないか、が問題となりそうである。

法律家はこう考える

① 監視義務

　伝統的な取締役会・監査役（会）を設置する企業では、取締役会のメンバーにそれぞれ業務の担当が決まっているのが通常である（業務執行取締役・使用人兼務取締役）。誰だって自分の「縄張り」に口を出されたくはないから、社長のように上位の総轄者ならばともかく、そうではない取締役（逃道）が、自分の管轄（生産部門）以外のこと（財務）に口をはさむのはお互いに控えるのが人情である。

　しかし、法的には、取締役会は、取締役の職務の執行を監督する権限を有する（会362条2項2号）。この規定が設けられたのは昭和56年の商法改正であるが、そのきっかけとなった最高裁判決は、「株式会社の取締役会は会社の業務執行につき監査する地位にあるから、取締役会を構成する取締役は、会社に対し、取締役会に上程された事柄についてだけ監視するにとどまらず、代表取締役の業務執行一般につき、これを監視し、必要があれば、取締役会を自ら招集し、あるいは招集することを求め、取締役会を通じて業務執行が適正に行なわれるようにする職務を有する」というものであった。代表取締役以外の平取締役に、代表取締役に対する監視義務があることを認めた厳しい判断といえる（最判昭48・5・22民集27巻5号655頁）。取締役会のメンバー同士の役割分担は、原則として監督権限の行使を怠った言い訳にはならないのである。（だからこそ、後述のように内部統制の構築・運用が必要となる）

　やや古い話になるが、昭和25年改正で英米法にならって取締役会制度を導入した当時には、実は2つの見方が対立していた。有力説は、それまでのように各個の取締役が業務執行機関をなすのではなく、会社の業務執行の権限は一体として行動する取締役の全員すなわち会議体たる取締役会に属し、取締役会そのものが業務執行機関である（大隅健一郎「商法改正案における取締役会制度」

法学論叢57巻1号〔1950年〕6頁）と説いていた。この立場からは、業務執行の意思決定・執行の権限すべてが一元的に取締役会に帰属し、代表取締役はたしかに法人を代表して意思表示をなしうる資格を有するが、取締役会の権限に基づく業務執行の委託を受けた補助者にすぎないというべきことになる。したがって取締役会が業務執行の補助者に対して行使する監督権限は内部的・自律的なものである。

　他方、通説は、取締役会は業務執行の意思決定をなすだけであり、業務の執行自体は代表取締役に専属すると解する（鈴木竹雄＝石井照久『改正株式会社法解説』〔日本評論社、1950年〕141頁）。この立場では、代表取締役が独自の執行権限をどのように行使しようとも自由なはずであるが、取締役会によって代表取締役を監督するのが法の趣旨であるとして（鈴木竹雄『会社法』〔弘文堂、1954年〕127頁）、代表取締役に対して外部的・他律的に監督権限を行使すべきものという。

　「執行と監督の分離」という標語のもとに指名委員会等設置会社を導入した平成14年の商法改正で、従来型の会社についても通説の立場に従った改正がなされ、取締役会が「業務執行の決定」をなすという従前の規定とは別個に、代表取締役（業務執行取締役）が「業務の執行」をなすものとして意思決定と執行が分離される形となった（会362条2項1号、363条1項）。

　しかし、ことがらの本質は取締役会の権限とは何か、という点にある。「意思決定」と「執行」を分離することは、それ自体が不自然であり（頭と体の切り離し）、また、法人の代表権を有する代表取締役（representative director）なる機関は和製であって、取締役会の業務執行権限をベースにこれを委託されるアメリカ法のCEOとは異なるものである（ミルハウプト編・米国会社法〔2009年〕52頁）。そこで、なお理論的な吟味――有力説のほうが英米法の伝統的な考え方に忠実ではないか――と、立法論的な批判――きわめて日本的なヒエラルヒーを取締役会内部にもちこむ「代表取締役」制度は廃止すべきではないか（倉澤康一郎「代表取締役の半世紀」法学研究（慶應義塾大学）73巻12号〔2000年〕131頁）――が可能であり、また、必要であるものと考えられる。

② 社外役員と内部統制

［1］社外役員・独立役員

　では、社外取締役の何木や、社外監査役の曾野、田野の責任はどうか。

社外取締役は、いってみれば、経営のトップに耳の痛いことを言いづらい部下（の家族）や元部下（原則として過去10年）ではなく、かつ、会社よりも自分の利益を優先しがちな大株主（の家族）や親会社・兄弟会社の関係者ではない人を取締役として業務執行の内側に送り込み、経営の監視を強化しようというわけである（会2条15号。327条の2で事実上の設置強制）。また、社外監査役の曾野、田野も、業務執行のいわば外側から経営監視のレベルを引き上げる役割を担っている（会2条16号、335条2項・3項参照。なお、東京証券取引所では、「コーポレートガバナンス・コード」により、社外取締役よりも厳格な独立性を要件とする「独立社外取締役」を2名以上選任するよう強く方向づけている）。注意すべきなのは、「社外」取締役・監査役といっても「よその人」という意味ではなく、出身が社外というだけで、原則として取締役・監査役としての権限や責任に軽重はない点である（ただし、社外取締役は業務の執行を自ら行うことはできず〔会2条15号イかっこ書き〕、また、両者ともに、人材確保のために、一定の条件づきであらかじめ責任額を限定することができる〔会427条〕）。

[2] 内部統制

一定の規模以上の会社では、取締役が、従業員組織の末端に至るまで常に監視・監督することなど、現実には不可能であり、取締役の監視義務といっても、実際には絵に描いた餅にすぎない。そこで、会社法は、大和銀行事件（大阪地判平12・9・20判時1721号3頁）を契機として「内部統制システム」を採り入れることとした（一般の取締役会設置会社については、会362条4項6号、会規100条）。あたかも取締役が「小さな音までよく聴こえる耳」、「隅々までよく見える目」を持てるように会社内部に必要かつ合理的な組織や事務手続を定め、これを十分に機能させることによって、自らが会社に対して負う監視義務を正しく履行させようとするものである。この考え方は、業務部門別のタテ割り組織全体を監視するという意味で社外取締役にとってとりわけ大きな意義を有する。

しかし会社法および施行規則は、「このような会社ではこのような内容のリスク管理体制を決定せよ」などと具体的に命じてはおらず、単に大会社に対して決定の内容・運用状況の概要を事業報告に記載することと（会規118条2号）、その相当性を監査の対象とすべき旨とを定めているだけである（会規129条1項5号、130条2項2号）。したがって、形式的には、そのような手続さえ践めば、「当社では何らのシステムも設けない」と決定する選択肢すらありうることに

なる。だが、大会社であろうとそれ以外の会社であろうと、当該会社の規模・事業内容にふさわしいシステムを設けなかったときは、取締役は善管注意義務を怠ったものとして任務懈怠責任を負う。要するに、取締役は善管注意義務を正しく果たそうとすれば、自ずと会社の規模、特性に応じた適切なシステムを用意しなければならないはずであって、会社法および会社法施行規則の規定は、かかる義務について注意を喚起し、その履行をバックアップするという意義を有する。

[3] 信頼の保護

　だがいくら「システム」を整備しても人間の社会には不正がつきものである。会社内にいかなる組織をつくり、いかなるチェック体制を整えたとしても不正を完全に根絶することはできない。また、いったん社内で不正行為が起きてしまったときに、それらすべてを内部統制システムの不備に帰すことはできないし、仮に取締役に結果責任を負わせるようなことになれば、取締役は必要なコストをかけて内部統制システムを構築するインセンティブを失ってしまう。

　近時、最高裁は、取締役が「通常想定される架空売上げの計上等の不正行為を防止し得る程度の管理体制」を整えていれば任務を果たしたといえるものとし、前例のない「通常容易に想定し難い方法」による巧妙な不正を見破ることができなかったからといって注意義務に違反することはないと判示した（最判平21・7・9判時2055号147頁）。法は人に不能を強いることはできないのだから、当時の状況下において、取締役に一般的に期待される水準を超えた注意義務を負わせることはそもそも無理である。取締役が一定の行為をなすに当たり、専門家の能力に依拠し、あるいは他の役員や従業員を信頼したことによって、義務違反との評価を免れるべきとする考え方が導かれることになる（なお、前掲の大和銀行事件判決では、取締役の損害への寄与度に応じて賠償額を認定する「割合的因果関係論」を採用している）。

　ひるがえって、ストーリーでは、是識や裏表による異常な額の背任行為をみすみす許している点で、内部統制が適正に構築・運用されていなかったのではないか、と疑わざるをえない。社外取締役の何木は「知らなかった」では済まされない。彼は内部統制を通じて任務懈怠の兆候を「知ろうとしなかった」ときは、その責任を免れないのである。また、社外監査役の曾野、田野も、日頃の監査業務はもちろん、内部統制の内容の相当性の監査に任務懈怠があるとし

て任務懈怠責任を負うことがありうる。

③ 代表訴訟濫用の防止

「法は道徳の最低限」というが、聖人君子ならぬ生身の人間の動機に私憤のかけらもないなどということを要求することはできない。すでに述べたように、もともと代表訴訟は、役員らへの損害賠償請求の形をとってはいるが、個人で（あるいは保険で）賠償しうる範囲の金銭的な損害塡補などではなく、役員らを個人的な法的リスクにさらし、緊張感をもって職務に精励してもらうことを実質的な目的としている。したがって、原告の株主の提訴が加害目的であると断定するには、提訴自体が嫌がらせや根拠薄弱な言いがかりで訴権の濫用といえる程度の強い不当性がなければならない。また、そのような場合には、事後的に被告役員らの損害賠償請求が認められる蓋然性が高いから、悪意の提訴として担保を立てさせることになる（東京高決平7・2・20判タ895号252頁、大阪高決平9・11・18判時1628号133頁）。原告の目高にはそのいずれの事情もないというべきであろう。

もしもストーリーがこうだったら…

1．王様電子では、具体的にどのような内部統制システムを構築・運用すべきであったのか。

〔ヒント〕「内部統制」をことばだけで知っていても仕方がない。どのような取り組みが求められているのか、故意の違法行為にどのように歯止めをかけうるのか検討してほしい。

2．会計監査人の底抜監査法人は、敏腕の底迄悠花が王様電子の担当者となるまで、前任者が長年にわたって、巧妙に行われた王様電子の損失隠しを見逃してきた場合、底迄監査法人はいかなる基準に基づいて会社に責任を負うか。

〔ヒント〕取締役の任務懈怠責任については、「経営判断の原則」に基づき判断されるが、会計監査人にはそのような基準は妥当しない。会計監査人の職務の内容から考えて、どのような基準判断がふさわしいか。

（たかだ・はるひと）

［第12話］
完全子会社の取締役に勝手なことをされたら！？
──多重代表訴訟

笹本幸祐

ストーリー

1. 「はぁ……っ」阪永隙八は遠くをぼんやりと見つめながら大きく溜息をついた。「何でこんなことになったんかなぁ……」阪永は、今市魚市場株式会社の完全子会社の株式会社出鱈目水産の取締役経理部長である。今市魚市場は、非上場株式会社の中央卸売市場鮮魚部卸売人であったが、仲卸業者等にしか販売できないため、グループ企業として、流通ルートの多様化や商圏拡大に応えようと考えて、出鱈目を設立した。出鱈目は市場外業者として直接小売業者に販売ができるため、全国ネットで、今市魚市場などから食材を購入し、小売業者にも販売をしてきた。「設立当初はこんなことになるとは思わんかったんやけどなぁ…」「どうしたんですか？　部長、あっすみません、取締役」経理部では最も古株の平乃旬子が声をかけてきた。「平乃くんか…部長でかまへん、キミでもええ、ちょっと愚痴を聞いてくれるか」そう言うと、阪永は話し始めた。

2. 「うちの会社はな、仕入業者との間で、一定の預かり期間に売却できなければ期間満了時に買い取る旨を約束した上で、魚を輸入してもらう取引（ダム取引）を行ってきたんや。そんで、この預かり期間満了時に売却できんかった在庫商品をいったん買い取った上で、その仕入業者に対して、一定の預かり期間に売却できんかったら期間満了時に買い取る旨を約束して、当該商品を買い取ってもらってな、その後で、その期間満了時に、その期間内に売却できんかった場合には、同じことを相互に繰り返すっちゅう取引（グルグル回し取引）

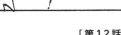

も行ってきたんや。この取引はな、うちの営業本部長兼取締役の梨崩らがうちの取締役会の承認を得ずに実行したものなんや。うちは、このグルグル回し取引をな、代金額に５％の利益を上乗せして、今市だけやなしに、株式会社嘆瓜とかとも行ったんや。そやからな、この取引を繰り返すたびに手数料、冷蔵庫保管料等の実費等が附加されるから、商品の帳簿価格は上がるわけやけどな、その商品を市場で売却する場合には市場価格で売却せなあかんやろ？ そやけど売れ残った商品は品質が劣化してるからな、市場価格は下がっていくわけや。こんな取引を繰り返してな、うちの在庫商品の時価が簿価をめっちゃ下回る含み損っちゅうやつが発生したんや。」「じぇじぇ〜!? うちの会社大丈夫なんですか!?!?!?」思わず出身地の岩手の訛りが出てしまうほど平乃は驚いた。

３．「それだけやったらまだええ、問題はこれからや。」阪永は続けた。「うちの不良在庫については、平成11年１月の時点でうちの常務取締役の図保良が在庫評価額が異常に高いものがあることを発見して一気に表面化してな、当時の代表取締役の笛陶冶に報告されたんや。それで笛陶冶が常勤役員会を開催して、図保良とうちの取締役の佐保里が不良在庫の調査に当たることとなったわけや。で、図保良がうちの非常勤取締役でもある今市の代表取締役の盆倉にそれを報告したからな、盆倉は調査開始時点に、うちに不良在庫問題を知ったんや。このときの不良在庫は総額3400万円やった。」「じぇじぇじぇ〜!?」「じぇ〜じぇ〜煩いやっちゃな、もうちょっと辛抱して聞いてや」

４．「もちろんです。続き聞かせてください。」「うちは嘆瓜との間でグルグル回し取引を行ってたわけやけどな、今市は平成15年３月に、うちの嘆瓜に対する一切の債務について、うちと連帯して責任を負う旨の連帯保証契約を常勤取締役会で承認したんや。ただし、盆倉らは常勤取締役会で、保証債務の予想最大額、その時点でのうちの嘆瓜に対する買掛債務の額については確認せんまま、極度額の定めのない保証契約の締結を承認したんや。それから平成14年11月には、今市の取締役会で公認会計士の飾粉から、うちも含めて子会社を含む在庫管理に関する指導がされてん。平成15年12月には、うちの取締役会長で今市の常務取締役の伏穴が佐保里から在庫に問題があるっちゅう報告を受けてな、伏穴は平成16年３月上旬に盆倉に話したそうや。これを受けて盆倉はな、調査委員会を立ち上げて、委員長に伏穴、委員にうちの監査役でもある今市の専務取締役の蛸配に加えて、うちの取締役の手抜と佐保里を選任したんや。」「じぇじぇじぇじぇ〜!? その人らでちゃんと調査なんかできるんですか？」「そこ

やがな、ここからや本題は」そう言うと阪永はやや興奮気味に話を続けた。

5．「この調査委員会がな、契約書、覚書、帳簿類および棚卸の一覧表等の具体的な書類を確認せんと、梨崩からのヒアリングを信頼して、うちの在庫・売掛金の含み損を13億7829万円とする調査報告書を作成したからな、うちは4月30日付けで再建計画書を今市に提出したんや。で、再建計画書を見た盆倉が再度慎重に検討するよう求めたからな、うちは、同年6月頃、特別損失額（含み損）を14億8000万円とする修正案を今市に提出したんや。盆倉は、具体的な調査方法等の指示とかはしてないしな、どんな方法で調査を行ったのかを確認することもせんかったんや。この再建計画の修正案を踏まえて、盆倉はやな、高利(たか とし)銀行と交渉して、今市が高利銀行から調達した資金をうちに貸し付けることにしたわけや。そんで、平成16年6月の今市の取締役会で、20億円の枠内でうちに対する融資が承認されたことに基づいてな、7回にわたり計19億1000万円が今市からうちに対して貸し付けられたんや。ただし、盆倉らは、実行資金が適切に使用されたかどうかの確認なんかはしてへん。で、平成16年12月末頃に、手抜がうちの特別損失（含み損）が22億6242万円やっちゅうて、盆倉に報告してな、うちは特別損失をこの額とする再建計画書を今市に提出したんよ。これで、当初の再建計画の実行が困難となったからな、今市の常勤取締役会では、うちを倒産させるよりも債権を放棄してうちの再建を図る方が今市の信用維持につながるし、かつ、税務上のメリットもあるっちゅう結論に至ってな、平成17年2月開催の今市の取締役会でうちに対する15億5000万円の債権を放棄する旨が決議されたんや。」「じぇじぇじぇじぇじぇ〜!? そんな金額にまでなったんですか!? うちの会社、本当に大丈夫なんですか!?」

6．阪永はまた窓の外に目をやりながら、話を続けた。「その後な、うちは今市に対して、平成17年3月末までの間に合計3億6000万円を返済したんやけどな、今市はうちに対して平成17年4月から5月末までの間に合計3億3000万円を再び貸し付けてな、その後何度も3億3000万円の返済と貸付けが繰り返されたんや。そうこうしてる間にな、うちは、平成20年3月末の時点で19億9600万円の債務超過となってしもてん。そんでな、平成21年8月に、産業活力の再生及び産業活動の革新に関する特別措置法に基づいてな、うちの取引銀行および今市がうちに対して有する債権18億3000万円をうちの株式に切り替えるっちゅう事業再構築計画が認定されてな、最終的にうちは事業規模を大幅に縮小して、業務用スーパー1店だけの事業になったっちゅうわけや。」「そんなことが裏で

あったんですね…。で、これからどうなるんですか!?」「それがな、どうも今市の議決権の２％をずっと持ってる綏島仙三とかいう株主がな、今市とうちに取締役の責任追及をするつもりで準備してるらしいんや…」そう言って、阪永は頬を伝うものを拭いもせず、平乃に向かって呟いた。「最初に勤めた今市から出鱈目に行ってくれって言われて来て、寝る間も惜しんで頑張って働いてようやく取締役にまでなったのにな、ワシのまったく力の及ばんところでこんな無茶苦茶なことがされてな、ここまで会社がボロボロになるってな、ワシどうしたらええんやろな…」

何が問題なのか

　ストーリーは、福岡高判平24・4・13金商1399号24頁（最判平26・1・30集民246号69頁が上告審判決であるが、遅延損害金に関する部分のみが争点であり、親会社取締役の責任については、上告受理が認められていないため、控訴審の判断で確定している）をそのまま素材としたものである。ストーリーでは、親会社である今市魚市場の株主である綏島が、同社の代表取締役、当時の取締役であった者らに対して、同社の子会社に対する不正融資等により同社が被った損害の賠償を株主代表訴訟の形で請求した場合の法律問題をどう考えるかが問題となるというのはすぐに判るだろう（会847条）。ところで、完全子会社などでは、実質的に株主がいるのは持株会社の方だけであるために、実際に業務上の問題が起きている子会社の経営に対して、株主からのチェックが働かないことになり、子会社の不祥事や経営不振が企業グループ全体に多大な影響を与えかねないと危惧されていた。そして、親会社が子会社の取締役の責任を追及する訴えを提起することは期待しがたいことや、完全親子会社関係におけるコーポレート・ガバナンスの改善強化の必要性が指摘されたことから、平成24年9月7日に法制審議会会社法部会で決定された「会社法制の見直しに関する要綱」によって、親子会社に関する規律について、多重代表訴訟制度の導入が定められ、最終的に平成26年6月20日に会社法改正法が可決成立した。要綱に対しては、現行法の下でも親会社の取締役等は子会社を監視する義務を負っており、子会社の取締役等に問題があったときの親会社株主の保護は、親会社取締役等の責任を追及することによって実現でき、多重代表訴訟は柔軟で機動的な企業グループの形成を阻害するという反論も強くなされていた。このような動きの中で

の前掲福岡高判は、その論点がまさに親会社の取締役の子会社の監視義務違反を問えるかというものであったがゆえに注目されたのである。ストーリーでの主たる問題点としては、①100％子会社である出鱈目の不正について、親会社である今市魚市場の取締役らが十分な調査をしなかったことが、親会社に対する忠実義務・善管注意義務違反に当たるといえるか、②今市魚市場が出鱈目を救済するために貸付けや債権放棄を行ったことについて、今市魚市場の取締役らに忠実義務・善管注意義務違反が認められるか、が考えられる。②の点についてはこれまでも裁判例の積み重ねが見受けられるが、もし①の点が、子会社の不正についての見逃し責任という形で広く認められるとするならば、要綱決定に際しての反対論とも結びつくものともいえるから、要注意である。そして要綱にある程度沿った形で法改正が行われたのであるから、改正法の下では、ストーリーのような事例においてどのような措置が考えられるかも当然検討しなければならない。

法律家はこう考える

① 子会社の不正在庫問題に関する監視

　ストーリーでは、平成14年11月18日時点で、公認会計士の飾粉からの指摘によって盆倉らが出鱈目の不良在庫問題が何ら改善されていないことについて認識していたという点をどうとらえるかが鍵となる。盆倉は平成16年3月上旬になってようやく調査委員会を立ち上げたものの、具体的な調査方法等の指示等はしておらず、どんな方法で調査を行ったのかの確認もしていないため、親会社の取締役として具体的かつ詳細な調査をし、またはこれを命ずべき義務があったとするならば、その義務が果たされていないことを理由に盆倉らの忠実義務・善管注意義務違反が認められる可能性がある。実際に前掲福岡高判は、同様の理由から、親会社の取締役に、監視者・監督者としての職務につき、善管注意義務違反があったとしている。このようないわゆる監視・監督義務については、①取締役が会社に損害を与えるべき不正について知っていながら、そこで採るべき是正措置を採らなかった場合、②不正について知らなかったとしても、不正の存在につき疑いを生ぜしめる事情を知っていたのに調査をなさなかった場合、③不正の存在も、疑いを生ぜしめる事情も知らなかったが、普段果

たすべき義務を果たしていなかった場合には、その義務違反が認められると考えられている（笠原武朗「監視・監督義務違反に基づく取締役の会社に対する責任について(7)・完」法政研究72巻1号〔2005年〕44頁）。ストーリーではこの②の基準が該当することになるが、盆倉らが調査をすれば、不正在庫を発見して、その対策を講じて損害の拡大を防止することが可能であったかどうかで、監視・監督義務違反の認定が左右されるべきではなく、そもそも子会社に不正があったことが明らかになった場合には、親会社の取締役はその是正措置を講じる義務があるから、不正を疑わせる事情を知った盆倉には出鱈目の不正を調査すべき義務が当然生じると解するべきである（前掲福岡高判についての久保田安彦「判批」監査役599号〔2012年〕86頁参照）。これまでの裁判例によれば、親会社取締役の子会社に対する監視・監督義務について、どちらかといえば消極的に解されているようにも思われ（たとえば東京地判平13・1・25判時1760号144頁は、親会社の取締役が子会社に指図をするなど、実質的に子会社の意思決定を支配したと評価しうる場合で、かつ、親会社の取締役の指図が親会社に対する善管注意義務や法令に違反するような特段の事情が認められない限り、子会社の取締役の業務執行の結果、子会社に損害が生じ、さらに親会社に損害を与えた場合であっても、親会社の取締役は直ちに親会社に対し任務懈怠責任を負うものではないとする）、学説にも支持するものがあった（志谷匡史「親会社と取締役の責任」小林秀之＝近藤光男編『新版　株主代表訴訟大系』〔弘文堂、2002年〕126頁、同「判批」私法判例リマークス26号〔2003年〕100頁）。しかし、これに対して、親会社の取締役の職務内容には、親会社の資産を適切に管理し、あるいは適切に管理されるよう監視・監督することが含まれるところ、親会社が保有する子会社株式は親会社の資産にほかならないため、子会社株式の価値が毀損しないよう、子会社を監視・監督すべきであるとして、前掲福岡高判の基本的立場を支持する見解もあった（久保田・前掲87頁）。

② 子会社への貸付けと債権放棄

[1] 本件の貸付けについて

ストーリーでは、盆倉が考えだし、平成16年6月の今市魚市場の取締役会決議に基づいて貸付けが実施されたが、これは、契約書、覚書、帳簿類および棚卸の一覧表などの具体的な書類を確認せずに、梨崩からのヒアリングを信頼し

た調査委員会の調査報告書に基づく出鱈目からの再建計画書をもとになされたものであるので、その調査報告書の信用性に一定の疑問を抱くべきであったといえるかどうかが問題となる。前掲福岡高判は、この点につき、信用性が低いことを認識し得たにもかかわらず、具体的な調査方法を確認するなどといった検証をせずに貸付けを実施したことをもって、忠実義務・善管注意義務違反を認めている。従来の裁判例では、事実認識・意思決定過程に不注意がなければ、取締役には広範な裁量の幅が認められ、当該意思決定過程や内容に著しく不合理な点がある場合に限り、善管注意義務違反があるとする、いわゆる経営判断原則が適用されると考えられている（最判平22・7・15判タ1332号50頁、東京高決平8・9・5資料版商事法務150号181頁、名古屋地決平7・9・22金法1437号47頁等）。ストーリーの場合には、出鱈目の経営資産状態に関する事実が、貸付の基準となる重要な情報であることは確かであるから、契約書、覚書、帳簿類および棚卸の一覧表などの具体的な書類を確認せずに、梨崩からのヒアリングを信頼した調査委員会の調査報告書に基づく出鱈目からの再建計画書をもとに貸付がなされたということを、盆倉らが調査報告書の信用性が低いことを認識し得たという事情、意思決定過程において著しい不合理な点と解するならば、経営判断原則の適用は除外されることになるが、少なくとも債権の回収可能性という点からだけで経営判断原則の適用の適否を決してはならない。

[２] 本件の債権放棄について

　ストーリーによれば、平成17年２月の取締役会決議時において、盆倉らが特別損失額（含み損）が22億6242万円であることを認識しており、平成20年３月末の時点で19億9600万円の債務超過となっていること、平成21年８月に、特別措置法に基づいて、出鱈目に対して取引銀行および今市魚市場が有する債権18億3000万円を出鱈目の株式に切り替える事業再構築計画が認められていること等からすれば、事実としてはほぼ正確性が保たれていて、その認識に誤りがあるとはいえず、特別損失額の情報の正確性を検証しなかったからといって、直ちにその認識を問題とする必要があるとはいえないであろうから、決定過程・内容に著しい不合理があるとは認めにくいであろう。前掲福岡高判では、この点につき、取締役の忠実義務・善管注意義務違反を否定しているが、妥当であろう（手塚＝矢嶋＝早川「福岡魚市場株主代表訴訟事件控訴審判決の解説」商事法務1970号〔2012年〕21頁以下は同判決の経営判断原則の解釈に批判的であるが、そ

の批判の論拠は同判決の論理を必ずしも正確にとらえているとは言いがたい）。

③ 改正法に基づく親会社株主保護措置の可能性

　多重代表訴訟（特定責任追及の訴え）の導入が検討された際に強く主張されたのが、濫訴の懸念である。改正法では、財界を中心とする強固な反対意見をふまえて、完全子会社に対する提訴請求を経て多重代表訴訟を提起するための要件については、最終完全親会社等（複数層の完全親子会社の場合には最上位の株式会社）の総株主の議決権の1％以上の議決権または当該最終完全親会社の発行済株式の1％以上の株式を有する株主であることが必要な少数株主権とされた（会847条の3第1項）。また、最終完全親会社が公開会社の場合には、提訴請求の6か月前から継続して持株要件を充たす必要がある（同条1項、6項、7項、9項）。提訴請求の対象となる責任についても、その原因となった事実が生じた日において、最終完全親会社とその完全子法人とが有する該当子会社の株式の帳簿価額が、最終完全親会社の総資産額の5分の1を超える場合に限って提訴請求の対象となると定められている（同条4項、5項）。そして、対象となる子会社と最終完全親会社とは株式会社、すなわち、日本法に基づいて設立された株式会社形態の法人に限定されている（同条2項）。これにより、上場会社については濫訴の危険性はかなり軽減されたというか、現実的にはほとんど機能し得ない可能性すらありうるように思われる。しかし、ストーリーの今市魚市場のような非上場の中小企業や同族企業の場合には、多重代表訴訟の提起要件である1％以上の大株主の存在は決して珍しくなく、大きな影響を受ける可能性が残っている。それゆえ、改正法に基づいて考えるなら、綴島は、通常の株主代表訴訟と多重代表訴訟を提起して併合審理を求めることができる。一般的には、具体的法令違反行為に関与した取締役が子会社に存する場合には、同取締役については多重代表訴訟、親会社の取締役については企業グループの内部統制システム構築に関して、子会社の監視・監督義務違反等を理由とした従来の株主代表訴訟を提起することができるようになる。

もしもストーリーがこうだったら…

1　もしも、今市魚市場が公開会社であったら、綏島は、どのような手段を講じることができるか。前述のとおり、通常の株主代表訴訟についても、多重代表訴訟（特定責任追及の訴え）についても、株式の保有要件が課せられるために、綏島が、6ヶ月前から、総株主の議決権の1％以上の議決権または当該最終完全親会社の発行済株式の1％以上の株式を有するのであれば、提起することが可能となる。もちろん実際には、そこまでの資金力があるなら、ここまで盆倉ら経営陣を暴走させたりはしないのではないかとも思われるし、こういったことはここでの法解釈論とはズレるのでこれ以上は立ち入らないが、一定の背景として、公開会社と非公開会社における多重代表訴訟の問題の差を意識してみてほしい。多重代表訴訟の提起が少数株主権とされたという点についても、子会社株主よりも親会社株主の方が不当な責任追及をする可能性が高いとは当然にはいえないから、改正法が濫訴を防止する趣旨であるとするには実は若干の無理があるし、だからといって、完全親会社株主と完全子会社との関係について間接的な支配であることから理論的に少数株主権になることが導けるわけでもないことにも留意しておく必要がある。

2　ストーリーでは、平成17年2月の取締役会決議時において、盆倉らが特別損失額（含み損）が22億6242万円であることを認識していたとあったが、この認識が正確性を欠いていた場合にはどうなるだろうか。貸付についても述べたことと同様に、情報の正確性を検証することについて不備があった（債権放棄決定過程の不合理を基礎づけるような事情）と解されるなら、経営判断の原則の適用は認められないことになる。現実的には、どのような調査・検証がなされれば、不備がなかった（合理的な判断であった）といえるのかは評価の微妙な問題となろう。

3　もしも今市魚市場に損害が生じているかどうかについて、綏島が、今市魚市場グループ全体の評判等が失墜したとして、今市魚市場に生じた損害額をも因果関係があるとして賠償請求してきた場合、出鱈目の損害とは無関係に生じていても因果関係があれば認められるべきだろうか。847条の3第1項2号は、提訴要件であって、完全親会社の受けた損害を賠償額の上限とする趣旨ではないことから考えると、このような損害賠償を認めてしまうと、完全親会社の株主がかえって利益を得る可能性が出てくるため、今市魚市場の損害は、出鱈目の株式の価値の下落によってもたらされるものに限定すべきであろう（藤田友敬「親会社株主の保護」ジュリスト1472号〔2014年〕35頁）。

（ささもと・ゆきひろ）

ストーリー

① 秋が過ぎ冬の足音も近づいて来たある日、役目カヨ子は夫の預金口座情報を見て愕然とした。夫が代表取締役社長を務める会社から10万円しか入金されていないのだ。社長として受ける報酬は、月額200万円のはずである。そういえばこの1か月、夫は毎日自宅にいてコンピュータをいじってばかりいたような気もするが、元来出社は自由なIT企業であるから、カヨ子は気にしていなかった。カヨ子の夫、梨太郎は、大学在学中の10年前に新たな検索アルゴリズムを開発し、その運用のために「Crispin株式会社」を立ち上げ、設立当初から同社代表取締役社長の任に就いていた。事業資金200万円、コンピュータ5台を元手に、役目夫妻が住む安アパートの一室から始まったCrispin社も、梨太郎の開発したアルゴリズムを使用した情報提供アプリ「Yackoo（ヤックー）」のスマッシュヒットにより、現在では、資本金5億円、従業員は80名を超える有力企業に成長していた。梨太郎自身も、母校のKY大学で行ったスピーチが某有名動画サイトで10万回以上再生されるなど、今や学生ベンチャーの星としてひっぱりだこの存在である。自宅は、家賃50万円の高級マンションになっていた。Crispin社は近年中の上場を目指し準備を進めており、上場によって役目夫妻が25パーセントを保有する同社の株式にどんな値段がつくのかは想像もできない。「そうなったらアブダビに別荘でも買っちゃおうかな」。カヨ子の夢は膨らむばかりであった。そんな梨太郎と会社との間に何があったのだろうか……。IT長者を夫にもちながら、新婚当初の貧乏経験から家計の管理を怠ら

ないしっかり者のカヨ子の心中は穏やかではなかった。

② 肩書きは代表取締役社長とはいえ、梨太郎は根っからの開発者であり、経営に関しては、起業資金の提供者であり同社代表取締役副社長でもある絣(かすり)譲二がすべてを取り仕切っていた。譲二と梨太郎は中学時代からの長い友人ではあるが、努力家で毎朝のジョギングを欠かさず、週末は接待ゴルフに勤しむ型通りのヤングエグゼクティブである譲二は、天才肌の梨太郎に対して常にコンプレックスを抱いていた。ちょうど3か月前、働く者ならば誰でも一度は憧れるというテレビ番組「情熱海峡」に梨太郎が出演した際には、怒りと嫉妬心で自宅の大画面テレビを叩き割……るのはもったいないのでケーブルを引き抜いたことさえある。その一件以来、譲二は、なんとしてでも梨太郎を失脚させてやりたいと思うようになった。幸い、梨太郎の職務上の発明に関する知的財産権はすべて会社に帰属しているし、梨太郎の開発した検索アルゴリズムは、そもそも特許法上の発明には該当せず、特許法による保護の対象ですらない。そう、文字通り、もう梨太郎の仕事は終わっているのだ。森山ヒルズレジデンス48階の自宅で、ロマネ・コンティを口に含みながら、譲二はほくそ笑んだ。

③ カヨ子の驚愕から遡ること1か月前、梨太郎がカヨ子同伴で10日間のシリコンバレー視察旅行に出かけている間に、譲二は計画を実行する。梨太郎が気まぐれにしか出社してこないことを理由に、(a)梨太郎を非常勤の平取締役に降格させ、(b)翌月以降、非常勤取締役の報酬を月額10万円とする旨の議案を取締役会に提出し可決させたのである（同社にはこれまで非常勤の取締役はおらず、非常勤取締役の報酬に関する内規は存在していなかった）。帰国後に決議の内容を知らされた梨太郎は、さしあたり（主観的には）お金に困ることもなかったので、とくに異議は申し立てなかった。

そして現在。わけが分からず呆然としていたカヨ子のもとに、Crispin社からの封書が配達された。封を切ってみると、中身は件のアメリカ旅行の旅費全額（約500万円）の返還を求める旨の内容証明であった……。先日の取締役会で、「梨太郎がヨメと遊ぶための金を、株主総会にも取締役会にも諮らずに会社が出すのは筋が通りませんな」と、譲二が他の取締役を煽ったらしい。また、来年には梨太郎の取締役としての2年の任期が満了するため、それと同時に会社から追い出し、役目夫妻が保有する株式はどうにかしてすべて買い取るつもりとのこと。やるなら徹底的に――これが譲二の流儀である。「『情熱海峡』に出演したらキメの一言にしよう」。またしても、譲二はほくそ笑んだ。

なお、Crispin社の定款には取締役の報酬に関する定めはなく、当該取締役会に先立って開催された同社の定時株主総会では、8名いる取締役の報酬の総額を月額1600万円とする旨、各取締役に支給されるべき額および支給方法の決定は取締役会に一任する旨が決議され、続いて開催された取締役会では各取締役の報酬額を月額200万円とする旨の決議があった（Crispin株式会社は、指名委員会等設置会社または監査等委員会設置会社ではない。また、その発行する株式のすべては譲渡制限株式である）。

④　すべてを知ったカヨ子は怒りで震えが止まらなかった。「そもそもアメリカ出張をもちかけて来たのはあの男なのに！　貧乏時代に行けなかった新婚旅行の代わりにしてくださいって。たしかに私はロデオドライブで買い物したりしてたけど、梨太郎はプログラミングの研究をしてたわよ！　会社の業務じゃないの！　月10万円じゃ、もうこのマンションには住めないわ……。アブダビも……。このままじゃ絶対に済まさないわよ！！」。カヨ子は、相変わらず自宅で開発に没頭している梨太郎の首根っこをつかんで、東京・赤坂のトップタウンビルにある「津軽法律事務所」に向かったのであった。

何が問題なのか

　津軽法律事務所に駆け込んだ役目夫妻は、(1)今月分の差額190万円の役員報酬の支払と、(2)アメリカ旅行の旅費約500万円を返還する債務が存在しないことの確認を求めることになりそうである。さらに、(3)譲二に対しても、何らかの反撃を加えることが考えられる。

　(1)に関しては、ストーリーのような取締役会決議によって、任期途中に取締役の報酬を減額することが許容されるのかどうか、すなわち梨太郎はこの決議によって会社に対して月額200万円の報酬を求める権利を失うのかどうかが問題となる。(2)に関しては、ストーリーでの旅費は取締役の任務遂行の為の費用であって、会社法による規制の対象となる「報酬等」に該当しないとの議論が成り立ちうる。そこで、会社法361条1項にいう「報酬等」とはどのような性質の給付をいうのかが問題となる。さらに、仮に「報酬等」に当たるとすると、ストーリーでの旅費は会社法361条1項が予定する株主総会の決議等を経ずに支給されたものであるため、その場合の効果も検討しなければならない。(3)については、譲二の裏切り行為の法的な評価が問題となる。

法律家はこう考える

① 会社法による報酬規制

まず、取締役の報酬に関する会社法の規律を確認しておこう（監査役および会計参与の報酬に関しては、会379条、387条参照）。会社法は、株式会社につき指名委員会等設置会社とそれ以外に分けて取締役の報酬に関する規制を置いている（指名委員会等設置会社における執行役および取締役の報酬は報酬委員会によって決定される。会404条、409条）。

会社法361条1項によれば、取締役が会社から報酬等（報酬、賞与その他の職務執行の対価である財産上の利益）を受ける場合は、定款または株主総会の普通決議において次の事項を定めなければならない。(1)額が確定している場合はその額、(2)額が確定していない場合はその算定方法、(3)金銭でない場合はその具体的な内容（(2)、(3)の議案を提出した取締役は、その算定方法・内容を相当とする理由を株主総会で説明しなければならない。会361条2項）。なお、当該会社が監査等委員会設置会社である場合は、監査等委員会によって選定された監査等委員が株主総会において他の取締役の報酬等につき意見を述べることができるなど、異なる取扱いが定められている（会361条2、3項、5、6項）。

会社法における報酬に関する一連の規制は、報酬の決定を株主のコントロールに服させることで、取締役が会社財産から過大な利益を得ること（いわゆる「お手盛り」）を防止する趣旨のものと理解されてきた（最判昭60・3・26判時1159号150頁）。その一方で会社法は、職務内容に応じた適正な額の報酬を支給しなければならないとの規律は設けていない。そこで、とりわけ閉鎖的な会社における取締役同士の対立を背景に、法定の手続に従って報酬が減額される（無報酬を含む）場面（②）、反対に、法定の手続を欠いていることを理由として支給済の報酬の返還が求められる場面（③）につき争いが生じている。

② 取締役の報酬請求権

[1] 取締役の報酬等を決定する機関

ストーリーでは、株主総会ではなく取締役会において各取締役の報酬額が定められている。そこで、まずこのような取締役会決議が会社法361条に照らし

て有効なのかが問題となる（なお、手続の瑕疵等を理由に取締役会決議の無効を主張できる可能性もあるが、ここでは検討しない）。

　取締役の報酬等の決定権限につき、通説は、任用契約の締結を業務執行行為の1つとみて取締役会に属するものと解している。このような観点からすると、会社法361条が予定する株主総会決議は、お手盛り防止という政策目的のためにとくに定められた手続的規制ということになる（政策説。矢沢惇『企業法の諸問題』〔商事法務研究会、1981年〕226頁以下参照）。これに対して、取締役の選任および解任は株主総会の決議事項であることから（会329条、339条、341条）、会社との間の任用契約の内容を決定する権限も同様に株主総会に属するとの立場もある（非政策説。倉澤康一郎「会社役員の退職慰労金と商法269条」同『会社法の論理』〔中央経済社、1979年〕214頁〔初出、1969年〕、定塚英一「取締役の報酬の決定について」中西彦二郎ほか編『司法研修所創立十五周年記念論文集　上巻』〔司法研修所、1962年〕164頁）。後者によっても、会社法361条は報酬に関して取締役会に委任できる範囲を定めた政策的規定と解され（倉澤・前掲215頁）、結局は会社法361条の解釈に帰着する。

　では、どの程度の委任であれば会社法361条に照らして許容されるのか。判例および通説は、会社財産の過大な流出を防止するという同条の趣旨からすると、取締役の報酬等として支払われる金額の総額のみが定められればよく、各取締役への具体的な配分は取締役会に一任することも可能と解している（前掲・最判昭60・3・26は、取締役全員の報酬額の上限を定めたうえで、使用人兼務取締役が使用人として受ける給与分は含まないとした株主総会決議の有効性が争われた事案において、使用人として受ける給与の体系が明確に確立されている限り、株主の監視機能に影響しないとして、上記の決議も有効であるとした）。

　したがって、ストーリーのように、取締役に支払われる月額報酬の総額を定めたうえで、各取締役に支給される額および支給方法の決定を取締役会に一任する旨の株主総会決議は、現在の判例法理に照らして有効であるといえる。

　もっとも近年では、報酬に関する規律を、取締役会による個別報酬の決定を通じたインセンティブ付与の仕組みとして捉える理解も主張されている（伊藤靖史『経営者の報酬の法的規律』〔有斐閣、2013年〕359頁、同「取締役報酬の『不支給・低額決定』について」森本滋先生還暦記念『企業法の課題と展望』〔商事法務、2009年〕322頁。東京証券取引所「コーポレートガバナンス・コード」〔2015年5月13日公表〕原則4-2、補充原則4-2①も参照）。これによれば、株主による評価

の対象となるのは、支給の上限額ではなく（上限額を定める方式では、特定の取締役に対する過大給付とそれに対応した他の取締役に対する過小給付〔インセンティブの剥奪〕を防止できない点については、落合誠一編『会社法コンメンタール８機関(2)』〔商事法務、2009年〕163頁〔田中亘〕参照）、取締役会が行った個別報酬の決定（インセンティブの付与）が適切であったか否かという点になる（そのためには個別報酬額の開示が必要となるが、現行法上は、上場会社において連結報酬等の総額が１億円以上でない限り、個別開示は義務付けられていない。企業開示令第二号様式・記載上の注意(57)(d)）。

[２] 一方的減額・不支給の可否

次に問題となるのは、ストーリーのように、法定の手続に従って確定した報酬（月額200万円）を、任期途中に減額し、または不支給とすることが許されるのかどうかである。この点が争われた事例では、株主総会決議によって取締役の報酬額が具体的に定められた場合は、その報酬額が当該任期における会社と取締役との間の契約内容となり、その後、これを変更する決議があったとしても、相手方である取締役の同意がない限り取締役の具体的な報酬請求権は奪われないとされている（最判平４・12・18民集46巻９号3006頁、最判昭31・10・5集民23号409頁）。このことは、ストーリーのように、代表取締役から非常勤の平取締役に降格された場合、すなわち職務の内容に変動があった場合であっても妥当する（前掲・最判平４・12・18）。したがって、現在の判例によれば、当該任期に関し確定した取締役の具体的な報酬請求権は、契約の一般原則に従い、同意がない限り任期中は変更を受けないということになる（これに対して、前掲・最判平４・12・18の原審である大阪高判平２・５・30判時1373号133頁では、取締役の報酬は職務執行の対価であることから、職務内容に著しい変動があった場合は、株主総会の決議によって一方的に減額し、または不支給とすることを認めていた）。学説の大部分も、この結論を支持する（矢沢・前掲244頁）。その根拠として、（１）取締役会の一員である以上、無報酬であっても監視義務違反に基づく対第三者責任（会429条）を負う可能性があること、（２）任期途中で正当な理由なく解任した場合、会社は損害を賠償しなければならないが（会339条２項）、一方的な報酬の不支給により退職に追い込んだ場合は、賠償を要しないため、報酬を不支給とする決議が会社法339条２項を潜脱する手段となりうることが指摘される（弥永真生「ケースで解く会社法(11)取締役の報酬」法学セミナー

530号〔1999年〕99頁）。

　以上のように、取締役の報酬を任期途中に減額し、または無報酬とすることの可否は、契約の一般法理に従い、不利益を受ける取締役の同意があったかどうかにかかっている。これには、取締役が減額決議に対して明示または黙示に同意を与えた場合のほか、任用契約の締結に際して、役職の変動によって報酬も変動しうることをあらかじめ承諾していた場合も含まれる（東京地判平2・4・20判時1350号138頁は、報酬が常勤・非常勤等の役職ごとに定められており、役職の変更があった場合は当然に変更後の額が支払われていた会社に関し、取締役がその定め方および慣行を了知していたときは、任期中の役職変更に伴う報酬の変動につき応諾したものといえるとして、役職に応じた報酬の減額を認めた）。ストーリーの梨太郎は、本件決議に対し積極的に異議を申し立てていない（たとえば、取締役会決議の無効を求めていない）だけであり、減額について同意したとまではいえないだろう（取締役による同意の認定につき、江頭憲治郎『株式会社法〔第6版〕』〔有斐閣、2015年〕450頁参照）。

　以上からすると、Crispin社において非常勤取締役の報酬を減額する慣行があり（ただし、ストーリーによれば、これまで同社に非常勤取締役はおらず、非常勤取締役の報酬に関する内規も存在しないとのことであった。同様の事案において、福岡高判平16・12・21判タ1194号271頁は、慣行の存在を否定している）、これを梨太郎が了知していたといった特段の事情がない限り、梨太郎は、会社に対し月額200万円の報酬の支払を求めることができるというべきである。

③ 報酬規制の射程と違反の効果

[1] 会社法361条の「報酬等」とは

　次に、旅費の返還に関する問題を検討してみよう。ストーリーの役目夫妻は、「新婚旅行代わりに」という甘い言葉に騙されて（？）、会社のお金で海外旅行に行ってしまった。この支給は、会社法361条1項の規制に服する「報酬等」に該当するのだろうか。

　まず形式面に関する同項の射程を確認しておこう。同項の「報酬等」とは、「報酬、賞与その他の職務執行の対価である財産上の利益」を意味し、これには定額の金銭報酬、賞与、業績連動型報酬のほか、非金銭報酬（現物支給、ストック・オプション）も含まれる。非金銭報酬としては、ほかにも社宅の無償

貸与、取締役のための保険料の負担等がありうる。したがって、ストーリーの約500万円が、役目夫妻に直接支給されたのか、会社から旅行代理店等に支払われ、役目夫妻は間接的に利益を享受したにすぎないのかは定かではないが、いずれの場合であっても、形式的には「報酬等」に該当しうる。

　では、実質的にはどうだろうか。まず、会社から何らかの経済的利益が付与される場合であっても、これが職務遂行のために必要な費用である場合は、報酬等には当たらない（味村治＝品川芳宣『役員報酬の法律と実務〔新訂第2版〕』〔商事法務研究会、2001年〕24頁）。したがって、ストーリーでの梨太郎の出張が職務の遂行のために行われたものであれば、その旅費は職務遂行にとって必要な費用として報酬規制を受けないこととなる（ただし、必要な費用と認められる範囲を超えた部分は、報酬規制の対象となる。味村＝品川・前掲24頁）。

　一方、同伴者であるカヨ子の渡航は、会社の業務とは関連しない可能性が高く（法人税法上、国際会議出席のために配偶者を同伴する必要がある場合や通訳として同伴する場合を除き、配偶者の海外渡航費は取締役の報酬に含まれる。法人税基本通達9-7-8）、この場合、旅費の全額が報酬等に該当することとなる。

[２] 株主総会決議を欠く報酬等の支給

　役員夫妻に支給された旅費が、（一部でも）会社法361条1項の「報酬等」に該当するのであれば、支給に際して株主総会の決議を得る必要があったところ、ストーリーではこれを欠いている。それでは、法定の手続を欠いて報酬等が支給された場合の効果はどうなるのであろうか。

　取締役と会社との間の任用契約は、委任に関する規定に従う（会330条）。委任契約は原則無償であるが（民648条1項）、通常、取締役には専門的知見をもって任務を遂行することが期待されていることからすると、明示的な合意がなくても、当事者の合理的な意思としては、職務執行の対価としての報酬等の支払を約していたと解すべき場合がほとんどであろう。しかし、任用契約において報酬支払に関する合意があり、さらに、会社に報酬等の支給に関する内規や慣行があったとしても、具体的な報酬請求権は会社法361条の手続によらなければ発生しないものと解されている（最判平15・2・21金判1180号29頁）。したがって、会社法361条が定める株主総会の決議等は、取締役の報酬請求権の効力要件であり、これを欠いた報酬等の支給は無効となる。この場合、会社は、支給を受けた取締役に対し、不当利得の返還（民703条）または任務懈怠に基

づく損害賠償（会423条1項、355条）を請求できる。

ただし、会社法361条は手続的な規制にすぎず、判例および学説は、実質的に株主総会の決議があったのと同視できる場合（株主全員の同意がある場合には、株主総会の決議を不要とするものとして、龍田節「役員報酬」続判例展望〔1973年〕172頁、東京地判平25・8・5金判1437号54頁。前掲・最判平15・2・21も同旨）や、支給後に株主総会において決議された場合（最判平17・2・15判時1890号143頁）にも、支給の有効性を認めてきた。さらに、具体的な事情に則して会社からの返還請求が信義則によって制限される可能性も指摘されている（前掲・落合編〔田中〕194、195頁。最判平21・12・18集民232号803頁は、99パーセントの支配権を有する代表者による決裁が慣行化していた会社において、決裁を受けずに退職慰労金が支給された事例に関し、不適法な支給の事実を知りながら長期間返還を請求しなかった等の事実関係がある場合には、信義則違反または権利濫用によって返還請求は制限されるとした）。

ストーリーにおけるCrispin社の資本構成は、役目夫妻が25パーセントを保有しているという点以外は不明であるが、同社の株主が譲二と役目夫妻のみであれば、本件では譲二自身が積極的に渡航を促していたのであるから、Crispin社の株主全員が旅費の支給に同意したものと認定して差し支えないだろう。他に株主がいる場合であっても、上記のとおり、会社側から返還を請求することが信義則に反するとの理解もありうる。たとえば、譲二が支配的持分を有する株主であって、他の少数株主も旅費の支給につき反対しないような状況であれば、判例（前掲・最判平21・12・18）に照らして、旅費の返還請求は信義則に反し許されないというべきである。

[3] 支給約束の位置づけ

以上の通り、ストーリーでの譲二の行為（役目夫妻にアメリカ旅行を勧めたこと）は、手続を欠いた支給の有効性を判断する際に考慮されることとなる。このほかにも、譲二は、会社が旅費を支給することを役目夫妻に約しており、その効果として、株主総会に報酬議案を提出し支給決議を得るべき義務を負っていたものとも解される。それにもかかわらず、株主総会に付議しなかったのであれば、役目夫妻に対して債務不履行責任（民415条）、不法行為責任（民709条）または対第三者責任（会429条）を負う可能性がある（青竹正一「取締役退職慰労金の不支給・低額決定に対する救済措置(下)」判評413号〔1993年〕176頁、弥永真

生「役員報酬の返上、減額、不支給をめぐる法的問題」代行レポート118号〔1997年〕9頁は、退職慰労金に関する内規や慣行が存在するにもかかわらず、株主総会に退職金支給議案を付議しないことを代表取締役等の義務違反として構成するものであるが、取締役が具体的に支給を約束していた場合にも同様の理解が成り立ちうる。内規に従って退職慰労金を支給する旨を説明していたにもかかわらず、不支給決議を主導した取締役の不法行為責任を認めたものとして、佐賀地判平23・1・20判タ1378号190頁がある）。

　なお、内規に従った報酬が支給されなかったことにつき代表取締役の対第三者責任を否定した事例（大阪高判平16・2・12金商1190号38頁）もあるが、これは、株主総会において内規よりも低額の退職慰労金の支給が決議された事案に関するものであり、代表取締役が内規通りの支給を約しながらこれと異なる決議を主導した（または株主総会に付議しなかった）ような場面ではない。代表取締役の行為につき対第三者責任等が成立するかどうかは、各請求権の要件に従い、株主総会決議の存在とは別個に判断されるべきであろう。

もしストーリーがこうだったら

[1] 津軽法律事務所にて

　「いっそのこと、あんな会社もうやめてしもたらええやん！　退職金でまた新しい会社を作ろうや！」。津軽法律事務所に着いても怒りが収まらず、ついついお国言葉が出てしまったカヨ子は、梨太郎に詰め寄った。

　「いや、カヨ子さん、それはちょっと待ってください」。津軽法律事務所パートナー弁護士・桃田がカヨ子を諫める。桃田は梨太郎に対し、「梨太郎さん、退職金に関して、会社から何か具体的な話は聞いていますか？」と訊ねた。「……」。梨太郎は沈黙した。その代わりにカヨ子がまくしたてる。「ええぇ？　いったいどういうことですか？　夫は10年も社長やってたんやから、そんなん当然もらえるはずやないですか？　夫があの会社を作って儲けさせたんですよ？　夫の働きからすると…（頭の中でそろばんを弾く音）…5000万円はもらえるはずやっ！」。カヨ子はわけが分からない。なぜ桃田はそんなことを心配するのだろう……。

[2] 退職慰労金と報酬規制

　会社の従業員であれば、就業規則に定めのある限り、退職手当（労基89条）を請求することができる。これに対して、取締役が退任する際に支給される退職慰労金は、職務執行の対価として支給される限り会社法361条1項の「報酬等」に

該当し（多くの場合、任期中の職務執行に対する対価の後払的性質を有する）、③［2］で見たとおり、任用契約または内規において退職慰労金に関する定めがあったとしても、法定の手続によらない限り、その支給を求めることはできない。退任取締役は取締役会に出席しないため、報酬規制の根拠となる「お手盛り」の危険性はなく規制の対象とはならないとの指摘もあるが（鈴木竹雄「退職慰労金の特殊性」同『商法研究Ⅲ』〔有斐閣、2001年〕126頁〔初出、1969年〕）、一般的な支持は得られていない。もっとも、②［1］の判例法理にもかかわらず、退職慰労金に関しては、具体的な金額ではなく支給基準を示して取締役等に一任する株主総会決議も有効であると解されており（最判昭39・12・11民集18巻10号2143頁。会規82条2項も参照）、退職慰労金の支給が慣行化していることや、お手盛りの危険性が低いという特殊性は、この限りにおいて考慮されている。

以上の結論に対しては、任用契約の有償性（③［2］）および任用契約関係における給付の均衡を根拠に、「相当の報酬」の請求を肯定する立場、すなわち、取締役が報酬議案を株主総会に提出しない場合には、裁判所が一切の事情を斟酌してその額を定めることができるとの見解（上柳克郎ほか編『新版注釈会社法(6)株式会社の機関(2)』〔有斐閣、1987年〕388頁〔浜田道代〕）、相当の報酬を支払わない会社の不当利得（民703条）を肯定する見解（弥永真生「取締役の報酬の減額・不支給に関する一考察」筑波法政16号〔1999年〕54頁）もある。しかし、法定の手続によらずに任用契約等に基づいて具体的な報酬請求権が成立しうるとすると、現行の報酬規制は意義を失いかねない。対価の実質的な不均衡に対する救済は、他の取締役に対する損害賠償請求（③［3］）等を通じて図られるべきであろう。

[3] ふたたび、津軽法律事務所にて

「そういうことですので、お辞めになったとしても、今回の場合は退職金が支給されるとは限りません」。桃田の説明に対し、ついに梨太郎が重い口を開いた。「先生、僕はね、好きなことさえできれば、お金なんていらないんです」。カヨ子は、ハッとした顔で梨太郎を見た。「そうよね。私たちはそうやって今までやってきたんだもんね。こんなに取り乱しちゃって、恥ずかしいわ」。梨太郎も満足げな表情で妻を見つめ返す。「すばらしい夫婦愛ですね。そうですか、お二人がそうおっしゃるなら……」。桃田の目にも光るものがあった。

数秒後、津軽法律事務所中にカヨ子の叫び声が響きわたる。「……って、納得するわけないやろがーーー！！！」。こうして、この方面では全く役に立たない夫に代わり、カヨ子の奮闘が始まるのであった。

（ささおか・まなみ）

三島徹也

ストーリー

蘇我馬子は憂鬱であった。電子部品を製造する中小企業の飛鳥電子株式会社、もともと職人である弟馬子と営業の得意な兄鯨の兄弟が設立した会社であった。今は鯨はもう亡くなっており、会社の経営は代表取締役馬子と取締役の中大兄・中臣によって行われていた。鯨は多くの株式を保有していたがその株式は長男である入鹿が相続していた。子供の頃から甘やかされて育った入鹿は、金に困っては「おじさん少しでいいからお金貸してよ」と、叔父の馬子に借金を申し込んでいた。しかし、馬子も入鹿に金を貸すほど裕福ではなく、断り続けていた。すると、間もなく自分は大株主だからと入鹿が会社に頻繁に来るようになり、しかもその場で馬子社長の悪口を言いだすなど雰囲気が悪くなっていった。

代表取締役社長である馬子はほとほと困りはて、取締役会で他の取締役である中大兄と中臣に相談した。監査役の推古さんは隣で居眠りをしている。そして、入鹿が持っている株式を会社の金で買い取ろうということを決めた。入鹿は金に困っているからこの提案にはのってくるだろうし、入鹿から株式を取り上げてしまえば、入鹿が会社に来ることはないだろうというのである。ただ、会社には買い取るだけの財産がなかったので、いつも会社の頼みを聞いてくれる優しい聖徳さんにお願いして借金した。

入鹿が会社に来たときにこの話をすると、案の定、入鹿はすぐにOKし、株式買取りの代金をもらって満足して出ていった。

[第14話]
自己株式の取得は配当と同じ

その後の飛鳥電子社は和気あいあいと会社経営を行うことができるようになった。
　そこへ聖徳さんが会社にやってきた。「なんか調子よさそうだね、この会社もそろそろ業績が向上するんじゃないかな、この間もお金を貸してあげたしな、ははは。」会社にはとても優しい聖徳さんであった。
　「どーした？　何かいいことあったか？」と、なんだか聖徳さんも嬉しそうに聞いてきた。
　「実はあの厄介者だった入鹿がもう株主じゃないんだよ」と馬子社長も嬉しくなって答えた。
　聖徳さん「えっ？！」と少し驚いたが、馬子社長は続けて「実は入鹿の株式を聖徳さんから借りたお金を使って会社で買い取ったのさ」。
　「……」聖徳さんは黙り込み、急に怖い顔になった。そして、
　「それはおかしいんじゃないか？　お前の会社は俺から借金しただろ、借金して会社が自己株式を買い取るってどういうことだよ、バカヤロー」と烈火のごとく怒りだした。
　聖徳さんの今まで見たこともないような豹変ぶりに、馬子は驚き、びびった。
　「え？　なに？　なに言ってるの？　べ、べつに利益配当するわけじゃないんだから、株式を買い取るのに借金しても関係ないじゃないですか？」
　「会社法を知らんのか、バカヤロー、ま、おまえら責任とってもらうからな」
　これには、同席していた中大兄と中臣も驚いて、「おまえらって……、俺たちも？　いや、馬子社長がやるっていうから……」中大兄と中臣は馬子を恨めしそうに見た（この事件をきっかけに、中大兄と中臣は蘇我家と険悪になり、後にクーデターが起きる）。
　馬子社長もこれはやばいことをしたと気づき、「うーんと、そっか、なんかまずかったかな。ま、大丈夫だよ、それじゃあ入鹿に株式を返して、お金を返してもらうし……ははは……」
　その頃、入鹿はカジノへ行くためラスベガス行きの飛行機の中であった。

何が問題なのか

　馬子社長が行っているのは、株主との合意による特定の株主からの自己株式の取得である（会155条3号）。しかも会社に財産がなく、借り入れをして行っている。株主との合意により特定の株主からの自己株式を取得する場合には、自己株式取得の対価として株主に金銭等を支払うと出資の払戻しとなるため財源規制（分配可能額を超えて自己株式を取得することができない〔会461条1項〕）があるし、特定の株主のみから株式を取得するのでは株主平等の観点から問題となるため手続規制（株主総会の特別決議を要求し〔会160条1項、156条1項、309条2項2号〕、他の株主に売主追加請求権を認める〔会160条3項〕）がある。ストーリーでは、手続規制もかなり怪しいもの（株主総会の特別決議はあったのかは不明）があるが、これについては割愛したい（ただし、この会社が公開会社か否かはわからないが、株式の相続が行われているなど手続規制についてもひとつ考えてみてもらいたい）。そこで、ここでは聖徳も主張しているように、財源規制について考察したい。

　さて、ストーリーの自己株式の取得はその財源規制に違反しているか否かを考えなければならない。文中からは、「財産がなかったので……借金した」とある。この文脈からすると財源規制に違反していそうであるが、そもそも自己株式取得の財源として利用できる分配可能額はどのように算定されるのかを確認する必要がある。また、仮に自己株式取得の時点では分配可能額が存在していた場合に、それを目いっぱい使って自己株式を取得した後に、その期末に欠損が生じてしまってもよいのかという点も問題になる。

　次に、聖徳は「おまえら責任とってもらうからな」という発言をしている。果して、今回のケースで、馬子、中大兄、中臣、推古および入鹿も含めてだれが責任を負うのか、そしてどのような責任を負うのかについて考える必要がある。

　さらに、最後の方でまずいことをしたと気づいた馬子の発言に、「入鹿に株式を返して、お金を返してもらう」というセリフがあるが、これは法的には何を意味しているのだろうか（馬子はたぶん何も考えていないと思うが）。たとえば今回の自己株式の取得が財源規制に違反しているから無効であるということを前提にしているのであろうか、この点も問題になる。

法律家はこう考える

① 剰余金配当と自己株式取得の規制と債権者保護

　剰余金の配当および自己株式の取得も同様に分配可能額の範囲を超えてはならない（会461条）〔財源規制〕。なぜこの様な財源規制があるのだろうか。無制限に株主に配当し、また自己株式の取得の対価を支払っていては会社の財産はなくなってしまう。株式会社においてはこれは許されない。なぜなら株主はその有する株式の引き受け価額を限度とする有限責任しか負わず（会104条）、会社債権者にとっては、債権の引き当てとなるのは会社財産しかない。そこで、会社財産の確保が要請される。他方、株主にとっても、会社から剰余金の配当等を受けることを期待しているところがある。その結果、会社債権者と株主の利害調整としてこのような財源規制が置かれているのである。

　また、会社法461条は、いわゆる利益の配当のみならず、自己株式の取得、中間配当、資本および準備金の減少に伴う払戻しについて、「剰余金の配当等」として横断的に規定している。剰余金の配当は会社財産を株主に払い戻すことを意味するが、ここに列挙されている自己株式の取得、中間配当、資本および準備金の減少に伴う払戻しについても同様に会社財産を株主に払い戻すことを意味するからである。

　それでは、どこまでの会社財産を確保しておけばよいのだろうか。それが会社法461条の分配可能額を超えてはならないという規制である。分配可能額とはざっくりといえば剰余金の範囲内でということになりそうである。しかしそう簡単ではない。

　剰余金の額は、原則として、①最終事業年度の末日（期末）における［資産総額＋自己株式の帳簿価額の合計額］－［負債総額・資本金・準備金の合計額＋法務省令で定める各勘定科目の額の合計額（会計規149条）］となる（会446条1号）。ところで、会社計算規則149条によると、上の計算式から、資産総額、自己株式の帳簿価額の合計額、負債総額・資本金・準備金の合計額はすべて相殺される結果となり、結局のところ、剰余金の額とは、「その他資本剰余金」の額と「その他利益剰余金」の額の合計額ということになる（「資本剰余金」の項目の中に「資本準備金」と「その他資本剰余金」が、「利益剰余金」の項目の中に「利益準備金」と「その他利益剰余金」がある〔会計規76条4項5項〕）。

剰余金の額はこのように期末における額を基準とするが、期末後に一定の事由が生じれば剰余金の額が変動することもある。そこで、それを反映させるべく①期末における剰余金の額に対して、期末後に生じた②自己株式売買差益、③資本金減少差益、④準備金減少差益を加算し、かつ⑤期末後に自己株式を消却した場合の自己株式の帳簿価額、⑥期末後に剰余金の配当をした場合の配当額、⑦法務省令で定める各勘定科目の額の合計額（剰余金を資本金・準備金に組み入れた場合の剰余金減少額など）（会計規150条）を減算しなければならない（会446条2〜7号）。ここで行われる加算・減算は金銭等の分配や資本金等の減少に限られ、期末後の損益による変動は含まない。

　しかし、上で算定された剰余金の額がそのまま分配可能な剰余金となるわけではない。さらにそこから加算・減算がなされる。すなわち、分配可能剰余金の額は、通常は、剰余金の額－［自己株式の帳簿価額＋最終事業年度の末日後に自己株式を処分した場合における当該自己株式の対価の額＋法務省令で定める各勘定科目に計上した額の合計額（のれん等調整額など）（会計規158条）］となる（会461条2項）。さらに、臨時計算書類が作成された場合には、臨時計算書類が対象とする期間の利益と損失および自己株式の対価を分配可能額に組み入れることができる（会461条2項）。

　この財源規制は、会社法461条1項に列挙されている行為により株主に金銭等を交付する場合に適用されるが、当該会社の株式・新株予約権・社債を交付する場合には、これらは配当財産からは除外され、財源規制は課せられず（会461条1項、454条1項1号、107条2項2号ホ）、別途たとえば募集株式の発行等の規制（会199条以下）に服する。

　今回のストーリーからは入鹿の自己株式を買い取るのにどのような計算をしたかは定かではないが、対価は金銭であるから会社法461条1項の財源規制が適用され、上記の計算による分配可能額の範囲を超えて自己株式取得の対価が支払われているのであれば、財源規制違反となる。

② 株主・業務執行者の責任

　分配可能額を超えて自己株式を取得した場合には、その行為によって金銭等の交付を受けた者（株主）および当該業務を行った取締役等は、連帯して、当該株主が交付を受けた金銭等の帳簿価額に相当する金銭（受け取った金銭等そ

のものではない）を支払う義務を負う（会462条1項2号2項、461条1項3号）。ここで、注意すべきは、分配可能額を超えた金額等の部分のみを支払う義務を負うのではなく、これによって支払われた金銭等についてすべて支払う義務を負うという点である（参照、会462条3項）。

　まず、株主で会社から金銭等の交付を受けた者は、受けた金銭等の帳簿価額に相当する金銭を会社に支払う義務を負うとするが、当該株主が自己株式取得の財源規制違反につき、善意であったとしても責任を負うのかが問題となる。学説上はこの責任が主として債権者保護の規定であること、および義務を履行した取締役等による求償に関する会社法463条1項の規定があること（善意者が責任を負わないのであればこの規定は不要）から善意の株主も金銭支払い義務を負う（無過失責任）とするのが有力である（森本滋＝弥永真生編『会社法コンメンタール(11)』〔商事法務、2010年〕204頁〔黒沼悦郎〕）。

　自己株式取得の職務を行った業務執行者は、その職務を行うについて注意を怠らなかったことを証明しなければ、株主が交付を受けた金銭等の帳簿価額に相当する金銭を支払う義務を負う（会462条1項柱書2項、461条1項3号）。業務執行者が自ら注意を怠らなかったことを証明しなければならない点で原則的な取締役の任務懈怠責任（会423条）よりも厳格である〔立証責任が転換された過失責任〕。本来は、金銭等の交付を受けた株主が支払義務を完全に履行すれば問題ないのであるが、これが実現するとも限らないので、業務執行者に特別の責任を負わせたものである。この責任は株主代表訴訟の対象となる（会847条）。ここにいう業務執行者とは、業務執行取締役・執行役、その他当該業務執行取締役等の行う業務の執行に職務上関与した者として法務省令に定める者をいうが（会462条1項）、当該自己株式取得に関する職務を行った取締役・執行役のみならず、株主総会において当該株式の取得に関する説明をした取締役・執行役、取締役会において当該株式の取得に賛成した取締役等が含まれる（会計規159条3号）。その他、本件では会社法462条1項2号の取締役も含まれる。

　業務執行者等の責任は、原則として免除することはできないが、総株主の同意があれば分配可能額の範囲まで免除することができる（会462条3項）。全額の免除が許されないのは会社債権者保護を配慮したものである。支払い義務を履行した業務執行者は金銭の交付を受けた株主に対して求償することができる。ただし、分配可能額を超えることにつき善意の株主は求償の請求に応ずる義務

を負わない（会463条1項）。また、会社債権者は金銭の交付を受けた株主（善意・悪意を問わず）に対して、交付を受けた金銭を支払わせることができる（会463条2項）。ただし、会社債権者自身の債権額の範囲内に限る。支払わせる相手方が、会社であるのか、または債権者自身に支払わせることができるかという点が問題になるが、債権者自身に支払わせることができると考えられている。

　また、業務執行者以外の者、たとえば、監査役や会計参与等は、会社法462条の責任の対象とはならないが、その職務を怠っているのであれば、原則的な任務懈怠責任を負うことになる（会423条）。

　実際に自己株式の取得が、その効力の生ずる日に分配可能剰余金が存在すれば、その範囲内で行われる場合にはまったく問題ないのであろうか。自己株式取得の当時、分配可能剰余金があったとしても、これを行った事業年度の期末において欠損が生じた場合においては、業務執行者は当該欠損額と当該行為により株主に対し交付した金銭等の帳簿価額の総額とのいずれか少ない額を会社に支払う義務を負う（会465条1項3号）。業務執行者が職務を行うにつき注意を怠らなかったことを証明した場合にはこの限りではない。自己株式の取得を行ってもその後の業績悪化等で期末において欠損が生じることのないように、業務執行者に対して慎重な対応を求めている。また、この責任は、総株主の同意があれば免除することができる（会465条2項）。なお、金銭等の交付を受けた株主はこの責任を負うことはない。

　さて、本ストーリーでは（財源規制違反を前提として）、株主の入鹿は受け取った金銭（帳簿価額とあるが現金なのでそのまま）を支払う義務を負い、業務執行者である馬子も同様である（会462条1項）。中大兄と中臣については、ストーリーの取締役会において自己株式の取得を決定した者であるとすれば、取締役会で賛成した中大兄と中臣もまた同様の支払い義務を負うことになろう（会462条1項、会計規159条3号）（なお、議事録に異議をとどめなかった者は決議に賛成したものと推定される〔会369条5項〕）。ただし、馬子、中大兄、中臣については、当該職務を行うにつき注意を怠らなかったことを証明した場合には、支払い義務を負わない。また、推古は、会社法462条1項による支払い義務は負わないが、一般的な任務懈怠責任を追及される可能性はある（会423条）。

③ 違法な自己株式取得の効果

分配可能額を超えた自己株式取得行為（財源規制違反）については、有効説（参照、相澤哲編著『立案担当者による新・会社法の解説』〔商事法務、2006年〕135頁、葉玉匡美・商事法務1772号33頁等）と無効説（参照、江頭憲治郎『株式会社法〔第6版〕』〔有斐閣、2015年〕257頁、弥永真生『リーガルマインド会社法〔第14版〕』〔有斐閣、2015年〕62頁、前掲・森本＝弥永編・会社法コメ(11)169頁〔黒沼〕等）が対立している。すなわち、有効説によれば、分配可能額を超えた自己株式の取得行為は有効であるとした上で、会社法462条1項は、株主が対価として受領した金銭等の帳簿価額に相当する金銭を支払う義務を負う旨を規定したとする（無効であれば受領した金銭等そのものの返還義務を負うことになる）。これに対して、無効説は、分配可能額を超えた自己株式の取得行為は無効であるとし、それでは株主は会社に対して不当利得により受領した金銭等の返還義務を負いそうであるが、462条1項は、その特則として、その帳簿価額に相当する金銭を支払う義務を負うとする。また、無効説に立ちつつ462条1項の義務と不当利得返還義務は併存するとする立場もある。

有効説の論拠は、①会社法の文言上、463条1項が「効力が生じた日」と定めており、これは461条1項違反の行為が有効であることを前提としているとする（有効説に立った場合であっても財源規制違反の取得請求権付株式の取得および取得条項付株式の取得は無効となる）。これに対して、無効説は、「効力が生じた日」というのは「違法でなかったならば効力を発生したはずの日」という意味ととらえる。また、有効説によれば、②当該自己株式の取得が無効であるとすると、会社が受け取った自己株式の返還と、株主が受け取った金銭（またはこれに相当する金銭）の返還の2つの不当利得に基づく返還請求権が同時履行の関係に立ち、株主が受け取った金銭の返還を求めることができなくなる場合があるとする。さらにこれは会社債権者が株主に直接支払い請求できる（会463条2項）としていることの意義が失われることにもなる。この点については、無効説からは、462条1項は同時履行の抗弁権を排除していると解することができるなどの反論がある。

これに対して、無効説は、③法形式的に、法令（会461条）違反の株主総会・取締役会決議は無効であるのに、その決議に基づく剰余金の配当等の会社内部的行為（剰余金の配当は特に）がなぜ有効になるのか、④分配可能額を超えた

自己株式取得が無効でないとすると、株主がまだ対価を受け取っていない場合には、いったんは履行を強制できるのかという問題がある点を指摘する。

　会社法462条の義務を履行した場合の株主の地位についても問題となる。すなわち、会社が自己株式を保有している場合には、無効説によると、義務を履行した場合の株主は、会社に対して不当利得の法理に基づいて株式の交付を請求することができる。これに対して、有効説は、株主が462条の義務を履行した場合には、民法422条（損害賠償による代位）の類推適用によって、株主は譲渡した株式について代位すると解する。次に、会社が自己株式を処分または消却してしまった場合には、有効説では、すでに処分した場合については譲渡した株式の代替物に代位するということになり（価値が低くなる場合あり）、消却した場合には代替物は存在しないことになる。この点で、株主が損害を被るおそれがある。無効説に立った場合、不当利得法理によれば、会社は株主に対して株式に換えて株式の時価相当額の金銭を返還しなければならなくなり、場合によっては、処分によって得た財産以上の金銭を株主に不当利得として返還しなければならなくなってしまい、会社債権者を害することになりそうである。しかし、無効説によれば、株主に対して会社が取得した株式と同質同量の新株式を発行すれば足り、これによると会社財産の流出はなく債権者を害することもないとする。

　無効説による場合には、自己株式取得の財源規制違反は、後述の手続規制違反とは異なり、会社は善意無重過失の株主に対しても当該自己株式取得の無効を主張しうるとする見解が有力であるが、会社は善意無重過失の株主に対してはその無効を主張できないとする見解もある。

　また、自己株式取得の手続規制に違反した場合（株主総会の特別決議を経ていないなど）には、原則として当該自己株式取得は無効であるが、取引の安全の配慮から、手続き違反につき善意の株主に対して会社は無効主張できないとする見解が有力である。この無効を主張できる者は、会社だけであって、株主からは無効主張を許さないとする立場と、会社のみならず株主からの無効主張も認めるべきであるとする立場に分かれる。

　本ストーリーでは、有効説・無効説にかかわらず、入鹿は自己株式取得の対価として受け取った金銭を会社に支払う義務を負い、会社は入鹿に対して取得し保有している自己株式を交付することとなる（会社が取得した自己株式を処分してしまった場合には見解が分かれる）。

もしもストーリーがこうだったら…

　もしもストーリーの自己株式の取得が、a）単元未満株式の買取請求に応じた取得であった場合（会155条7号）、またはb）反対株主による株式買取請求権に応じた取得であった場合（会155条13号、会規27条5号）には、どのような結論になったであろうか。

　a）単元未満株式の取得であった場合には、分配可能剰余金によらねばならないという財源規制は存在しない（参照、会461条1項）。単元未満株式の株主は、それを譲渡することによって投下資本を回収することが困難である。そこで、そのような株主に対して、その投下資本の回収を保障するために単元未満株式の買取請求を認めたわけであるが（会192条1項）、より投下資本の回収が妨げられないよう財源規制を設けないこととした。これでは、会社債権者を害するのではないかということになるが、単元未満株主の投下資本回収を優先し、かつ単元未満株式の取得の対価はあまり大きくないということがある。

　b）反対株主による株式買取請求権に応じて自己株式を取得する場合は、その株式買取請求を行うこととなった原因により異なる。例えば、b-1）合併等の決議に反対した株主の株式買取請求（例えば吸収合併の存続会社の場合、会797条1項）と、b-2）株式の内容として譲渡制限の定めを設ける定款変更決議に反対した株主の株式買取請求（会116条1項1号）について考えてみる。

　b-1）合併等の決議に反対した株主の株式買取請求の場合には、そもそも合併等を行うに際して債権者保護手続きがとられる（たとえば吸収合併の存続会社の場合、会799条1項1号）。そこで、この場合に株主の株式買取請求に応じて、自己株式を取得する場合には、財源規制が設けられていない。

　これに対して、b-2）譲渡制限の定めを設ける定款変更決議に反対した株主の株式買取請求に応じて、自己株式を取得する場合には、分配可能剰余金を超えて取得してはならないという制限はない。決議に反対した株主を保護し、株式買取請求権を保障している。しかし、結果として分配可能剰余金を超えて自己株式を取得した場合には、業務を執行した取締役等は、注意を怠らなかったことを証明しない限り、その超過額につき支払う責任を負う（会464条）。すなわち、取締役等は、反対した株主の株式買取請求権に応じる分配可能剰余金がないときに、譲渡制限の定めを設ける定款変更をする場合には覚悟がいるということになる。

　以上、全体の枠組みを比較してまとめると次のようになる。

①分配可能剰余金を超えて自己株式を取得することは禁止されており（会461条1項3号）、これに反して自己株式を取得した場合には、自己株式の売主である株主は善意・悪意にかかわらず、受け取った金銭等の帳簿価額を会社に支払わなければならない（会462条1項柱書）。この自己株式取得の業務を行った取締役等も同様に金銭等の帳簿価額の支払い義務を負うが（会462条1項柱書2号）、自己が注意を怠らなかったことを証明した場合には義務を負わない（会462条2項）。また、総株主の同意で当該取締役の責任を免除することは、分配可能額の範囲でのみ認められるにすぎない（会462条3項）。これに対して、②自己株式取得時には分配可能剰余金の範囲内で行われたが（この段階では禁止に違反していない）、期末に欠損が生じた場合には、そもそも自己株式の売主には支払い義務は発生しないが、業務を行った取締役等は①と同様に、注意を怠らなかったことを証明しない限り、支払い義務を負う（会465条1項3号）。また、総株主の同意で当該取締役の責任をすべて免除することが可能である（会465条2項）。

③単元未満株式の買取請求権に応じて自己株式を取得する場合は禁止されておらず、自己株式の売主である株主および業務を行った取締役ともに特別の責任を負わない（参照、会461条1項）。④合併等の株主総会特別決議に反対した株主等から株式買取請求権に応じて自己株式を取得する場合には、財源規制は設けられていないが、債権者異議申立ての手続を要求することによって債権者の保護を図る（たとえば、会799条1項）。⑤譲渡制限の定めを設ける定款変更の株主総会決議等に反対した株主の株式買取請求に応じる場合には、分配可能額を超えて自己株式を取得することができる（参照、会461条1項）。ただし、業務を行った取締役等は注意を怠らなかったことを証明しない限り、超過額について支払い義務を負う（会464条）。

その他、⑥取得請求権付株式の取得も自己株式の取得であって、同様に財源規制が課されており（会166条1項）、違反した取得は無効であるが、請求権者である株主および業務を行った取締役等には特別の責任は課されていない。株主の一方的な請求に従った取得だからである。なお、当該取得請求権付株式の取得を行った事業年度の終わりに欠損が生じた場合には、業務を行った取締役等には②と同様に責任が課される（会465条1項4号）。なお、⑦取得条項付株式を取得する場合も、⑥と同様である（会170条5項）。

（みしま・てつや）

［第15話］
非公開会社の新株発行と支配権の行方

久保田安彦

ストーリー

1．「おいっ、タンクの温度たしかめたのか！」MATSUO麦酒株式会社の代表取締役社長、松尾大策の声が工場に響いた。その声の先には、武朗がいた。
「すいません。まだ確かめていません。」
「あれほど、気をつけろって言っただろ。ビールにとって、温度管理は命なんだ。もう冬は終わって、気温が上がってきてるんだぞ！」
武朗は大の酒好きで、この会社に飛び込んできた。腕は未熟だが、大策は目をかけて厳しく接していた。

2．「また、怒られちゃったよ。社長、いっつもビールビールって、うるさいんだよな。女っ気もないし。こないだなんか、俺はビールと結婚したんだ、ってわけわかんないこと言ってたぞ。」
「タケちゃん、そんなこと言うもんじゃないわよ。あれで社長、けっこう若い女の子にもてるのよ。それに、社長があんなだから、うちのビールは評価されてるわけだし。」
たしなめたのは美加。入社年次は武朗より早いが、年は同じである。実は美加も、ひそかに大策のことを慕っていた。
「分かってるよ、俺だって。なんだかんだいって、社長のこと尊敬してるし。こないだだって、うちの看板ビール『ザ・ダイサク』、ドイツの品評会で金賞もらったしな。」
「ホント、社長のおかげ、うちの会社があるのは。それにくらべたら、芭蕉

さんは……。」
「芭蕉さん、って、だれ？」武朗が聞いた。
「あれっ、芭蕉さんのこと知らなかったっけ。そうか、タケちゃんはまだ入社して２年だもんね。芭蕉さんは、社長のお兄さんで、うちの会社のオーナー。」
「へー、社長に兄弟いたんだー。でも、オーナーって、どういうこと？」
「支配株主っていう意味。なんでも、うちの会社の株式100株のうち、60株を芭蕉さん、40株を社長がもってるって聞いたけど。」
「ふーん。で、その芭蕉さんはどこにいるの。」
「芭蕉さんは、会社を社長にまかせっきりにして、ずっと旅にでてたの。でも、２週間くらいまえに、急に帰ってきたんだ。」
「あっ、社長のお父さんが亡くなったからか。でも、お葬式には来てなかったよな。何してんの、その芭蕉さんは。」
「よくわかんない。でも、この間みたときは、社長さんと口げんかしてたよ。ついさっきも、大きな声でどなってたし。」

３．社長室に入ると、大策は幽い息とともに、ソファーに身を沈めた。体が重くて、しばらく立ち上がれそうにない。１月ほど前に、一人で父親の葬儀をだしたばかりなのに、まさかこんなことになるなんて。

目を閉じていると、芭蕉の声がまた耳によみがえってきた。

「大策、おやじの遺産は全部おれのものだからな。それがいやなら、おまえをMATSUO麦酒の取締役から解任する。おまえも、それはいやだろ。だったら、おれに遺産をすべてよこせ。ユーコのために、おれには金がいるんだ。来年こそは、ユーコを勝たせるんだ。絶対、サッシーには負けられないんだ！」

大策は、吐き出すようにつぶやいた。

「芭蕉のヤツ、ホント意味が分かんない。ユーコって誰だよ。サッシーに負けられないって、なんだよ。なんで、そんな理由で金がいるんだよ。」

大策は、ふと机の上に目を向けた。そこには、この２週間、何度も繰り返し目を通した六法と、会社法の教科書があった。

「ともかく、取締役を解任されることだけは阻止しないと。それには、MATSUO麦酒の株式の過半数を握る必要があって、そのためには、やっぱり新株発行しかないか。でも、第三者割当てで、俺にだけ新株を発行させるには……。」

大策は、なんども頭のなかで繰り返してきたことを、また声に出して確認した。
　「うちの会社に取締役会はあるけど、発行してるのは譲渡制限株式だけ。だから、第三者割当てで新株を発行するには、株主総会の特別決議が必要……。」
　しかし、いつもここで思考が止まるのである。
　「だめだ……。株主総会で、芭蕉は反対にするに決まってる。」
4．ふらふらと大策は立ち上がり、「ザ・ダイサク」を手に取った。栓を抜いて、一気に飲むと、体の隅々にまでアルコールが行き渡っていくのがわかる。栄養をもらって、脳細胞も活性化してくるようだ。
　大策はしばらく黙考していたが、やがて、つぶやいた。
　「そうだ、芭蕉に、総会の招集通知を送らなきゃいいんだ。MATSUO麦酒の定款には、総会特別決議の定足数を3分の1に引き下げる規定が置かれているから、あいつが来なくても、俺だけで決議を成立させられる。徹底的に隠せば、あいつは絶対気がつかないよ。新株が発行されたことにも気がつかないに決まってる。」
　それはまさに悪魔の考えだった。大策の目は、何かに魅入られたように、あやしく光っていた。
5．2013年4月、大策の計画どおり、MATSUO麦酒は第三者割当ての方法で、100株の新株を発行した。こうして大策の持株数は140株に増え、60株を有する芭蕉に代わる、新たな支配株主が生まれたのである。なお、新株の払込金額は公正な金額であった。

何が問題なのか

　ストーリーをみると、MATSUO麦酒は、譲渡制限株式だけを発行しているので、公開会社でない会社（非公開会社）である。会社法上、非公開会社が第三者割当ての方法で新株を発行するときは、発行する新株の数や払込金額などの募集事項を株主総会の特別決議で決定しなければならない（会199条2項・309条2項5号）。
　MATSUO麦酒では株主総会の特別決議はなされているが、ただ、その決議には、60％株主である芭蕉に招集通知が送られていないという瑕疵がある。こうした瑕疵は、少なくとも決議取消事由（会831条1項1号）に該当するし、決

議が不存在であるとされる可能性もある（会829条参照）。このように非公開会社の新株発行につき、総会決議に取消事由があるために適法な決議を欠く場合、そのことは新株発行の無効原因に当たるのだろうか。また、仮にそれを肯定的に解したときでも、決議取消しの訴えを提起することなく、新株発行無効の訴えのなかで、かかる主張をすることが許されるのかといった点が問題となる。

さらに、本件新株発行は、代表取締役で40％株主である大策が芭蕉から会社支配権を奪うために行われたものである。MATSUO麦酒に資金調達の必要はなかったようであるから、本件新株発行は、支配権の奪取を主要な目的にして行われたものであり、著しく不公正な方法によるもの（不公正発行）であるといえる。したがって、不公正発行が新株発行の無効原因に当たるかどうかも検討する必要がありそうである。

なお、一般論として、既存株主の事後的な救済策としては、訴えを提起して新株発行の無効を求めることのほか、取締役や新株引受人などの民事責任を追及することも考えられる。ただし、ストーリーをみるかぎり、本件では後者の方法は難しいように思われる。というのも、本件新株の払込金額は公正な金額であり、MATSUO麦酒や芭蕉には、経済的な損害が生じていない（あるいは、損害が生じているとしてもその立証は極めて困難である）と考えられるからである。

法律家はこう考える

総会決議の不存在・取消しと新株発行の無効原因

[1] 総会決議が存在しない場合

　非公開会社の新株発行が瑕疵ある総会決議に基づいてなされた場合、そのことは新株発行の無効原因に当たるのだろうか。このことを考えるために、少し遠回りして、まずは非公開会社が総会決議の手続を全く経ずに新株を発行した場合のことを考えてみよう。この場合については、無効原因に当たるとする下級審裁判例がみられるほか（横浜地判平21・10・16判時2092号148頁など）、最高裁も傍論としてではあるが、同様の見解を述べている（最判平24・4・24民集66巻6号2908頁）。また、学説の多くも無効説に立っている（吉本健一『会社法〔第2版〕』〔中央経済社、2015年〕303頁、江頭憲治郎『株式会社法〔第6版〕』〔有斐閣、2015年〕770頁など）。

この無効説の論拠は、以下の3つにまとめられる。まず第1の論拠として、会社法は、非公開会社の新株発行につき、原則として株主総会の特別決議によって募集事項を決定するよう要求することで、株主の支配的利益（上記最高裁判決でいう「会社の支配権に関わる持株比率の維持に係る既存株主の利益」）を厚く保護しようとしている。それにもかかわらず、総会決議を全く欠くことは、会社法の趣旨を没却するものであり、新株発行の手続の瑕疵は重大であると考えられる。

　上記の最高裁判決は第1の論拠しか述べていないが、第2の論拠として、総会決議を全く欠く場合には、株主が違法・不当な新株発行を察知して差止めを請求することが容易でないため、新株発行を無効とすることで株主を救済する必要が大きいことも挙げられる。この論拠は、会社法上、非公開会社の場合は募集事項の公示が不要とされているが（会201条3項・4項と対比）、それは、原則として総会決議の手続が要求され、株主は同手続を通じて（総会の場でまたは招集通知を通じて）情報を入手できると考えられたからであること、反面で、総会決議を全く欠く場合は、株主が情報を入手するのは困難であることを踏まえたものである。

　第3に、基本的に非公開会社の株式はほとんど流通しないため、新株発行の無効原因を広く解しても、取引の安全に支障が生ずる余地が限られていることも、無効説の補強的な論拠となる（上記最高裁判決における寺田裁判官の補足意見はこの点も挙げている）。

[2] 総会決議に取消事由がある場合

　上記の議論を踏まえると、ストーリーのような場合は、どのように解すべきだろうか。

　最高裁判決のように上記第1の論拠を重視するときは、決議取消事由があるために適法な総会決議を欠く場合は、そのことが新株発行の無効原因に該当すると解することになりそうである。会社法は、株主の支配的利益を保護するため、あくまで総会決議の手続の適法な履践を要求しており、手続を経ていても決議に取消事由がある場合は、やはり新株発行手続の瑕疵は重大であるといえるからである。

　ただし、この見解でも、裁量棄却（会831条2項）の要件を満たすために決議が取消しの対象にならないと考えられる場合は、新株発行の無効原因は認めら

れないであろう。また、会社法831条2項の類推適用を認める見解もありうる（相澤哲ほか編『論点解説　新・会社法』〔商事法務、2006年〕721頁参照）。

　これに対し、上記第2の論拠を重視するときは、株主に新株発行差止めの機会が与えられていたかどうかがポイントになる。それゆえ、決議に取消事由がある場合でも、そのことを株主が明確に認識できたと考えられる場合は（ただし、そうした場合は、取締役の説明義務違反が明らかな場合など、例外的な場合に限られるであろう）、株主は新株発行の差止めを請求できたはずであるとみて、例外的に新株発行は無効にならないと解する余地が生じる。しかし、仮にその解釈を採った場合でも、ストーリーのように招集通知の欠缺という決議取消事由がある場合には、招集通知を受けなかった株主は、差止事由どころか新株発行の事実さえ知りえないのが通例である。そのため、他に当該株主が差止事由の存在を知りうる特段の事情がないかぎり、本件新株発行には無効原因が認められると解すべきことになる。

② 新株発行無効原因たる決議取消事由の主張方法

　このように非公開会社の新株発行につき、総会決議に招集通知の欠缺という取消事由があり、それゆえ適法な総会決議を欠くといえる場合には、そのことが新株発行の無効原因に該当すると解される。もっとも本来的には、取消事由があっても取消判決確定までは決議は有効であるから、新株発行無効の訴えのなかで、株主等は適法な総会決議を欠いていることを主張できないようにもみえる。しかし、新株発行の無効を求めるのに先立ち、まず決議を取り消さなければならないとすると、無効の訴えの提訴期間に間に合わなくなる危険が大きい。そこで一般に、決議取消事由がある場合、株主等は決議取消判決を待つことなく、新株発行の無効を求めることができると解されている。そして、判例・多数説（吸収説）はさらに進んで、新株発行の効力が生じた後は、決議取消しの訴えが新株発行無効の訴えにいわば「吸収」され、株主等は後者の訴えを提起しなければならないと解している（上柳克郎ほか編集代表『新版注釈会社法(7)』〔有斐閣、1987年〕360頁〔近藤弘二〕、江頭・前掲770頁注4参照）。

　この吸収説に立つとして、次に問題になるのは（吸収説以外の立場でも問題になることであるが）、新株発行無効の訴えの提訴期間が新株発行から1年（公開会社の場合は6か月）であるのに対し（会828条1項2号）、決議取消しの訴えの

提訴期間が決議から3か月であること（会831条1項）をどのようにみるかである。明示的な議論はあまりみないが、一般に、組織再編の場面（この場面でも同様の問題がある）とパラレルに考えられているようである（吉本・前掲303頁注11、江頭・前掲770頁注4参照）。仮にそうだとすると、多数説は以下の見解であるといえる。つまり、決議取消しの訴えの提訴期間を短く定めることで、決議の効力の早期確定を図ろうとした法の趣旨に鑑み、決議取消事由があることを新株発行の無効原因として主張する場合には、新株発行無効の訴えも決議後3か月内に提訴しなければならないとする見解である（なお、決議から3か月後も提訴は適法だが決議取消事由の主張は許されないとする見解もある〔相澤ほか・前掲721頁参照〕）。以下では、この見解を「主張期間制限説」と呼ぶことにしよう。

以上の議論に従うと、ストーリーの総会決議からすでに3か月が経過しているため、芭蕉は、本件新株発行の無効原因として招集通知の欠缺という決議取消事由があることを主張しようとする場合には、新株発行無効の訴えを提起できないことになる。

③ その他の無効事由の可能性

それでは、本件新株発行の無効を求めるための理論構成として、他にどのようなものが考えられるか。

第1に考えられるのは、本件新株発行が不公正発行である点に着目し、不公正発行は新株発行の無効事由に当たると解することである（吉本・前掲279頁など参照）。「主張期間制限説」に立つときは、ストーリーのように、総会決議に取消事由がある場合の多くで、新株発行が無効とされないという問題が生じるが、不公正発行が無効原因に当たると解することは、そうした問題の緩和に大きく資するであろう。

第2に、本件総会決議に不存在事由がある場合は、①［1］に述べたところに従い、本件新株発行の無効原因が認められる。しかも、決議不存在確認の訴えは提訴期間が制限されていないので、新株発行無効の訴えにおいて、当該不存在事由を本件新株発行の無効原因として主張することにも期間的な制限は課されない。

判例・通説によれば、総会決議の不存在事由は、決議が物理的に存在しない

場合だけでなく、総会決議と目すべきものは一応存在するが、手続的・実体的瑕疵が著しいために法的に不存在であると評価される場合にも認められる。

判例をみると、代表取締役が実子2名に口頭で招集通知をしただけで、合計で42%株式を有する6名の株主に招集通知をしなかった事例で、法的不存在が認められている（最判昭33・10・3民集12巻14号3053頁）。翻ってストーリーでは、60%株主である芭蕉に招集通知が送られていない。その手続的瑕疵は著しく、上記判例の事例と比べても、決議不存在事由を認めることに大きな無理はないであろう。

④ 「主張期間制限説」の合理性の再検討

これまでの議論では「主張期間制限説」に従うことを前提にしてきた。しかし以下の理由から、同説に立つのではなく、決議取消事由を新株発行の無効事由として主張する場合も、決議後3か月内に新株発行無効の訴えを提起する必要はなく、法定の提訴期間内に提起して当該無効原因を主張すればよいと解することにも、十分な合理性があるように思われる。

改めて「主張期間制限説」の論拠を確認しよう。それは、決議取消しの訴えの提訴期間を短く定めて決議の効力の早期確定を図ろうとした法の趣旨、に求められていた。しかし、いま問題にしているのは、決議の効力それ自体ではなく、新株発行の効力である。決議取消事由が新株発行の無効原因として主張される場合にも、決議が取り消されたり、その結果として新株発行以外の行為の効力に影響が及ぶわけではない。それゆえ、ここで焦点を当てるべきは、決議をめぐる取引の安全というより、新株発行をめぐる取引の安全であろう。そして会社法は、新株発行無効の訴えの制度を用意し、その提訴期間を制限することで、新株発行をめぐる取引の安全を図ろうとしている。そうであれば、決議取消事由を新株発行の無効原因として主張できる期間についても、新株発行無効の訴えの提訴期間という制限を及ぼせば足りると考えられる。

しかも、非公開会社の新株発行は、組織再編と比べても、株主に隠すことが比較的容易であるから、ストーリーのように、新株発行の事実を知らないまま総会決議から3か月を徒過することは少なくないであろう。この点に関連して、平成17年制定会社法は、非公開会社の場合につき、新株発行無効の訴えの提訴期間を従前の6か月から1年に伸長したが、それも、株主が知らないまま提訴

期間を徒過してしまう事態に対応するためであった。それにもかかわらず、「主張期間制限説」のように解すると、提訴期間が伸長されたことの意義が大きく損なわれかねないから（言本・前掲303頁注11参照）、その意味でも、新株発行の場合の「主張期間制限説」には（組織再編の場合の同説と比べても）問題があるといえそうである（久保田安彦「株主総会決議に瑕疵がある場合、新株発行・組織再編の無効の訴えはいつまで提訴できるか？」ビジネス法務15巻2号〔2015年〕98頁参照）。

もしもストーリーがこうだったら…

　もしも、MATSUO麦酒（非公開会社）が取締役会非設置会社であり、芭蕉に本件株主総会の招集通知を発していたが、ただ、その招集通知が書面ではなく、電話や口頭によるものであったうえに、本件株主総会の議題も通知しておらず、それゆえ芭蕉が本件株主総会に出席しなかったとしたら、本文と議論はどのように変わるであろうか（MATSUO麦酒は書面投票・電子投票も実施していないものとする）。

　まず、上記のような招集通知は法令に違反するものではないから（会299条2項参照）、本文とは異なり、本件株主総会決議には招集手続の法令違反という取消事由は認められない。問題は、招集手続の著しい不公正という取消事由が認められるかどうかであるが、これについては見解が分かれうる（積極説として江頭・前掲364頁参照）。

　また、判例・多数説によれば、一応招集通知が発せられている以上、本件株主総会決議は不存在とされないであろう。ところで、学説上は、株主等が株主総会決議の取消しを争うことができない状況を会社が作出している場合には、決議の不存在が認められるとする見解も有力に主張されている（前田庸「いわゆる決議不存在確認の訴」鈴木忠一＝三ヶ月章『実務民事訴訟講座(5)』〔日本評論社、1969年〕30頁、岩原紳作「株主総会決議を争う訴訟の構造(2)」法学協会雑誌96巻7号〔1979年〕891頁以下参照）。この見解は、株主総会決議の不存在を認めるべきなのは、株主総会決議取消しの訴えに用意された種々の制限、とりわけ提訴期間の制限を課するのが妥当でない場合であるとする考え方に基づくものであり、こうした有力説に立てば、本件株主総会決議は不存在とされる余地もないではない。

（くぼた・やすひこ）

［第16話］
いざゆけ無敵の若タコ軍団〔お家騒動編〕
―― 閉鎖会社における少数株主の締め出し

笠原武朗

ストーリー

1．タコの養殖は難しい。卵の管理、稚ダコの育成、強い縄張り意識のコントロール等々において解決すべき技術上の課題が多い。また、タコはグルメで高価な生餌を好む。そのため商業ベースでの完全養殖の実現は難しいと思われていた。にもかかわらず、秋山は、同郷の後輩・松中とともに、この困難なタコの完全養殖の商業化を夢見、長年研究に取り組んできた。数多くの困難も持ち前の粘り強さで1つ1つ克服していった。そして、ついに必要な技術を確立した。

商業化の開始に当たって必要となる資金は10億円ほどと考えられた。しかし、秋山に用意できる資金はせいぜい2億円、松中も1億円であった。そこで、秋山は旧知の資産家である小久保に話を持ちかけた。投資経験の豊富な小久保は、秋山と松中が持つ技術の可能性を即座に理解した。これはいける！

小久保はその場で5億円の出資を約束し、さらに本多と長谷川を紹介した。小久保さんのお墨付きならと、2人とも1億円ずつの出資を約束した。

こうして話はトントンと進んでいった。秋山らはタコの養殖・卸売等を目的とする「株式会社軟体バンク」を設立した。社名には、たくさんのタコを育て、大量の需要にいつでも応えられるような会社になってほしいとの願いを込めた。設立に当たっては予定通り計10億円の出資がなされた。取締役には、代表取締役社長の秋山のほか、松中と小久保、そして、実務担当者として小久保が推挙した内川と松田も就任した。養殖技術に関連する特許等は軟体バンクが取得した。

秋山と松中の確立した養殖技術はすばらしいでもこのままだと…

社長！品質では負けませんが価格では差をつけられ外食産業向けのシェアは確実に奪われてます。価格競争に負けないため餌を切り替えて成長促進剤の導入を提案します！

とんでもない品質は我が社の命だ軟体バンクのブランドを汚す気か！

かくして秋山と松中は取締役から解任された

おれと松中の技術だ会社だ…許せん…許せん…

天然物と遜色のない品質に加え、世界的なタコの不漁もあり、軟体バンクの事業は大いに成功した。

2．内川は考えていた。秋山と松中の養殖技術はたしかにすばらしい。そのおかげで我が社はここまで大きくなった。しかし、日本タコ、オクッパスといった他社の成長も著しい。品質ではまず負けない。が、価格の点では分が悪い。とりわけ外食産業向けのシェアは徐々に奪われつつある。彼らの強みは安価な餌と成長促進剤の使用による養殖コストの低さだ。それらはたしかに若干の品質上の問題を惹起する。しかし、このまま高品質に拘ってばかりいると我が社はいずれジリ貧となる。我々も彼らのやり方を採り入れるべきだ。少なくとも、価格競争の激しいマーケット向けでは。

内川は自分の考えを小久保に伝えた。日本タコやオクッパスに脅威を感じていた小久保は大いに賛成するとともに、内川を信頼して軟体バンクの事業に当たらせた自分の判断の正しさを確信した。

小久保の後押しを得た内川は秋山と松中に対し、餌の変更と成長促進剤の導入を提案した。

とんでもない！　秋山は激怒した。品質は我が社の命だ。軟体バンクのブランドを汚す気か？　たとえ一部でも、二流の品を軟体バンクの名の下で流通させることは許さん！

内川と秋山の議論はその後1か月にも及んだ。しかし、議論は平行線のまま。ついに、この方針の違いから生じた不和は決定的なものとなった。創業から15年が経過した、2030年の夏のことである。

2030年9月、軟体バンクの取締役会において秋山は代表取締役から解任され、代わって内川が代表取締役社長に就任した。さらに、同月中に開催された臨時株主総会において秋山と松中は取締役からも解任され、代わって本多と長谷川が取締役に選任された。

小久保め、内川め。オレの、オレと松中の技術だ、会社だ。許せん、許せん、許せん…

3.「これ、セッツと読むんすかね？　ちょい難しい漢字ですが、秋山さんと松中さんの代理人みたいっす。取締役としての残任期に対応する報酬の相当額を支払えだとか、技術提供料を支払えだとか。あと、会計帳簿の閲覧…写？…

コピーさせろってことすかねぇ…」松田が目をしばつかせながら持ってきた内容証明郵便を受け取った内川は渋い顔をした。「来たか…」

　内川からの連絡を受けた小久保は、知り合いの弁護士である森福に対応を依頼した。森福の助言に従い、内川が報酬相当額の支払いを除く秋山らの要求を拒んだところ、秋山らは技術提供料の支払いや会計帳簿の閲覧謄写を求める訴訟を提起してきた。さらに、2031年の定時株主総会に関連して、秋山らから役員選任や配当に関する株主提案や総会検査役の選任申立てがなされた。総会後には決議取消訴訟が提起された。次いで、取締役会議事録の閲覧謄写の許可申立てが…

　小久保とて人の子である。方針の違いから不和になったとは言え、秋山の気持ちは分からないではない。しかし、こうも付きまとわれては業務にも支障が出る。いくばくかのお金は払ってもよい。何とか縁を切ることはできないか。小久保は森福を呼んだ。

４．2031年10月15日、秋山と松中のもとに軟体バンクの臨時株主総会の招集通知が届いた。開催の日時（11月1日）と場所に続く「決議事項及び議案の要領」として次のような記載があった。

　第１号議案　定款変更の件
　　１　種類株式発行会社となる定款変更
　　　　無議決権株式を発行できるようにする定款変更のために特別決議を行う。
　　２　既発行株式に全部取得条項を付す定款変更
　　　　既発行株式に全部取得条項を付すための定款変更を行う。当該全部取得条項付種類株式の取得の対価は、取得時の当社の財産状況に応じて定める。この定款変更のために特別決議を行う。
　第２号議案　強制取得と対価決定のための特別決議
　　　　上記定款変更を前提に、全部取得条項付種類株式の取得及び対価の決定のための特別決議を行う。2031年10月10日現在、当社の分配可能額は10億円余で既発行株式は1万株であるため、取得の対価は1株当たり10万円とする。取得日は11月1日とする。
　第３号議案　株式募集事項決定に関する決議

上記取得を前提に、当社が保有するに至った株式のうち7000株を以下の通り処分すべく、特別決議を行う。
　　　1　払込金額　1株当たり10万円
　　　2　株式の割当て　小久保に5000株、本多及び長谷川に各1000株ずつ割り当てる
　　　3　払込期間　2031年11月1日〜5日

　意味がよく分からない。いったいどうなるというのだ？　秋山と松中は弁護士の攝津のもとを訪ねた。招集通知をじっくりと読んだ攝津は、ふぅとため息をつき、目を落としたまま言った。「秋山さん、松中さん、この株主総会の後、あなた方にはそれぞれ2億円、1億円が支払われます。」攝津は目を上げた。「そして、あなた方は軟体バンクの株主ではなくなります。」

　果たしてその通りとなった。秋山と松中は、自分たちが一から作り上げた会社から完全に追い出されてしまったのである。秋山はサンドバックを思いっきり殴ると（2012年7月13日付スポーツ新聞各紙参照）、絞り出すように呻いた。「タコがぁ…」

何が問題なのか

① 閉鎖会社における少数株主の締め出しと自衛の可能性

　軟体バンクは秋山と松中の夢が結実した会社ではあったが、2人は30％の株式しか有しておらず、残りの70％は小久保・本多・長谷川が有していた。本ストーリーは、そのような閉鎖会社（なお、軟体バンクは公開会社〔会2条5号〕でない会社である）において、創業者とも言うべき株主が株主間の対立を原因として最終的に株主としての地位をも奪われてしまったという、切なさあふれるお話である。

　株式会社では、物事は基本的には株式の議決権ベースでの多数決（資本多数決）で決まる（会309条参照）。したがって、いったん不和が生じると、少数派の株主は経営の中枢から外されたり、事業から生じる利益の分け前を受け取れなくなったり（閉鎖会社では役員報酬の形で実質的な利益分配が行われることも多い）する可能性がある。しかも、閉鎖会社の株式の売却は困難なので、株式の

譲渡により売却益を得るということもできない。そのような事態に至ればその者は実質的に会社という共同事業体から締め出されていると言えるが、さらに秋山らのように、ついには株主としての地位を奪われ、文字通り会社から締め出されてしまう可能性もある（そのような少数株主の地位の奪取を本稿では「締め出し」と呼んでいる）。

　もちろん、少数株主側としても、はじめの出資の段階での交渉を通じて、種類株式の利用や株主総会の決議要件の引き上げといった方法でそれなりの自衛を図ることができる。秋山らの養殖技術は事業のキーとなるものなので、彼らは小久保らの出資を受け入れるに際に条件についてもう少し交渉することができたかもしれない。ただ、実際にどの程度の自衛措置を講じられるかはあくまで交渉次第である。相手の出資の条件にも関わるため、何もかも自分に都合よくできるわけではない。また、投資のプロ同士ならいざ知らず、人情の問題として、これから一緒に事業をやっていこうとする時に、将来不和になる可能性を指摘しつつ交渉を行うというのは簡単なことではない。そうすると、問題の解決を自衛の可能性だけに委ねるのは適当ではない。

② 締め出しの方法

　閉鎖会社の少数株主の締め出しには、上場会社等の場合と同様、いくつかの方法が考えられるが、本ストーリーでは全部取得条項付種類株式（会108条1項7号）が用いられている。これは、株主総会特別決議により取得の決議（会171条1項・309条2項3号）が行われると、個々の株主の意向に関わらず、決議で定めた対価と引換えに当該種類株式の全てを会社が取得することになるものである。取得に法令・定款違反があり、株主が不利益を受けるおそれがあるときは、株主は取得の差止めを求めることができる（会171条の3）ほか、取得の対価に不満を持つ株主は裁判所に取得価格決定申立てをすることができる（会172条）。既に発行されている株式に全部取得条項を付す定款変更には、株主総会特別決議（会466条・309条2項11号）に加えて、種類株主総会特別決議が必要である（会111条2項・324条2項1号）。その際、「反対株主」には株式買取請求権が与えられている（会116条1項2号）。

　全部取得条項付種類株式は種類株式の一種であるから、本ストーリーでは、まず軟体バンクを種類株式発行会社とするための定款変更（第1号議案1）が

行われ、その次に全部取得条項を付す定款変更（同2）が行われている。既発行株式が1種類でそれに全部取得条項を付すだけなので、定款変更の総会決議は種類株主総会決議を兼ねている。さらに取得の決議が行われ（第2号議案）、即日、取得の効果が生じた。これで小久保らの保有株式も軟体バンクにいったん取得されてしまうが、すぐさまその一部について小久保らに対する自己株式の処分が行われている（第3号議案）。以上で秋山と松中の締め出しの完了である。必要な総会決議を1回の臨時株主総会で一気にやってしまったわけである。

　全部取得条項付種類株式制度は、もともとは別の目的のために平成17年会社法の制定時に新設されたものである。少数株主の締め出しの方法としては、ほかにも株式併合や合併・株式交換を利用する方法等があるが、本ストーリーでは、秋山らに支払われる対価を直接株主総会決議で定めることができること（株式併合では株式の端数の金銭処理との関係で裁判所の関与が不可避となる〔235条・234条2項参照〕）、合併（たとえば、小久保が全額出資して設立したダミー会社を存続会社、軟体バンクを消滅会社とする、金銭を対価する吸収合併）と異なり軟体バンクの法人格の消滅を伴わずに済むこと、軟体バンクの株主は全て自然人で直接株式交換を利用することができないこと等から全部取得条項付種類株式制度の利用が選択されたものと思われる（選択したのは筆者なのだが…）。いずれにしても、会社法はこれらの方法が少数株主の締め出しに利用される可能性を十分に認識した上でそれを禁止しておらず、むしろ、平成26年改正ではそのことを前提に、いずれの方法による場合も締め出される株主保護のための手続規制が実質的に同じレベルとなるような手当てを行っている。従って、本ストーリーの締め出しが全部取得条項付種類株式制度を利用して行われたこと自体を問題視する必要はない。

③ 内紛の解決手段としての締め出しの是非

　もちろん、ある種の「望ましくない」締め出しについては、その方法のいかんを問わず、法は何らかの対応をしなければなるまい。通常、「望ましい」締め出しとして想定されているのは、上場会社等において株式公開買付けの後に完全子会社化を行うことなどによって超過収益の発生が見込まれるようなケースであるが、本ストーリーのように閉鎖会社における内紛を多数株主が少数株主を締め出す形で解決する場合についてはどうだろうか。

内紛による混乱状態を何らかの形で解消すること自体は社会的に望ましいとも言えそうだが、解決方法として少数株主の地位を強制的に奪うという方法による場合には、少数株主に十分な対価が支払われないおそれが強い。本ストーリーではそれが顕著で、秋山と松中には計3億円しか支払われていないが、それは彼らの保有株式の客観的価値よりも明らかに低そうである（すぐさま軟体バンクを清算したとしても、招集通知に記載された分配可能額等から推測すると、少なくともその倍くらいの金額にはなりそうである）。また、少数株主が何らかの方法で裁判所を頼って十分な対価を得ようとしても、株式取引の市場がない閉鎖会社株式の金銭評価は客観的価値の問題に限っても難しい。さらに、閉鎖会社の株主の地位には、将来にわたって取締役等として報酬を得るという期待や「オレの会社」といった思い入れ的な要素が結びついていたりもする。このように十分な対価を保証できない可能性が高い中で少数株主を自由に締め出すことができるということにすると、前述の自衛の可能性を考慮に入れても、閉鎖会社の少数株主として共同事業に参加しようとする人たちが著しく減ってしまうかもしれない。

　他方、締め出しは少数株主にとって実はラッキーであるという見方もありうる。先述のように、多数株主は資本多数決を通じて少数株主を実質的に締め出すことができる。その場合、少数株主が何とかしたければ、何かあるごとに損害賠償を求めたり、秋山らのように各種の少数株主権を行使したりして戦い続けるほかない。多くの場合、それは虚しい結果に終わるだろう。しかし、多数株主が締め出しを実行すれば、少数株主はある程度の対価を得てその保有株式を金銭に代えることができ、前を向いて生きていけるかもしれない。

　このように、閉鎖会社の内紛の解決手段としての締め出しの是非はなかなか難しい問題である。ただ、本ストーリーの対価は客観的に見て明らかに不十分なので、少なくともその観点からは何らかの形で秋山らの救済が図られるようにしなければならないだろう。

法律家はこう考える

① 救済手段

　本ストーリーのような方法による締め出しに対して少数株主が自己の利益を

守るために争う方法としては、①株主総会開催禁止の仮処分申請（民保23条2項）（実際に認められるかははっきりしない。八田卓也「株主総会開催・決議に関する仮処分」神作裕之ほか編『会社裁判にかかる理論の到達点』〔商事法務、2014年〕33頁以下参照）、②全部取得条項を付す定款変更時の株式買取請求（会116条1項2号）、③全部取得条項付種類株式の取得時の価格決定申立て（会172条）、④多数株主や取締役に対する損害賠償請求（会429条1項・民709条）、⑤全部取得条項付種類株式の取得の差止め（会171条の3）や自己株式処分の差止め（会210条）（の仮処分申請）と一連の決議の取消しの訴え（会831条1項）・無効確認の訴え（会830条2項）、⑥自己株式処分の無効の訴え（会828条1項3号）と一連の決議の取消しの訴え・無効確認の訴え等が考えられる。①⑤は締め出しの完了前に差し止めてなんとかしようとするものである。②③④は株式を失うこと自体は受け入れつつ、その対価としてできる限り適正なものを得ようとするものである。⑥は締め出しの完了後に自体を巻き戻そうとするものである。

　本ストーリーでは秋山らが何もしないうちに締め出しが完了しているので、⑥により事態を戻そうとするか、④によりせめてもう少し金銭を得ようとするかになる。紙幅の関係もあるし、何より、秋山らのとりあえずの願いは株主としての地位の回復のようなので、以下では⑥について見ておこう。

② 自己株式処分の無効と決議の取消し・無効

[1] 総説

　本ストーリーのような方法で締め出された少数株主がその地位を取り戻すには、少なくとも、自己株式の処分を無効として会社に株式を戻させたうえで、全部取得条項付種類株式の取得を無効だとしなければならない。したがって、まず問題となるのは自己株式の処分の無効の訴えの帰趨であるところ、不公正発行自体を無効原因とは認めない判例（最判平6・7・14判時1512号178頁）の立場を前提とすると、無効原因としては自己株式の処分についての総会決議の瑕疵に着目するほかない。また、自己株式の処分の決議は、その前提となる全部取得条項付種類株式の取得の決議とは一応別の決議ではあるが、いずれも本ストーリーの締め出しに必須の決議であるから、個別的に見ずに、締め出し全体に対する評価からその瑕疵を考えるべきものである。そこで、以下では、両決議の瑕疵についての検討から行うこととする。

なお、事態の完全な巻き戻しを目指すならば、さらに全部取得条項を付す決議や種類株式発行会社となる決議の効力も争う必要があるが、それらについての検討は割愛する（各決議を個別的に見ると内容が不当だとか違法だとかは言い難いので、一連の決議をどこまで一体として考えるかで結論が変わってきそうである）。

[2] **決議の取消原因**

全部取得条項付種類株式の取得と自己株式の処分に関する決議の取消原因としては、特別利害関係人（小久保ら）の議決権行使による著しく不当な決議であること（会831条1項3号）が考えられるが、問題は、何をもって「著しく不当」と評価するかである。1つの考え方としては、少なくとも閉鎖会社における締め出しには正当な目的がなければならないとした上で、それを欠く場合には、締め出しのための決議は「著しく不当」であるとするものがありうる（江頭憲治郎『株式会社法〔第6版〕』〔有斐閣、2015年〕160頁以下参照）。そのように解する場合でも、さらに本ストーリーの締め出しにおける正当目的の有無については見解が分かれよう。

ただ、本ストーリーの場合は締め出しの対価が著しく不相当であると考えられるので、この点をもって「著しく不当」であるとすることができそうである（少なくとも閉鎖会社については、対価の相当性は価格決定申立てによってのみ争うことができるという考え方は採るべきではない）。

なお、自己株式の処分の決議の取消しの訴えと自己株式処分の無効の訴えの関係については、［第15話］参照。

[3] **決議の無効**

決議の無効、すなわち、決議内容の法令違反の主張として一番見込みがありそうなのは株主平等原則違反である。各決議を個別的に見ると平等な取り扱いをしていないと言うのは難しいが、一連の決議を全体としてみると不平等な結果となっていることを問題とするのである。仮にそのような見方が可能であれば、おそらく平等でない取り扱いを行うことの必要性と相当性が問われることになり（最決平19・8・7民集61巻5号2215頁参照）、その中で［2］と同様に締め出しの目的や対価の相当性が検討されよう。

ただ、私見としては、総会決議に現れた株主間の利害対立は基本的には決議取消しの枠組みで処理すべきであり、平等原則の問題として決議の無効に持ち

込むべきではないと考えている。

[4] 自己株式の処分と取得の無効

　以上の検討によると、本ストーリーの自己株式処分の決議には少なくとも取消原因はありそうである。そこで、次に、決議に取消原因があることが自己株式の処分の無効の訴えにおいて無効原因とならないかが問題となる（なお、軟体バンクは非公開会社である）。決議不存在の場合とは異なり、決議に取消原因があるに過ぎない場合には差止めの可能性との関係で若干考えるべき問題があるが（[第15話]参照）、結論としては無効原因となると解すべきであろう。そうすると、本ストーリーの自己株式の処分は無効となり、小久保らにわたっていた株式は軟体バンクに戻る格好になる。

　さらに、事態の巻き戻しのためには軟体バンクによる全部取得条項付種類株式の取得も無効としなければならないが、全部取得条項付種類株式の取得については828条のような形成無効の仕組みがないので、取得の決議が取り消されれば自己株式の取得は当然に無効となると解される。そして、上述のように本ストーリーの取得の決議にも少なくとも取消原因があると考えるべきなので、秋山らが自己株式の処分の無効の訴えに併せて取得の決議の取消しを求めれば認容されることになろう。そうすれば、秋山らは再び軟体バンクの株主に返り咲くことができる（念のため、自己に株式が帰属することの確認を併せて求めてもよい）。

　なお、仮に取得の決議が無効と言えるのであれば、当然に秋山らは自己株式処分の無効により軟体バンクに戻る株式についての株主ということになるが、いずれにしても決議の効力については不明確で争いとなりうる場面なので、現実的には、訴えによって決議の無効確認か、決議無効を前提として自己に株式が帰属することの確認をしておくことが必要となる。

もしもストーリーがこうだったら…

1．本ストーリー4の第3号議案がなく、第1号議案・第2号議案が次のようなものであったとする。

第1号議案　定款変更の件
　1　種類株式発行会社となる定款変更
　　　残余財産の分配において他の種類株式に1株当たり1円の優先権

を有する株式を発行できるようにする定款変更、及び、既発行株式の名称を「A種類株式」、残余財産分配に関する優先株式の名称を「B種類株式」とする定款変更のために特別決議を行う。

　2　既発行株式（A種類株式）に全部取得条項を付す定款変更

　　　既発行株式（A種類株式）に全部取得条項を付すための定款変更を行う。当該全部取得条項付種類株式の取得の対価は、取得時の当社の財産状況に応じて定める。この定款変更のために特別決議を行う。

　第2号議案　強制取得と対価決定のための特別決議

　　　上記定款変更を前提に、全部取得条項付種類株式（A種類株式）の取得及び対価の決定のための特別決議を行う。取得の対価は、A種類株式5000株につきB種類株式1株とする。取得日は11月1日とする。

　小久保と本多・長谷川との間ではあらかじめ話がついていたのであろう。3人の賛成により上記議案についての決議が成立し、小久保にはB種類株式1株、秋山には0.4株、松中・本多・長谷川には各0.2株が交付される計算となった。ただし、小久保以外の株主に交付されるべき端数の株式については234条の金銭処理がなされ、端数の株式を合わせたB種類株式1株は裁判所の許可を得て小久保に売却された。売却代金は複数の専門家の評価を参考に15億円とされた。その結果、秋山は6億円、松中・本多・長谷川は各3億円の現金を受け取った…しかし、そんな目先の金は問題ではない。秋山のサンドバックはやはりギシギシと鳴った。秋山と松中は軟体バンクの株主に復帰できるだろうか。

　2．本ストーリーでは、相談を受けた攝津はそのまま締め出しの効力を発生させてしまっている。しかし、弁護士としては効力発生前の差止め（の仮処分申請）も検討すべきであった。攝津は入団…いや、開業当初から大変有能な弁護士であったが、長年の勤続疲労から来る右肩筋疲労の影響か、本ストーリーの時点では若干精彩を欠いている。では、事前の情報開示（会171条の2）や通知・公告（会172条2項・3項）等の手続には問題がなかったとして、171条の3による全部取得条項付種類株式の取得の差止めは可能であっただろうか。

（かさはら・たけあき）

[第17話]
いざゆけ無敵の若タコ軍団〔海外進出編〕
── 行使条件に反する新株予約権の行使

笠原武朗

ストーリー

1．タコ養殖のパイオニア、株式会社軟体バンク。経営方針の違いから会社を追われた創業者・秋山であったが、厳しい字数制限の中で精一杯頑張った第16話の解説のおかげで株主としての地位を回復、さらに、対立していた大株主の小久保らとも和解し、軟体バンクの代表取締役社長に復帰した。タコ養殖業の競争環境は厳しく、小久保としても秋山の知識と経験は捨て難かったのである。その後もタコの品質と価格を巡る意見の対立は続いたが、和解後はむしろそれが効を奏し、軟体バンクは両者をとことんまで追求する企業として業界トップの座を守り続けた。さらに、イカ・ナマコ・アサリ・シジミ・ハマグリ等の養殖でも次々と成功を収め、2040年、ついに軟体バンクは株式の上場を果たした。

次は海外だ、と秋山は考えた。国内の食用軟体動物の消費量は頭打ち、さらなる成長は望めない。たしかに、タコは世界で広く食されてきたものではない。しかし、それだけに未開拓の市場の大きさは計り知れない…。折しも小久保がタコ食の世界普及を目指す公益財団法人タコ侍JAPANの監督…ではなく、理事長に就任したところでもあり、この機を逃がす手はなかった。

軟体バンクには一応海外事業部があり、ペーニャが部長となっていたが、思うような成果を上げられていなかった。そこで、秋山はペーニャに代わる人材を求めた。目を付けたのはライバル会社であるオクッパスの海外事業部長、イである。

我々はこれまで玄界灘の潮風の中養殖技術を磨いてきました。この鍛えし翼たくましく世界という栄光を目指し羽ばたきたいのです。

そのためにはあなたの力が必要だ。海外事業担当の取締役副社長という形でお迎えしたい。

条件次第ですね！報酬として年四〇〇〇万円はいただきたい……。そうすれば3年くらいで海外事業からの利益を今の10倍にしてみせましょう。それから四〇〇〇万円くらいのストック・オプションも。これは3年後に目標を達成できなかった場合は行使できないということで構いません。

イの力は本物だった。海外事業は大きく業績を伸ばした。

取締役会

という訳でイにストック・オプションを行使させました。

ちょっと待って下さい。このストック・オプションには二〇四五年度の海外事業の利益を二〇四一年比で10倍以上にするという条件が付けられており実際には9倍の伸びであったので行使するための条件は満たされてなかったのでは……

[第17話]
いざゆけ無敵の若タコ軍団〔海外進出編〕

2．高級料亭・鷹勝のとある一室。「デホさん。」秋山は向かいに座ったイをファースト・ネームで呼んだ。「我々はこれまで、玄界灘の潮風の中、養殖技術を磨いてきました。この鍛えし翼たくましく、疾風のごとくさっそうと、世界という栄光を目指し、羽ばたきたいのです。」チャチャチャ、チャチャチャ、チャチャチャッチャ…何かのお祭りだろうか、遠くから拍子が聞こえてくる。「いざゆ〜け〜、むてき〜の〜…あ、ゴホン…失礼。」思わず何かに反応した秋山であったが、しかし気を取り直して続けた。「そのためにはあなたの力が必要だ。海外事業担当の取締役副社長という形でお迎えしたい。」

「条件次第ですね。」イは答えた。業界のカリスマである秋山にファースト・ネームで呼ばれて気分が悪いはずはない。しかし、自分を安く売る気もなかった。「金銭報酬として年4000万円はいただきたい。そうすれば、3年で海外事業からの利益を今の10倍にしてみせましょう。それから、4000万円相当のストック・オプションも。これは3年後に目標を達成できなかった場合には行使できないということで構いません。」

「分かりました。」株主総会から授権されている取締役の年間報酬総額にはまだ1億円くらいの余裕があったはず。計8000万円であれば総会に諮る必要もない。秋山は頭の中で素早く計算した。「よろしく頼みます。」

2042年6月の定時株主総会を経て、イは株式会社軟体バンク海外事業担当取締役副社長に就任した。直後に開催された取締役会では、鷹勝での約束通り、イに対する金銭報酬を年4000万円とすることが決議された。また、それに合わせて、権利行使価格1円、権利行使期間は2046年6月から2047年5月まで、権利行使により1個につき軟体バンク株式1株の交付を受けることができるという内容のストック・オプション4000万円相当をイに与えることも決議された。このストック・オプションには、2045年度の海外事業からの利益が2041年度比で10倍以上となっていることという権利行使条件が付されていた。なお、ストック・オプションの価値については2つの会計事務所の評価書に基づいて判断された。

3．イの力は本物だった。軟体バンクの海外事業は順調に伸びていき、秋山はイの働きに満足していた。しかし、イ自身は違った。思っていたよりも伸びが鈍い。原因の一つには、国によってタコやナマコを食べることへの抵抗感がやはりかなり根強いことがある。しかし、もう一つには、海外市場で争うライバ

ル会社の存在があった。中でも、イの古巣、オクッパスはなかなか手強かった。驚くことに、そのオクッパスでは、軟体バンクを去った元海外事業部長、ペーニャが、粗削りながらもホームラン級の取引を次々成立させるという活躍を見せていた。負けるわけにはいかない。イは必死で働いた。

　2045年度の軟体バンクの海外事業の利益は2041年度比で約9倍に達した。この海外事業の伸びを大きな要因として、軟体バンクの株価もこの間大幅に上昇した。

　「よくやってくれた。期待通りだった。」2046年の4月、以前と同じ鷹勝の一室で秋山はイをねぎらった。

　「ありがとうございます。しかし、10倍には届きませんでした。」

　「いやいや、問題ない。オクッパスと競った中での結果だ。」かつての部下の活躍は、秋山にとっては実は嬉しくもあった。これからも競い合っていければいい。「引き続き頑張ってくれ。今年度から報酬は引き上げよう。それから、ストック・オプション、10倍には届かなかったが、私的には十分だと思っている。行使してもらって構わないよ。」

4．中田は中部地方の新聞社に長らく記者として勤め、それなりの地位に上っていたが、2044年に職を辞し、軟体バンクの社外監査役に就任していた。軟体バンクの本店が自分の出身地に近かったのが縁である。

　2046年の秋に開催された取締役会において、イがストック・オプションを行使したことが報告された。ん？…中田は手を挙げ、発言した。「行使条件であった利益目標は達成できなかったと理解していましたが…」

　「その通りだが、デホ君はよくやってくれている。私が許した。」口を開きかけたイを制し、秋山が答えた。「労に報いたいし、これからもまた頑張ってもらいたい。」

　「それは理解できますが、しかし…」元記者の血が言わせるのか。「しかし、それならばそれできちんとした手続を踏むべきではなかったでしょうか。」

　秋山はすごんだ。「うっせぇぞ、いい子ぶんじゃねぇ、このタコが！」

[追記] その後、本ストーリーとは別の事情により秋山氏は軟体バンクの代表取締役社長を辞し、その後任には軟体動物食のコメンテーターとして著名な工藤氏が就任した。また、オクッパスがペーニャ氏との契約を更新しなかったた

め、同氏は軟体動物のネット販売で急成長したタコ天と新たに契約を締結した。各氏の今後の活躍を祈念する。

何が問題なのか

① 新株予約権とは

　ストック・オプションは新株予約権の一つの利用方法である。新株予約権とは、予め定められた金額（権利行使価格）と引き換えに会社から予め定められた数の株式（対象株式）の交付を受けることができる権利である。もし権利行使が可能な期間（権利行使期間）中に対象株式の価値が権利行使価格を上回っていれば、新株予約権者は権利行使によりその差額分の利益を得ることができる（交付を受けた株式はそのまま持っていてもいいし、すぐに売ってしまってその儲けを確定させてもよい）。逆に、対象株式の価値が権利行使価格を下回っていれば、損をしてもいいから株式が欲しいという特殊な状況でない限り権利行使をする理由はない。そして、そのまま権利行使期間が経過すれば新株予約権は無価値になる。

　「無価値になる」ということは、逆に言うと、権利行使期間の経過前であれば新株予約権にはそれ自体の価値があるということである。うまく行けば儲かるし、うまく行かなくても損をしないという権利がタダのはずはない。ある具体的な新株予約権の価値が実際いくらなのかはかなり難しい問題であるが、他の条件が同じであれば、権利行使が可能な期間が長ければ長いほど、権利行使価格が低ければ低いほど、対象株式の現在の価値が高ければ高いほど新株予約権の価値が高くなりそうだということは直感的に分かるだろう。また、少し分かりにくいかもしれないが、対象株式の価値の変化のし易さも新株予約権の価値に影響を与える要素として重要である（ちなみに、本ストーリーのような権利行使価格が異常に低額の新株予約権の価値にはあまり影響がない）。たとえば、現在の株価が権利行使価格よりも低い場合、ほとんど株価が変化しない株式を対象株式とする新株予約権よりも、株価が上にも下にも大きく変化する株式を対象株式とする新株予約権の方が、権利行使期間内に株価が権利行使価格を超えることをより期待できるため、相対的に価値が高くなる。新株予約権の価値はこれらを含めて様々な要素によって左右されるが、ともかくも、「条件に従っ

て権利行使すれば株式を手に入れることができる」というポジションそれ自体に経済的価値があるわけである。残念なことに、その経済的価値を一義的に算出することは実際にはほぼ不可能であるが、ただ、金融工学の手法を用いることで、一定の幅の中でその算出根拠の合理性を検討することはできる。とりわけ上場株式については評価に必要な情報を客観的なデータとして入手し易いため、価値評価のあやしさは相対的には低く、実際に多くの場面で新株予約権の価値評価が行われている。

　会社が新株予約権を発行する場合（募集新株予約権の発行）の手続は、会社が新たに株式を発行したりする場合（募集株式の発行等）の手続とおおよそ同じであり、上場会社を典型とする公開会社では、どのような内容の新株予約権を誰にどれだけ発行するかについては株主総会に諮る必要がないのが原則である（会240条1項・243条1項・2項参照）。ただし、上述のように新株予約権はそれ自体に価値があるものであるところ、会社が実質的にそれに見合う何らかの対価を受け取ることなしに新株予約権を発行すると、新株が不当に安く発行された場合と同じように既存株主が害されることになる（新株予約権が行使されるような状況（株価＞権利行使価格）では権利行使により既存株主は経済的な損失を被るが、それ自体は新株予約権の性質上、当然のことである。問題は、そのような可能性に見合う対価を新株予約権の発行の段階で会社が得ているか否かであることに注意されたい）。そこで、新株予約権の対価（払込金額）が引受人にとって特に有利な金額である場合や、払込みを要しないとすることが他の様々な条件を考慮してもなお引受人にとって特に有利な条件である場合には（有利発行）、公開会社であっても株主総会の特別決議が必要とされている（会240条1項・238条2項・3項・309条2項6号）。

　なお、本ストーリーからも分かるように、新株予約権には権利行使の条件を付すことができる。行使条件は登記事項とされている（会911条3項12号ハ）。

② ストック・オプションについて

　ストック・オプションとは一般に、役員や従業員に対するインセンティヴ報酬として付与される新株予約権のことである。新株予約権を取締役等に与えておけば、彼らを権利行使期間に向けて企業価値ひいては株価を高めるべく努めるように仕向けることができるぞ、という発想である。上場企業について言え

ば、経営の安定（＝失敗の可能性の最小化）を望みがちな経営陣に適切なリスクをとってチャレンジすることを促すことで、会社の資産をできるだけ効率的に活用してほしいと考える株主との方向性のズレを多少なりとも改善することが狙いとなる。

　ストック・オプションの付与は役員や従業員に対する募集新株予約権の発行であり、その手続を踏んで行う必要がある。ストック・オプションは「インセンティヴ報酬」なので、会社が役員らから実際に金銭の払込みを受けて新株予約権を発行するわけではないが、実質的にはそれは役員らからの労務の提供と対価関係にあると考えることができる。そこで、通常は、払込みがなくても特に有利な条件とは言えないとしたり（会238条3項1号参照）、付与される新株予約権の公正価値に相当する報酬請求権との相殺処理としたりして（会246条2項参照）、有利発行に当たらない形での発行が行われる。そうすることで、上場会社では取締役会限りでいろいろと決めることができる。

　もっとも、取締役に対してストック・オプションを付与する場合には、別途、取締役に対する報酬規制を遵守しなければならない。すなわち、指名委員会等設置会社でない会社では取締役の報酬は株主総会決議で定めなければならない（会361条1項）。361条1項各号との関係でどのような形で株主総会決議を得るかはいろいろ考えられるが、新株予約権自体を報酬として与えるということにすれば、いずれにしても3号の非金銭報酬としてその具体的内容についても株主総会決議を得る必要がある。他方、確定額の報酬を与えることとしつつ上述の相殺処理をするということにすれば、1号の確定額報酬の決議だけを得ておけばいいということになる（立法論としては、法律構成によるアンバランスは解消すべきであろう）。

③ 本ストーリーのストック・オプションについて

　本ストーリーでイに付与されたストック・オプションは、権利行使価格1円の新株予約権に2045年度の軟体バンクの海外事業の利益水準を問題とする行使条件が付されたものである。権利行使価格1円というのは、要は、報酬として株式自体を与えるのとほとんど同じことである。したがって、このストック・オプションの中身を分かり易く言い換えると、実質的には、もし2045年度の海外事業の利益が目標以上であれば、権利行使期間中好きな時にタダで軟体バン

クの株式を受け取ることができるという内容のインセンティヴ報酬だということである。

軟体バンクの取締役会はイにこれを4000万円分与えるつもりで決定をしている。新株予約権の発行手続との関係では、もしこのストック・オプションの価値が実は1億円相当だったりするとまずい。有利発行に該当し、株主総会特別決議が必要だったということになるからである。しかし、軟体バンクの取締役会は2つの会計事務所の評価書に基づいて価値を判断しており、それらの会計事務所の胡散臭さが明らかになったりしない限り、裁判所が4000万円という評価はおかしいとする可能性はそう高くはない。この点は問題ないものとしておこう。

しかし、報酬規制との関係では若干問題がありそうである。はっきりとはしないが、本ストーリーでは、軟体バンクの取締役会はイに新株予約権自体を報酬として与えるという趣旨で決議しているように読める。とすると、本来、その内容を示して株主総会決議を得なくてはならなかったはずである。他方、報酬請求権との相殺を考えていたとすると、株主総会決議なしに支払える報酬額にはまだ余裕があったと推測されるので（確定金額報酬については、全取締役の報酬総額の上限について一度決議を得ておけば、上限の変更がない限り、いちいち事業年度ごとに株主総会の決議を得る必要はないと考えられている。また、その枠内での個々の取締役の具体的な報酬額の決定も取締役会で行うことができる）、あらためて株主総会決議を得なくてもよかった。本ストーリーがどちらのケースかははっきりしないが、ただ、仮に前者だとしても、現行法上は後者の処理も可能とされていること、現実にイは取締役として働いていることから、報酬規制違反を理由に軟体バンクからイに対する不当利得返還請求を認めたりする必要はあまりないように思われる。問題がないわけではないが、この点についてもここではこの程度の指摘にとどめておきたい。

本ストーリーにおける一番の問題点は、秋山の許可のもと、利益目標が達成されていないにも関わらずイがストック・オプションを行使したことである。行使条件は取締役会の決議により定められたものであり、代表取締役社長である秋山といえども独断で変更できるようなものでないことは明らかである。にもかかわらず逆ギレしている秋山に対抗して、社外監査役である中田はその職責を果たすためにどのように争うことができるだろうか。

法律家はこう考える

① 行使条件違反と株式発行の効力

　まず、イの新株予約権の行使に行使条件違反がある点を捉え、その行使によって発行された株式の効力の問題とすることはできるか（なお、新株予約権の行使により自己株式が交付されることもあるが、記述は割愛する）。新株予約権の権利行使に際して重大な瑕疵があった場合の株式発行の効力については、当然に無効（または不存在）と解すべきとする見解もあるが（江頭憲治郎『株式会社法〔第6版〕』〔有斐閣、2015年〕799頁以下）、多くの見解は、株式取引の安全の見地から会社の成立後における株式の発行の無効の訴えの規定（会828条1項2号）を（類推）適用して形成無効（＝訴えによってのみ無効とすることができる）の仕組みに乗せるべきだとしている（久保田安彦「新株予約権発行の瑕疵とその連鎖」阪大法学61巻3・4号〔2011年〕814頁以下）。判例もそのような理解を前提にしているものと解される（最判平24・4・24民集66巻6号2908頁参照）。この多数説に従うと、監査役である中田がイが発行を受けた株式の効力を問題としたいと考えるのであれば、原告として無効の訴えを提起することになる（会828条2項2号）。もっとも、イが未だ株式を保有し続けているのであればこれは1つの現実的な選択肢となろうが、既に市場で売却しているような場合には、無用の混乱を招いて軟体バンクの評判を損ねてしまいかねないし、経済的な問題として他の解決方法（2）も考えられるところなので、監査役としては無効の訴えの提起は避けた方がよかろう。

　では、中田が実際に無効の訴えを提起するかどうかはともかくとして、本ストーリーでは無効原因があると考えるべきだろうか。非公開会社において株主総会により行使条件が付されていた場合については、「行使条件が…新株予約権を発行した趣旨に照らして当該新株予約権の重要な内容を構成しているときは、…行使条件に反した新株予約権の行使による株式の発行は、これにより既存株主の持分比率がその意思に反して影響を受けることになる点において、株主総会の特別決議を経ないまま株主割当て以外の方法による募集株式の発行がされた場合と異なるところはないから、…無効原因があると解するのが相当である」とする判例があるが（前掲最判平24・4・24）、本ストーリーのように公開会社において取締役会により行使条件が付されている場合についてはその射

程は及ばないと解される。そこで、公開会社における募集株式の発行等の無効原因に関する判例を手掛かりに考えてみることにしよう。秋山の判断で行使条件に反する新株予約権の行使を認めたことは、代表取締役が必要な取締役会決議を経ずに独断で新たな新株予約権を発行した場合、あるいは新株を発行した場合と同様の状況と見ることもできる（なお、イの新株予約権は行使条件が満たされず行使できなくなった新株予約権として本当は消滅しているとも解される（287条参照））。さらには、新株発行と同視する場合は1株1円で株式を発行しているということになるし、新たな新株予約権の発行と見る場合も、その場合の新株予約権の公正価値はほぼその時点の株価に等しいはずなのに、それを無償で発行しているということになるので、株主総会の特別決議が必要な有利発行と同様の状況と考えることもできる。ところが、公開会社については、必要な取締役会決議の欠缺（最判昭36・3・31民集15巻3号645頁）も、有利発行のための株主総会特別決議の欠缺（最判昭46・7・16判時641号97頁）も、ともに無効原因ではないとするのが判例である。そうすると、これらの点だけに着目した場合、本件の行使条件違反は無効原因とはならないということになりそうである。

　他方、株式発行の差止めの機会という点に着目すると、話が違ってくる。募集株式の発行等に関する判例は、差止めの機会確保のために事前の通知・公告（会201条3項〜5項）の欠缺を原則として無効原因とし（最判平9・1・28民集51巻1号71頁）、また、差止めによる利害調整の実効化のために差止仮処分命令違反も無効原因としている（最判平5・12・16民集47巻10号5423頁）。新株予約権の行使についてはその性質上、公示の制度が用意されていないので、行使条件に反して行使されても差止めの機会があるとは言い難い場合が多い（なお、新株予約権の行使による株式の発行についても210条の類推適用による差止めの可能性があると解すべきである）。このような観点からすると、公開会社において取締役会で定めた行使条件の違反があっても、それは常に無効原因とはならないとは考えない方がよさそうである。

　以上を踏まえ、さらに行使条件の内容とその違反の態様には様々な場合がありうることを併せ考えると、公開会社において取締役会で行使条件が定められている場合に、それに違反する新株予約権の行使によって発行された株式については、当該違反の重大性や差止めの機会の有無、あるいは問題となる既存株主の利益の性質（上場会社を念頭に置くと、多くの場合、取締役会限りで適法に定

めることができる行使条件の違反から生じるのは経済的な問題だと言えそうである）を総合考慮して無効原因の有無を考えるというアプローチが適当であるように思われる。本ストーリーに関して言えば、差止めの機会はなかったと考えられるものの、行使条件である利益目標は概ね達成されていると見れば違反はそれほど重大ではなく、また既存株主の持分利益が害されるようなケースでもなさそうなので、無効原因があるとする必要はなかろう。

② 行使条件違反と損害賠償請求

　本ストーリーにおける新株予約権の行使条件違反が株式発行の無効原因ではないとしても、少なくとも行使条件違反に関与した秋山とイには法令違反という任務懈怠行為があったと言える。もしそれにより軟体バンクが秋山やイに対して損害賠償請求権を有するのであれば、中田は監査役として軟体バンクを代表して訴訟を提起し、秋山やイの責任を追及することができる（386条1項）。

　問題は、行使条件に反する新株予約権の行使によって会社に損害が発生していると言えるかである。第三者に対する株式の有利発行が行われた場合と似たような状況であり、損害を受けているのは持分価値が希釈化した個々の株主であって会社自身ではないのではないかということが問題となる。たしかに、秋山らの任務懈怠がなく、新株予約権が行使されなかった場合と現状とを比較すると軟体バンク自身が経済的に不利益を受けているわけではない（むしろ、行使された新株予約権1個につき1円の入金がある）。しかし、もともとイは権利行使できなかったのであるから、現状と比較すべきは新株予約権が行使されなかった場合ではなく、適切な価格（≒発行時の株価）でイが株式の発行を受けた場合であるとして、発行された株式のほぼ時価相当額の損害が会社に生じているとする見方もできないわけではない。前者だとすると秋山らの責任は個々の株主に対する429条の責任、後者だとすると会社に対する423条の責任ということになる（イに関しては、212条1項1号の類推適用も考えられる）。いずれと解すべきかは判然としないが、上場企業である軟体バンクにおいて個々の株主が自己に対する秋山らの429条の責任（1株当たりでは非常に小さい）を追及するということはあまり期待できないので、会社に損害があると見て423条の問題とし、中田による責任追及を認めるということもあってよいと思われる（田中亘「募集株式の有利発行と取締役の責任──会社の損害か株主の損害か」新堂幸司＝山

下友信編『会社法と商事法務』〔商事法務、2008年〕143頁参照)。

もしもストーリーがこうだったら…

1．本ストーリーとは異なり、2045年度の軟体バンクの海外事業からの利益は2041年度比で10倍を超えており、イはストック・オプションに付された行使条件が満たされたとして堂々と権利行使をしたとする。しかし、付与時のストック・オプションの価値は8000万円で、軟体バンクの取締役会も8000万円相当のストック・オプションを与えるものとして決議していた。2044年に監査役に就任した中田は、イによる権利行使の後にこのことを知った。この場合、中田の争い方はどのようなものになるか。

2．秋山復帰後の軟体バンクの業績は順調に伸びていったものの、本ストーリーとは異なり、軟体バンクは未だ上場をしておらず、発行済株式のうち小久保が50パーセント、秋山が20パーセント、松中・本多・長谷川が各10パーセント保有する非公開会社のままであったとする（[第16話]参照）。小久保や秋山は株式の上場を目指していたが、自分たちだけでは必要なノウハウに欠けると感じていた。そこで、米国で株式上場の実務に携わってきた松坂を担当取締役として軟体バンクに迎えた。

秋山と松坂が軟体バンクの上場に向けて一層努力するよう、小久保は2人に株式の上場を行使条件とするストック・オプションを与えることを考えた。その小久保の意向を受けて軟体バンクの株主総会で必要な決議がなされ、秋山と松坂に対し、権利行使によってそれぞれ軟体バンクの発行済株式の5％に相当する株式を手に入れることができる行使条件付のストック・オプションが付与された。

ところが、松坂の右肩手術などの諸々の事情により軟体バンクの上場は遅れに遅れ、ストック・オプションの行使期間内の上場が難しい状況となった。そこで、秋山は独断で自分と松坂の権利行使を認めることとし、株式を交付してしまった。

それを知った小久保は激怒した。ストック・オプションの行使により秋山と松坂が手に入れた株式の効力を否定したい。小久保はどのような主張をすることになるか。行使から1年半後に小久保が知った場合はどうか。

（かさはら・たけあき）

［第18話］
守るのは会社、それとも自分の地位？

——敵対的買収とその防衛策

野田輝久

ストーリー

　大阪船場にある繊維業界老舗の株式会社ウンターの会議室でのある日の出来事。定例の取締役会の席上で、ドケチで有名な社長の真森抜造が同社唯一の女性役員である営業本部長の瓜田伊乃代に言った。「わが社の株価も相当上がっとるようやな。瓜田君、これも例の新商品の売れ行きが好調やからとちゃうか？」瓜田は首を傾げながら答えた。「たしかに、新商品の売れ行きは悪くはありませんが、株価が劇的に上昇するほどの販売高とは思えませんが…。」そこに息を切らせながら、大変ですという言葉とともに、総務課長の音無杉留が社長室に駆け込んできた。「音無君、君にしては珍しく何をそんなに慌てとるのかね？」という真森の一声で、音無の話を聞くこととなった。音無の話の内容はおおよそこうである。最近業界内で何かと話題のハゲタカグループがマザーズ市場に上場しているウンター社の株式をかなりの数買い占めたようで、そのためにウンター社株の株価が高騰しているというのである。話を聞き終わった真森は、「うちの会社は安定株主が多いから、多少株を買い占められたところで、大丈夫やろ。」と言ったが、他の取締役から、安定株主のうちの1社である寝返産業がハゲタカグループにウンター社株を売却するという噂があるとの発言があった。さすがにこれを聞いた真森は、いら立ちを隠せなかった。寝返産業が保有するウンター社株は、全体の約15％に上る。これがハゲタカグループに売却されれば、ハゲタカグループは筆頭株主に躍り出るだけでは済まない。ハゲタカグループによる乗っ取りが現実味を帯びてきた。「弁護士の黒田

わが社の株価も相当上がっとるようやな！瓜田君これも例の新商品の売れ行きが好調やからとちゃうか…？

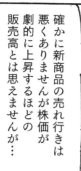

確かに新商品の売れ行きは悪くありませんが株価が劇的に上昇するほどの販売高とは思えませんが…

大変です！

何かと話題のハゲタカグループがマザーズ市場に上場してるわが社の株式をかなりの数買い占めたようで、そのためわが社の株が高騰しているようです。

うちの会社には安定株主が多いから、多少株を買い占められたところで大丈夫やろ！

ところが安定株主のうちの1社である寝返産業にわが社の株を売却する噂があるんです。

弁護士の黒田を呼べ—！！

2週間後……
ハゲタカグループがウンター社株を対象に公開買付けを行うことを表明し、すでに寝返産業はこれに応じる意向を示している。…ウンター社は対質問回答報告書を待って協議することにした…。

それには社長の交代を含めた経営陣の人事の刷新…更なる新商品の開発と販売の拡大を目指す…

ハゲタカグループなどに何がわかる……このままでは…

[第18話]
守るのは会社、それとも自分の地位？

先生を呼べ！」という真森の声が会議室に響き渡った。
　「真森社長、何事ですか。」押っ取り刀で駆けつけてきた弁護士の黒田が、開口一番尋ねた。真森の話を聞いた黒田は、対策を練るために少し時間が欲しいといい、結局その日は、2週間後に再度取締役会を開催することで、会議を終了した。
　2週間後に開かれた取締役会では、同席を許された弁護士の黒田が、自らが考えてきたハゲタカグループに対する対抗措置を、パワーポイントで説明しようとしていた。そこに、またも総務課長の音無が、大変ですの声とともに会議室に駆け込んできた。「今度は何かね、音無君。」真森に促された音無が説明したところによると、ハゲタカグループがウンター社株を対象に公開買付けを行うことを表明し、すでに寝返産業はこれに応じる意向を示しているということであった。結局この日も、金融商品取引法に基づいて意見表明報告書を作成・提出し、ハゲタカグループからの対質問回答報告書を待って善後策を協議することで会議は終了した。瓜田は、すべてが後手に回っているような印象を受けて、嫌な予感がしていた。
　ハゲタカグループからの対質問回答報告書には、ウンター社の株式を取得することにより、社長の交代を含めた経営者の人事の刷新を図り、更なる新商品の開発と販路の拡大を目指すという内容が記載されていた。つまりは、せっかくの新商品も、現在の経営者の下では宝の持ち腐れだと言っているのである。これを読んだ真森は激怒し、ハゲタカグループなどに、何がわかると息巻いている。取締役会は、全員一致でハゲタカグループによる公開買付けに反対することを決議した。ただ、旗色は非常に悪い。寝返産業が、ハゲタカグループによる公開買付けに賛同してその持株を売却するとの情報が市場で流れたせいもあり、持株を売却する個人株主も少なからずいるようである。現在判明しているところで、ハゲタカグループが保有するウンター社株は、全体の25％強。この日の取締役会では、弁護士の黒田がハゲタカグループに対する対抗措置として、株主に対する新株予約権の無償割当てという方法を提案して、説明した。真森が「現在の株主に割り当てるっちゅうことは、ハゲタカグループにも割り当てることになるわな。それで大丈夫かいな？」と質問したのに対して、黒田は、ハゲタカグループは行使できないという条件を付けるから大丈夫である旨の回答をした。他の取締役からの「株主総会の承認は必要ですか？」との質問に対しては、真森が「株主総会なんぞ開いたら、ヘタしたらハゲタカグループ

が持っとる株だけで否決されてしまうで。」と答えた。取締役会で承認を受けた対抗策は、およそ次のようなものである。①一定の日（基準日）時点での株主に対して、その有するウンター社株１株につき３個の新株予約権を無償で割り当てる。②株主は新株予約権１個の行使につき、１円の払込みに代えて１株の交付を受ける。③ハゲタカグループおよびその関係者は、非適格者として、その割当てを受けた新株予約権を行使することができない。④ウンター社は、新株予約権行使期間の初日よりも前で、その取締役会が定める日に、ハゲタカグループが有する新株予約権については１個あたり250円（ハゲタカグループによる公開買付価格を参考にした金額）で取得することができる。⑤この新株予約権無償割当ては、今回の取締役会の翌日に効力が生じる。この対抗策が成功すれば、ハゲタカグループの持株比率は５％程度まで低下することが見込まれている。黒田の説明を聞いた真森が呟いた。「タダ……、１円……。」

その頃、ハゲタカグループでも、ウンター社が対抗措置を講じてくることを見越して、それに対する対応策が着々と準備されていた。

何が問題なのか

本ストーリーのような「乗っ取りは悪か」というと、必ずしもそうではない。本ストーリーのハゲタカグループが対質問回答報告書で指摘していること、つまりウンター社の経営者を交代させれば、同社の業績はさらに飛躍的に伸びることが見込まれるのであれば、現在の状態が経済的にみて非効率なのであって、乗っ取りはこれを改善する１つの手段であるから、経済的にみると効率的な企業行動であるということになる。

本ストーリーでは、ハゲタカグループが金融商品取引法上の株式公開買付けという手段でウンター社株を取得しようとするのに対して、対象会社であるウンター社は、新株予約権の株主に対する無償割当てという方法で対抗しようとしている。このような新株予約権の無償割当てが行われ、株主が新株予約権を行使すれば、ハゲタカグループは「非適格者」として権利行使できないだけに、その有する持株比率が大幅に低下するという不利益を被ることになる。そのため、ハゲタカグループとしては、これをなんとしても阻止したいと考えるであろう。会社法は、そのために募集新株予約権の発行差止請求権を株主に認めている（会247条）。しかし、この会社法247条による差止請求権は、「募集」新株

予約権の発行を差し止めるための権利であり、新株予約権の無償割当ては「募集」という形式を取らないため、この場合に会社法247条に基づいて差し止めることができるのかが問題となる。さらに、本ストーリーでは、新株予約権の無償割当てを決定した取締役会決議の翌日に当該新株予約権の無償割当ての効力が発生することから、これを差し止めることは事実上不可能である。そこで、次に考えられるのが、新株予約権の行使による株式の発行を差し止めるという方法（会210条）であり、これが可能かどうかが問題となる。なぜなら、新株予約権が行使されれば、会社はこれに対して株式を発行する義務を負うのであり、会社法210条は「募集」株式の発行を差し止めるものであるから、新株予約権の行使による株式の発行は差止めの対象とはならないとも思えるからである。

仮に、上記の問題がクリアできたとして、何を差止事由とするのかが次の問題である。本ストーリーで、ウンター社は、基準日時点でのすべての株主にその持株割合に応じて、新株予約権を無償で割り当てることとしているが、ハゲタカグループだけは割り当てられた新株予約権を行使できないものとされている。この点で本ストーリーの新株予約権には差別的な行使条件が付されているわけであるが、これが株主平等原則に違反するのではないか。また、この新株予約権無償割当ては、ハゲタカグループによる買収に伴うウンター社取締役の解任を嫌って、同社の現経営陣の地位を守るために行われたのではないか、すなわち、著しく不公正な方法による新株予約権の無償割当てなのではないかが問題となる。

法律家はこう考える

① 差止請求権行使の可否

まず、新株予約権の無償割当てを差し止めるために、募集新株予約権発行の差止請求権に関する会社法247条を利用することができるのかが問題となる。新株予約権の無償割当ては、株主がその有する株式の数に応じて割当てを受けることから、株主が割当てを受けた新株予約権をすべて行使したとしても、持株比率の変動は生じないし、株主に経済的不利益が生じるわけでもない。したがって、本来、新株予約権の無償割当てによって株主が不利益を被るというこ

とはないと考えられるのである。しかし、本ストーリーのように、一部の株主（ハゲタカグループ）だけが割当てを受けた新株予約権を行使することができないという条件（一般に、「差別的行使条件」と呼ばれる）が付されている場合には、話は別である。このような場合には、当該一部の株主が不利益を被る可能性があることは明らかであるから、差別的行使条件が付された新株予約権の無償割当てを差止める必要性がある。裁判所も、「新株予約権無償割当てについても、それが株主の地位に実質的変動を及ぼす場合には、会社法247条の規定が類推適用される。」と判断している（東京地決平19・6・28民集61巻5号2243頁）。

　新株予約権無償割当てに会社法247条が類推適用できるとしても、本ストーリーのように、新株予約権無償割当ての効力がすでに生じてしまっている場合には、これを差し止めることはできない。そこで、次に、新株予約権の行使により行われる株式の発行の差止め（会210条）という手段が可能かどうかが問題となる。後で触れるように、株主平等原則に違反しているような差別的行使条件が新株予約権に付されている場合には、本来、新株予約権発行無効の訴え（会828条1項4号）を提起するべきであり、そのうえでこの訴えの提起権を被保全権利として、新株予約権の行使による新株発行の差止仮処分の申請を行うべきであるとの指摘もある（鳥山恭一「判批」金融・商事判例1326号15頁）。他方で、そのような手続は迂遠であり、取引の安全を考慮する必要もないから、新株予約権の発行に瑕疵がある場合には、その行使によって発行される新株についての発行差止をすることができるという見解も主張されていた（大杉謙一「今後のわが国における敵対的買収の可能性」家田崇ほか『M&A攻防の最前線』〔金融財政事情研究会、2005年〕119頁以下）。近時の裁判例は、「新株予約権発行はその行使による新株発行を当然に予定している手続であり、新株予約権の発行について法令違反や定款違反あるいは不公正発行といった瑕疵がある場合には、それに続く新株発行の手続も当然これらの瑕疵を引き継いだものとなる」として、新株予約権の発行に瑕疵がある場合には、新株予約権発行差止請求権を行使できない場合であっても、会社法210条に基づいて新株予約権の行使に基づく新株の発行を差し止めることができるという立場を採っている（東京高決平20・5・12金判1298号46頁）。

② 新株予約権の無償割当てと株主平等原則

　株主平等の原則とは、会社がその株主をその有する株式の内容及び数に応じて平等に取り扱わなければならないとする原則である（会109条1項）。新株予約権の無償割当てについても、株主は株主としての資格で割当てを受けるし、また株主の有する株式の数に応じて割り当てられなければならない（会278条2項）。この意味で、「株主平等原則の趣旨が及ぶ」ことになる（最決平成19・8・7民集61巻5号2215頁＝ブルドックソース事件）。しかし、株主平等原則は、あくまで「原則」である。問題は、どのような要件のもとでその「例外」が認められるか、つまり、どのような要件を満たせば、株主平等原則の趣旨に反しないと解されるのかである。

　最高裁は、前記のブルドックソース事件において、「必要性」と「相当性」という2つの要件を核とする判断枠組みを用いて、これを判断している。ここでいう「必要性」とは、同事件の最高裁決定によると、「特定の株主による経営支配権の取得に伴い、…会社の企業価値がき損され、会社の利益ひいては株主の共同の利益が害されることとなるような場合」をいう。つまり、買収者による買収により会社の企業価値が害されることを防止する必要性ということになる。また、「相当性」については、「（企業価値き損の）防止のために当該株主を差別的に取り扱ったとしても、当該取扱いが衡平の理念に反し、相当性を欠くものでない限り、これをただちに同原則の趣旨に反するものということはできない」と判示されている。以下では、この2つの要件について少し詳しくみてみよう。

③ 差別的取扱いと「必要性」・「相当性」の基準

[1] 差別的取扱いと「必要性」の基準

　ブルドックソース事件では、差別的行使条件（同事件では、取得対価が買収者については金銭、その他の株主に対しては株式とする差別的取得条項も付されていた）の付された新株予約権無償割当ての必要性について、最高裁は、その必要性を判断するのは、会社の利益の帰属主体である株主であるとしている。そして、株主（株主総会）の判断につき、その手続が適正を欠くものであったとか、判断の前提とされた事実が存在しない、あるいは虚偽である等、判断の正当性を

失わせるような重大な瑕疵が存在しない限り、株主による判断が尊重されるべきとされている。

会社が損をすれば、株主も損をする。買収によって会社の企業価値が下がれば、株主も害されることになる。だから、株主が企業価値を毀損する可能性のある買収につき、その防衛策の導入や発動の必要性について判断することは、望ましい。この理屈はたしかにわかりやすい。ただ、問題がないわけではない。従来から、株主平等原則に反する会社の行為は無効であると考えられており、ただし、当該行為により不利益を受ける株主がこれに同意した場合には、同原則に違反したという瑕疵は治癒されると解されてきた。敵対的買収の局面において、差別的な取扱いを受ける買収者が、当該差別的な取扱いに同意するとは思われないので、株主平等原則違反という瑕疵が、仮に株主総会がその特別決議によって差別的な内容を含む買収防衛策の導入について賛成したとしても、瑕疵は治癒されないのではないか（北村雅史「判批」私法判例リマークス2008(下)95頁）。また、本ストーリーでもそうだが、株式公開買付けが行われているときは、買収に賛成する株主は公開買付けに応募するであろうし、反対であれば応募しないであろう。この段階で株主は買収に賛成か反対かの意見表明を行っているのであるから、それに加えて株主総会で意見を聞く必要はないのではないか。

これらの点について深くは立ち入らないが、読者には最高裁の判断が必ずしも自明のことではないということを分かっていただきたい（詳細については、田中亘「ブルドックソース事件の法的検討」別冊商事法務311号15頁以下を参照）。いずれにせよ、最高裁は、買収防衛策の必要性を、当該防衛策の内容が合理的であるかどうか、あるいは株主による判断が合理的であるかどうかといった観点から審査する（実体審査）のではなく、判断の正当性を失わせるような重大な瑕疵がない形で株主自らが判断したか否かという手続審査を行っていると評価されている。ただし、注意すべきは、このような裁判所の審査が及ぶのは、買収防衛策の導入・発動について株主総会の決議が行われる場合であって、本ストーリーのように、取締役会限りで導入・発動を決定する際には、ブルドックソース事件で最高裁が行ったような株主総会に実質的判断を委ね、裁判所はその手続のみを判断するという枠組みは使えないという点である。

[2] 差別的取扱いと「相当性」の基準

差別的取扱いを含むある買収防衛策が「相当性」を有するかどうかは、かな

り難しい問題である。ブルドックソース事件では、本ストーリーと同様に、買収者が自ら決定した公開買付価格を基準に新株予約権の取得価格が決定され、その価格で取得することとされていた。通常、公開買付価格は、対象会社のそのときの株価よりもいくらか上乗せされて（いわゆるプレミアムを付して）決定されるから、買収者が取得した株式の高値売り抜けを狙っていたり、あるいは会社に対して高値肩代わりを迫るような悪質さをもっているような場合には、割り当てられた新株予約権をそのときの株価よりも高値で会社が買ってくれるという措置は、買収者にとってはまさにウエルカムであろう。他方で、買収者に割り当てられた新株予約権を、会社がそのような高値で買い取ることそれ自体が、会社から不要な金銭が流出することになる点で、その会社の企業価値の毀損を生じさせるという議論もあろう。最高裁は、この点について、買収者に多額の金銭を交付することが会社の企業価値をき損するおそれがあるといえなくもないが、買収者以外の株主のほとんどがそれもやむなしと判断した以上、それを尊重すべきと判示している。

買収者以外の株主の多くが買収防衛策の導入・発動に賛成したことを重視し、相当性についてもこの点を結論に据える最高裁の判断からは、「取得価格が公開買付価格を下回っていた場合に相当性が認められるか」との疑問に対する答えをうかがい知ることは難しい。相当性の判断を「公開買付価格を基準に取得価格を設定すれば相当性の要件をクリアできる」と考えるのは、会社が買収者に割り当てられた新株予約権を、買収者の言い値で買い取ることに等しく、グリーンメーラー等の悪質な買収者を助長するという弊害もある（田中・前掲23頁、北村・前掲95頁）。

仮に、買収者にとって「過度ないし不合理な財産的損害を与えること」にならないように配慮して取得価格を決定すれば、相当性の要件は満たされると解するのであれば、買収防衛策としての新株予約権を取得する場合に、新株予約権それ自体の公正な価格を算出したうえで、その価格で買い取るということも考えられてよい。しかし、そのように考えてよいかどうかも、自明のことではない。

④ 本ストーリーの場合

さて、以上のブルドックソース事件の最高裁の判断を踏まえて、本ストーリ

ーについて検討してみよう。

　ブルドックソース事件では、買収防衛策としての新株予約権無償割当てが定款変更のために株主総会決議事項として付議され、8割を超える株主が賛成することにより当該議案が可決成立したという事案の特殊性がある。これに対して、本ストーリーにおけるウンター社では買収防衛策としての新株予約権無償割当てについて、株主総会は開催されず、取締役会のみで決定されている。ブルドックソース事件における最高裁の判断内容からすれば、本ストーリーのようにウンター社が株主総会に諮ることなく、ハゲタカグループによる買収がウンター社の企業価値を毀損するものとして、買収防衛策としての差別的行使条件が付された新株予約権の無償割当てを行うことを決定することそれ自体が、必要性の要件を満たさないため差し止められてもやむを得ないともいえそうである。しかし、先にも述べたように、株主総会決議が行われていない以上、形式審査はできないのであるから、裁判所が実体審査をせざるを得ないことになる。つまり、本ストーリーについていえば、「ハゲタカグループがウンター社の支配権を取得して同社の経営に関与することが、ウンター社の企業価値をき損するかどうか」を直接裁判所が判断することになる。

　そして、この点についての判断は、結局のところ、「当該差別的行使条件が付された新株予約権の無償割当てが著しく不公正な方法によるものであるか」という判断と重なり合うことになる。つまり、そのような新株予約権無償割当てが、対象会社の企業価値の毀損を防止するためではないということ（必要性の要件を満たさないということ）は、現経営陣の経営支配権を維持・確保するために行われたのではないかということを推認させる。一般に、現経営陣の支配権を維持・確保する目的での新株予約権の発行は不公正発行と判断されることになるため、結果として、差別的行使条件が付された新株予約権の無償割当てが必要性の要件を欠くとして株主平等原則に違反すると判断されれば、その段階で、著しく不公正な方法による新株予約権の発行であると判断されるのである。また、新株予約権無償割当ての効力発生日を取締役会決議の翌日としている点も、不公正発行を推認させる1つの要素となり得る。

　結論としては、本ストーリーにおいて、ウンター社が行おうとしている買収防衛策としての新株予約権無償割当ては、上記の通り、必要性を欠くとして株主平等原則違反という法令違反であり、会社法247条1号に規定する差止事由がある。ただし、本ストーリーにおける新株予約権無償割当ては、これを決定

した取締役会決議日の翌日にその効力が発生することとされているため、ハゲタカグループによる新株予約権無償割当ての差止め（会247条類推適用）は事実上不可能である。したがって、ハゲタカグループは、ウンター社の株主が新株予約権を行使することにより交付されることとなる株式の発行差止め（会210条）を求めて、訴えを提起する（実際には、差止仮処分の申請をする）ことになる。そして、この訴え(申請)は認められることになると思われる。

もしもストーリーがこうだったら…

　本ストーリーにおいて、もし、ウンター社が導入・発動する買収防衛策が、募集株式の第三者割当てによる発行という方法であったと仮定してみよう。

　ハゲタカグループは、そのような株式の発行がウンター社にとって友好的な第三者に対してなされる前に差し止めようとするであろう（会210条）。この場合、仮に募集株式の払込金額が公正であるとすれば、ハゲタカグループとしては、当該募集株式の発行が著しく不公正な方法による発行である（同条２号＝不公正発行）ということを主張することになる。そこで、募集株式発行の場合の著しく不公正な方法は、既述の新株予約権無償割当ての場合とどのように違うのかが問題となる。

　著しく不公正な方法による募集株式の発行（不公正発行）とは、一般に不当な目的を達成する手段として募集株式の発行が利用される場合をいい、訴訟においては、現経営陣の経営支配権の維持確保という不当な目的が資金調達等の他の正当な目的に優越する場合には不公正発行に当たるという基準で判断されている（いわゆる主要目的ルール）。募集株式の発行は、通常、資金調達を目的として行われるために、募集株式の発行の主要目的が何かということが重視されるのである。ただし、このことは、会社に資金調達の必要性さえあれば、不公正発行にはあたらないということを意味するわけではない。事案の中で現れているさまざまな事情を比較検討して、資金調達という正当な目的と現経営陣の支配権の維持・確保という不当な目的のいずれが主要であるかを判断するのである。

　これに対して、すでに述べたように、新株予約権の無償割当ての場合には、最高裁は「必要性・相当性」という枠組みでこれを判断している。なぜ、募集株式の発行の場合と異なる判断枠組みなのかという問題に明確に答えを出すことは難しい。以下のように考えることも、１つの考え方としてはあり得ると思われる。つまり、新株予約権無償割当ての場合に

は、そもそも新株予約権が資金調達の目的で発行されるとは限らない（むしろ資金調達以外の目的で発行されることの方が多い）ため、資金調達の必要性が問題とはなりにくい。そのため、新株予約権無償割当てという買収防衛策の是非を判断するに際して、募集株式発行の場合に用いられている主要目的ルールを使うことができない。むしろ、本ストーリーのウンター社のように、ハゲタカグループによる乗っ取りに対抗するために、新株予約権無償割当てという方法を使う場合には、対抗する側は自社の企業価値の毀損を防止する（いわば会社を守る）ということを前面に押し出して、当該手法を利用する。このようなケースでは、募集株式発行の場合の主要目的ルールを使うことはできないと思われるため、「必要性・相当性」という判断枠組みで、買収防衛策としての新株予約権無償割当てそのものの適法性を判断していると考えられる。

いずれにしても、本ストーリーの場合において、新株予約権の無償割当てという買収防衛策ではなく、第三者割当ての方法による募集株式の発行という手段が利用されていたとすれば、不公正発行を理由とする当該募集株式発行の差止めについては、認められる可能性は十分にあると思われる。真森の立場からは、「会社を守る」ためにとった行動だということかもしれないが、「会社を守る＝自分の社長としての地位を守る」と判断された場合には、それは不公正発行と認定されるのである。

（のだ・てるひさ）

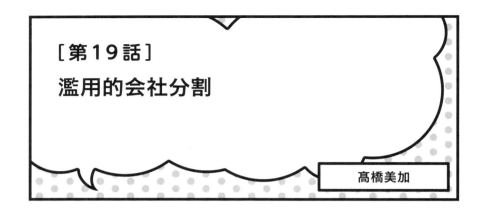

高橋美加

ストーリー

　夕方の社長室で株式会社鯉キングの社長、野々村謙一は経理担当部長の前田から説明を受けていた。「社長、要するに、息子さんのレストランが足を引っ張っとるんですわ。このままでは共倒れですよ。」瀬戸内海に面した小さな町で、謙一の祖父が始めた養鯉業「野々村養鯉場」は一部の熱狂的な錦鯉愛好家に支えられ、品評会でもしばしば高い評価を受けてきた。その「野々村養鯉場」を「株式会社鯉キング」にして、観賞用錦鯉の養殖から食用鯉の養殖・加工、さらにレストラン経営にまで事業を拡張してきたのは謙一である。安定的に生産・出荷できる食用鯉の養殖を手がけたことで、鯉キングの事業は比較的堅調に推移してきた……そう、5年前までは。

　転機が訪れたのは5年前、鯉キングの経営する鯉料理レストラン「滝」の板前・荒井がライバル社のレストラン「虎龍」に引き抜かれたことに端を発する。レストラン経営を任せていた謙一の長男の祐太は、荒井なしでは到底鯉料理を続けることができないと悲観し、大きく業態を変えたいと主張した。祐太は近年、有機栽培野菜を使用したサラダなどを出す「オーガニックレストラン」が人気だと聞きつけ、4年前にオーガニックカフェ「カルペ」をオープンした。しかし、「鯉キング」の古くからの取引先であった杉田信用金庫は「カルペ」にいい顔をせず、祐太は地方銀行の黒白銀行から融資を受け、「カルペ」の営業を始めた。

　祐太は「カルペ」オープンにあたり多額の初期費用を投じて全面改装し、仕

入先なども一から変更しスタッフも入れ替えた。そのように意気込んで営業を開始したにもかかわらず、「カルペ」の客入りは当初見込みに比べて芳しくなく、黒白銀行には返済どころか追加融資をお願いする始末で、結局債務額は１億５千万円にまで膨らんでしまっていた。「オーガニックレストランちゅうのはなんであんなに高い野菜ばかり使いよるんじゃ。祐太は原価率いうもんがわかっとらん。ほいで、赤字の垂れ流しじゃ。」前田を相手に、野々村社長の怒りはおさまらない。前田は続けた。「社長、そんな悠長なレベルではありませんよ。鯉の養殖だけならギリギリ利益が出てますが、とても『カルペ』を支えきれません。ともかく法務からも言われてますし、何か手を打たないと。」

翌日、前田は法務部長の栗原、経営コンサルタント会社「オリエンタル・コンサルティング」社長の東山を伴って、再び社長室を訪れた。東山は栗原と旧知の間柄で、栗原から個人的に「鯉キング」の状況、特に「カルペ」の惨状について相談を受け、野々村社長に善後策を示すべく栗原に同行した。東山の提案はこうだった。

「社長、要するに黒白銀行から借りてる分が苦しいんでしょ？　だから黒白に気付かれんように、『カルペ』だけ別の会社にして潰してしまうんですわ。『カルペ』なしの、元の『鯉キング』に戻るんですわ。」

その意見を聞いた栗原が口を挟む。「しかし東山さん、黒白に気付かれんように、なんてできるんですか？　別の法人を作りよったら、やっぱり取引先には挨拶せにゃならんし、大体会社分割の時は債権者保護手続やらいうのが要るんじゃないですか？」

東山は更に説明した。「お、さすがによくご存知ですな。今の『鯉キング』から『カルペ』だけを取り出して新会社を作って、黒白の債務だけ付けよったら、そりゃ黒白に挨拶せにゃなりません。でもね……」東山は身を乗り出し、ささやくように言った。「逆やったら、何も言わんでも良いんです。」

野々村社長もつられて小声になった。「逆？　どういう意味だ？」

１か月後、黒白銀行幹部による臨時の経営会議で、「鯉キング」担当者・山内が詰問を受けていた。山内の目から見ても、「カルペ」はうまくいってなかったが、次期社長とおぼしき野々村祐太の熱意や、古くからの養鯉業が堅調であったことで大目に見て、やや無理のある融資を通してきたのである。そこに入ってきたのが、「鯉キング」が近々破産するかもしれないとの突然のニュース。さらに調べたところ「鯉キング」は約１か月前会社分割をして、新設会社

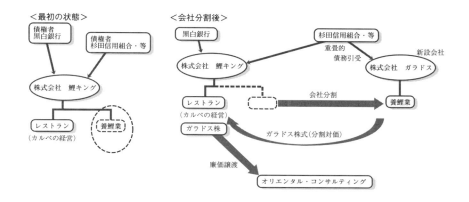

「ガラドス」に錦鯉の養殖・食用鯉の養殖事業を移転させており、「鯉キング」に残った事業は「カルペ」のみであったこと、杉田信用組合をはじめとする他の取引債権者が「鯉キング」に対して持っていた債権は新会社「ガラドス」に引き継がれ、しかも杉田らは「ガラドス」・「鯉キング」のどちらにでも請求できる地位におかれたらしいのに、黒白銀行の債権は「ガラドス」に引き継がれなかったせいで鯉キングにしか請求できない仕組みであることが分かったのである。幹部の1人は激高して言う。「どうして分からなかったんだ！　会社分割の時に債権者に何も言わないなんて、そんな分割は無効じゃないのか！」

　涙目で答えられない山内に替わって、黒白銀行の顧問弁護士の小林が答えた。「いえ、会社分割手続では、新しくできた会社に引き継がれた債権者が元の会社にも請求できる、いわゆる重畳的債務引受の場合には、債権者保護手続をしなくても良いことになっているんです。なぜなら元の会社は、新設会社からなにがしか、普通は新設会社の株式ですが、対価をもらっているので、帳簿上の鯉キングの資産は、形は変わっているけれど減ったわけではないからです。それで、山内さん。」小林は山内の方に向き直って、穏やかに尋ねた。「『鯉キング』は『ガラドス』の株式を持っていますね？」山内は震える声で答えた。「はい……分割時に『ガラドス』の全株式を『鯉キング』が取得したようですが、その株式は先週、『オリエンタル・コンサルティング』という会社に譲渡されたようなのです……」小林の顔が険しくなった。「譲渡？　もう株式は持ってないということですか？　その譲渡価格は？」山内は消え入りそうな声で答えた。「500万円です……」これを聞いた小林の顔は更に険しくなった。同時に、

「うちは 1 億5000万も貸してるんだぞ！」という銀行幹部の罵声が続く。会議は当分終わりそうもなかった……。

何が問題なのか

① 濫用的会社分割の問題点

　端的に言えば、債務超過に陥った企業が、新設分割により優良部門と不採算部門を切り分け、著しく均衡のとれない対価をもって優良部門を別会社に移転したことにより、元の会社に残った債権者が不当に害されてしまう点が問題である。ストーリーで言えば、「鯉キング」には、古くからつきあいのある「杉田信用組合」と、レストラン業に進出してから融資を受けるようになった「黒白銀行」がおり、本来、旧「鯉キング」はそのどちらにも利払いを含めて債務を履行しなければならない。ところが、業績不振によりそれができない状況になったため、優良部門である養鯉業と不採算部門であるレストラン業を別会社にして、養鯉業を行う新会社「ガラドス」と「杉田信用組合」との取引関係は継続させる一方、「黒白銀行」を分割後の「鯉キング」に残した。分割対価である「ガラドス」株式と分割対象財産である養鯉業とが釣り合っていれば「黒白銀行」に不服はないだろうが、どうもそうではないようで、しかも当該株式は第三者へ廉価売却されてしまっている。こうして「黒白銀行」にしてみれば債権回収が困難となる状況が生じており、しかも元の「鯉キング」経営陣のみの判断で作り出された点に問題があるといえる。

② 分割手続との関係

[1]「鯉キング」による会社分割

　今回のストーリーでは、「ガラドス」に養鯉業を分割・移転する新設分割がなされた。会社分割はしばしば、事業の整理・統合により経営効率化を図るために行われるが、個別に資産譲渡手続を経る事業譲渡とは異なり、分割契約書／計画書に記載した資産を包括的に分離できる点に特徴がある。債権者に対しても各種開示や債権者異議手続により手当てし、合併同様の組織法的取扱いをする。会社財産のみを引当にする債権者にとって、その影響は大きく、特に不

採算部門を整理するような分割計画があることを知れば、法定された債権者異議手続（会810条1項2号）の対象者であれば異議申立てをするかもしれないし、対象者でなくとも何らかの自衛手段を講じることができるかもしれない。このため会社分割をしようとする会社には一定の情報開示が求められている。

　なかでも分割会社および新設会社について「債務の履行の見込みに関する事項」の開示が要求されている点に注意が必要である（会803条1項、会規205条7号）。「履行の見込み」には将来の業績予測が織り込まれ、必ずしも分割時の債権債務構成のみに着目するものではない。ところでこの開示内容は、平成17年改正前商法には、「各会社の負担すべき債務の履行の見込みあること及びその理由を記載したる書面」として要求され、しかも実体的な会社分割要件であると考えられていた。つまり、会社分割によって「ガラドス」または「鯉キング」に債務の履行の見込みがない場合、会社分割は無効になると解されていた。平成17年以前には、分割会社・新設会社のどちらかが債務超過となるような分割の登記を受理しないという実務があったとされ、そのような状況を改めるべく会社法においても文言が改められたのだとされる（江頭憲治郎『株式会社法〔第6版〕』〔有斐閣、2015年〕905頁）。こうして債務の履行見込みを会社分割の効力要件としない見解が多数を占めるようになったが、後述のとおり現在も有力な反対説がある（江頭・前掲書899頁、弥永真生『リーガルマインド会社法〔第13版〕』〔有斐閣、2012年〕356頁）。

[2] 会社分割と債権者異議手続

　［1］の関係資料は本店に備置され、債権者も閲覧できるが、前提として、分割の予定を知らなければ権利行使はできない。債権者に分割の事実を伝えるための手続は債権者異議手続の中に規定される。会社は分割に関する一定の事項とともに異議申立ができる旨を官報に公告し、かつ「知れている債権者」に対して個別に催告するという手続を行うが、実際には官報の他、所定の日刊新聞紙又は電子公告によって公告すれば、個別の催告をほぼ省略できる（会939条1項）。異議申立権者は(i)分割後の分割会社に債務の履行を請求できなくなる分割会社債権者、(ⅱ)人的分割（分割対価である設立会社の株式を株主に分配する形式〔会810条1項2号第2カッコ書き、763条12号ロ〕）をする場合の分割会社債権者に限定される。新設会社にしか請求できなくなる債権者は、期待していた責任財産の範囲が会社分割によって変更されるのに対し、分割会社債権者は

分割会社が対価を取得するため、計算上は債務者の責任財産額に変わりはなく、害されないと考えられるためである。

　今回の会社分割では、「黒白銀行」も「杉田信用組合」も、異議申立権者ではない。ストーリーのなかで、東山が野々村社長に「逆だったら何も言わなくて良い」と述べたのは、不採算部門を「鯉キング」に残して優良事業を別会社化することにより、「黒白銀行」を異議申立権者から外すプランであったことを指す。しかも「杉田信用組合」のように設立会社に承継される債権者に対する債務をすべて重畳的引受にして、個別催告をすべき債権者も特段いなければ、「鯉キング」は債権者異議手続をする必要がなく、分割の公告すらせずに済み、「鯉キング」だけの内部的な手続で適法かつ有効に会社分割を行うことができるのである。

　しかし「鯉キング」は実質的には債務超過に陥っており、このままでは「黒白銀行」の債権は回収できない可能性が高い。そこで「黒白銀行」がとりうる法的手段を次に考えてみよう。

法律家はこう考える

① 「黒白銀行」の反撃

　考えられる手法として(1)会社分割自体の効力を否定する、(2)「ガラドス」に移転した財産の取り戻し、(3)「ガラドス」への重畳的な請求、がありうる。(1)は会社分割無効の訴え（会828条2項10号）の提起、(2)には債権者取消権（民424条）や倒産上の否認権（破160条ないし162条・福岡地判平21・11・27金法1911号84頁等参照）の行使、(3)として法人格否認の法理（福岡地判平23・2・17判タ1349号177頁参照）や会社法22条類推（最判平20・6・10金法1848号57頁参照）、そして平成26年改正によるの残存債権者保護規定に基づく請求権（会759条4項、761条4項、764条4項、766条4項）である。

② 分割無効の可能性

　そもそも、今回の「鯉キング」の会社分割を無効と解する余地はあるか。会社法制定前の裁判例には、債務の履行の見込みあることが会社分割の効力要件

である旨、判示するものがあった（名古屋地判平16・10・29判時1881号122頁参照）。会社法の下でも、「債務の履行の見込み」がないことを分割無効事由と解する先述の有力説の立場に立てば、無効原因を認める余地はある。ただしその場合でも、会社分割無効の訴えを提起できる債権者は「新設分割を承認しなかった債権者」に限定されており（会828条2項10号）、債権者異議手続の対象でない債権者は含まれない（東京高判平23・1・26金法1920号100頁）。つまり「黒白銀行」には原告適格がなく、分割無効の訴えを提起することができないといわざるを得ない。

③ 詐害行為取消権による解決

[1] 会社分割は詐害行為として取り消せるか？

分割無効が難しいとなると、「黒白銀行」としては詐害行為取消権（民424条）を行使して、自己の債権の分だけの財産を「ガラドス」から取り戻すという解決策が考えられる。もっとも、新設分割には財産移転の側面だけでなく新会社の設立という組織法的側面があることから、画一的処理のために分割無効の訴えによってのみその効力を争えるところ、個別的解決を志向する詐害行為取消権を利用してよいかは必ずしも明確ではなかった。この点に関し、近年会社分割にも詐害行為取消権の行使を認める下級審裁判例が続き（東京地判平22・5・27判時2083号148頁、東京高判平22・10・27金商1355号42頁等参照）、またこれを支持する最高裁判決も出され、学説でも概ね好意的に迎えられている（最判平24・10・12民集66巻10号3311頁。解説として例えば北村雅史「濫用的会社分割と詐害行為取消権(上)(下)」商事法務1990号4頁、1991号10頁）。会社法が詐害行為取消権の行使を特に排除していないこと、異議手続の対象とならない債権者であっても保護する必要のある場合があることなどを理由としている。

[2]「詐害行為取消権」の要件・効果？

「黒白銀行」が詐害行為取消権を行使できるか、要件・効果を具体的にあてはめようとすると、存外、不明な点は多い。たとえば、「詐害性」の要件はどのように評価されるだろうか。「鯉キング」は、少なくとも分割対価として「ガラドス」株式を受け取っており、全くの無資力ではないし、そもそも会社分割において「詐害の意思」や「通謀」を観念することができるのか。さらに、取

消が認められたとして、「ガラドス」に移転した資産がどのようなかたちで戻ってくるのか、現物か金銭か等、難しい解釈問題が残る。

　詐害性の解釈は民法の学説でも見解は分かれる（内田貴『民法Ⅲ』〔東京大学出版会、2005年〕312頁等参照）。下級審裁判例には、対価である新設会社株式が非公開株式の場合、「保全、財産評価および換価などに著しい困難が伴うもので、（債務者の）一般財産の共同担保としての価値が毀損され」ることを理由に詐害性を認めたものがある（前掲東京高判平22・10・27参照）。新設会社の株式が非公開株式であると常にあてはまりそうであるが、詐害意思との相関関係にも配慮すべきであるし、今回のストーリーの場合は「鯉キング」による「ガラドス」株の廉価譲渡がはじめから計画されていた可能性が高い点も考え合わせると、詐害性は認められそうである（小出篤・会社法判例百選〔第2版〕189頁およびその参考文献を参照）。ちなみに、このストーリーの解決策として会社分割による資産移転を否定するのではなく、オリエンタル・コンサルティングへ廉価譲渡されたガラドス株式を「鯉キング」の元へ取り戻すことも考えられないわけではない。それが意味をもつのは移転した養鯉業がガラドス株式と同等の価値をもち、ガラドス株式の継続保有状態により状況が改善する場合であるが、濫用的な分割の場合はそもそもの分割の対価的均衡に疑問があるため、この手法にあまり期待できない

　他の解釈としては、残存債権者と承継債権者との間の著しい立場の不平等、いわゆる偏頗性そのものを詐害性として認定する裁判例もある（名古屋高判平24・2・7判タ1369号231頁参照）。また、「詐害の意思」については分割会社の代表取締役の意思のみを検討すればよいとする見解が多く、今回のストーリーでいえば野々村社長の詐害意思の立証が必要である。

　一方、取消の効果について、前述の最高裁判決は取消対象を分割全体としつつ、取消範囲を取消債権者の債権の保全に必要な限度とした（前掲・最判平24・10・12）。最高裁の事案は現物返還が可能なケースであったが、新設会社に承継された資産を特定して取り消すことが困難であることから価額賠償を認める下級審裁判例もある（前掲東京高判平22・10・27等）。金銭賠償であれば、「黒白銀行」の債権額1億5000万円の金銭を、直接「黒白銀行」に引き渡すよう「ガラドス」に請求することができる（たとえば内田・前掲書328頁）。これは、現実には被保全債権と相殺して事実上の優先弁済を受けることを可能とするものであるため、今度は逆に「黒白銀行」に非常に有利になってしまう。「杉田

信用組合」等の債権者との関係から、そのような解決が公平なのか、疑問が残る。

④ 新たな解決策——平成26年会社法改正

　平成26年改正により創設された新たな解決策は、以上のような資産取戻し型ではなく、「鯉キング」に詐害性、つまり残存債権者である「黒白銀行」を害することを知ってなされた分割であると認められた場合、「黒白銀行」は「鯉キング」のみならず、設立会社「ガラドス」に対しても請求できるとするものである（新設分割のケースにつき会764条4項）。「ガラドス」にしてみれば、承継した資産は事業遂行の過程で変動しているかもしれないため、資産を特定して取戻しという解決は現実的でないこと、また「ガラドス」には他の商取引債権者や従業員なども存在するであろうから、「黒白銀行」との間のみで相対的に解決する詐害行為取消しという手法では限界があることから、端的に「ガラドス」への直接請求を認めたのである（坂本三郎『一問一答・平成26年改正会社法』〔商事法務、2014年〕314頁）。あわせて要件・効果も整理し、たとえば新設分割の場合、詐害の意思は分割会社の主観的態様だけを問題とすること、残存債権者による請求は承継した財産の価額を限度とすること（新設分割の場合につき会764条4項）が規定された。なお、詐害性の判断は解釈にゆだねられており、詐害行為取消権の場合と同様に扱われる。

もしもストーリーがこうだったら

　ストーリーでは「鯉キング」は破産手続に入る間際、という実質債務超過状態に陥っているところで「黒白銀行」が対応を協議しているところであるが、その後本当に「鯉キング」が破産してしまった場合、どうなるか。

　「黒白銀行」は金融機関であり、融資の際に何らかの担保等をとっていないとは考えにくく、まったくの一般債権者と同等になるかは疑問の余地はあるが、ともあれ破産管財人による破産手続が開始されることになる。破産管財人は、破産者である「鯉キング」の破産財団を確保すべく手を尽くすことになるが、その際、本件のガラドスに対する会社分割に対して否認権（破160条）を行使し、切り出された資産を回復しようとするかもしれない。会社分割が否認権行使の対象と

なるかも大きな問題であるが、これを肯定する裁判例も現れている（たとえば東京地判平24・1・26判タ1370号245頁、東京高判平成24・6・20判タ1388号366頁等も参照）。すでに「黒白銀行」が「ガラドス」を相手取り、先述の詐害行為取消訴訟を起こしている場合、当該訴訟は「鯉キング」が倒産手続に入った後は管財人に引き継がれる（破45条）。しかし、平成26年改正会社法764条4項に基づいて「ガラドス」に直接請求する権利は、破産手続開始決定後は行使できず、破産法45条による管財人への引き継ぎの対象にもならない（坂本・前掲書322頁。新設分割の場合につき会764条7項・なお同趣旨の条文として会759条7項、761条7項、766条7項）。詐害行為取消権は資産取り戻し型の解決策であるため、債務者である「鯉キング」の責任財産を保全する機能を持つが、改正会社法に基づく直接請求権は残存債権者「黒白銀行」の固有の請求権であるため、個別行使が許されなくなるためである。

　さらに、下級審裁判例のなかには、コンサルタント会社の企画立案、指導、助言のもとで破産会社による会社分割が実施された場合で、当該会社分割が詐害行為として否認権の対象となるときには、コンサルタント業務契約自体に詐害性を認め、コンサルタント業務契約を否認して、コンサルタント会社に支払われた報酬の返還を求めた事例がある（前掲・東京地判平24・1・26参照）。ストーリーでいえば「オリエンタル・コンサルティング」社の東山氏の言動から、支払われたであろう報酬について、破産管財人が返還を求める、ということになるだろう。

（たかはし・みか）

［第20話］企業グループと組織再編

舩津浩司

ストーリー

　ナガイ食品グループは、東京証券取引所一部上場のナガイ食品株式会社を親会社とするお菓子メーカーの企業グループである。親会社本体では、創業事業である煎餅の製造販売のほか、現社長の代になって始めたスナック菓子の製造販売事業を営んでいるが、消費者の嗜好の変化の影響を受け、煎餅製造販売事業（以下「煎餅事業」という）の業績は芳しくない（もっとも、ナガイ食品の煎餅事業に係る技術力・商品開発力には定評があるが、投資にまわす資金が不足しているため、新規商品の開発が滞っている状態である）。

　また、同じく東証一部に上場しているヤスダピーナッツ株式会社は、ナガイ食品株式会社が議決権の過半数を握る上場子会社で、ピーナッツを使ったおつまみの製造販売をしている。ヤスダピーナッツは、先代の社長保田シゲルの時代にはどこの企業グループにも属さない独立の優良会社であったが、現社長の保田シゲフミの放漫経営により経営危機に陥ったため、ナガイ食品株式会社に第三者割当増資を引き受けてもらうことによってナガイ食品グループに入り、経営再建を目指しているところである。

　ナガイ食品の長井ヨシヒコ社長としては、救済したヤスダピーナッツの事業の黒字化が喫緊の課題であり、そのためにはヤスダピーナッツの主力商品であるピーナッツの関連商品について、主要な商品形態を、今の「おつまみ」から「お菓子」へとシフトさせたうえで、ヤスダピーナッツで製造した商品を「ナガイ食品」のブランドを付けてナガイ食品のルートで流通させることが、ナ

イ食品グループにとっては最適であると考えている。しかしながら、これはヤスダピーナッツにとっては、自主独立の道を捨て、単に親会社であるナガイ食品の製造下請けのような立場に甘んじることになるものであるといえるし、収益構造としても、これまで自社で計上できた利益を今後は親会社であるナガイ食品が奪うことを意味するものであった。

　ところで、ナガイ食品グループのライバル企業にウメザキ製菓株式会社という会社がある。ウメザキ製菓もやはりナガイ食品と同じく煎餅事業からスタートした東証一部上場会社であり、ナガイ食品同様、煎餅事業の業績は芳しくないが、現社長の代になって始めたチョコレート菓子製造販売事業は、その高級志向の商品設計が消費者に受け、それなりに順調である。ウメザキ製菓の梅崎ヒトシ社長は、長井社長とは大学の同窓であるため、ライバルであるものの二人は情報交換・意見交換をよく行っている。お互い、創業事業である煎餅事業に苦しめられており、両社で協力して何とか状況を打開できないか相談をしている。ひとつの案としては、両社にある煎餅事業を統合して新たな煎餅事業専業会社を立ち上げることが考えられるが、いっそのこと両社をまるごと統合してより企業規模を大きくし、競争力を強化すべきではないかとも考えている。

何が問題なのか

① 企業グループにおける法律問題

　通常、企業はひとつの会社のみで活動しているのではなく、複数の会社が株式保有を通じて（株式に付着する議決権などの影響力を用いて）密接に関連し合って活動していることが多い。そういった複数の会社のまとまりを企業グループと呼んだりする。

　ストーリーでは、ナガイ食品株式会社は、上場会社であるヤスダピーナッツ株式会社の議決権の過半数を握っているが、このように、親会社の支配権を維持したまま株式の上場を行う(続ける)形態の子会社のことを上場子会社といい、わが国に特徴的な上場会社形態であるといわれる。親会社は、子会社の株主総会を支配し、子会社取締役の選解任権を握っている（会329条、309条1項）ことから、これを背景とした影響力により子会社取締役に対して自らの意向に従った経営をさせることができる。もっとも、それ自体は非難されるべき問題で

はない。親会社と子会社が協働して事業を展開することによって、それぞれが単独で活動するよりも、企業グループ全体ではよりよい経済状態が達成される可能性があり（グループ経営によるシナジー効果）、そのために親会社が先のような影響力を行使することは、社会にとっても望ましい可能性があるからである。

しかしながら、企業グループ全体の利益が、個々の子会社の利益と必ずしも一致するとは限らない。ストーリーの中のヤスダピーナッツ株式会社のように、ナガイ食品グループ全体の利益のためには、主力商品を「おつまみ」から「お菓子」にして、ナガイ食品の流通ルートを通した方が良いとしても、それによりヤスダピーナッツ株式会社はこれまで得ていた利益を諦めなければならなくなってしまうのである。長井社長がもくろむこのような構造改革プランに対して、おそらく保田社長は抵抗しないだろう。反対しようものなら、大株主であるナガイ食品株式会社の議決権行使によって即座に退任に追い込まれてしまうからである。しかしながら、このような構造改革プランは、ナガイ食品グループ全体にではなくヤスダピーナッツ株式会社にのみ投資している株主（＝子会社少数株主）にとっては許容し難い施策である。他方、このような構造改革をしなければ、ナガイ食品グループ全体が沈んでしまうかもしれないというジレンマがある。

② 分社化・合弁会社の設立方法

かつては、規模（総資産や売上高）こそが企業のステータスシンボルであり、企業規模を大きくすることこそが経営者の最重要課題と捉えてきた傾向もあった。しかしながら、近時は、企業の評価尺度として収益性（総資産利益率・株主資本利益率・売上高利益率等）が注目されることが多くなったため、事業を取り込んで規模を大きくするのではなく適正な規模に事業を縮小する、あるいは、全てを自前でやるのではなく他社の力を借りる、などの施策をとることで、より収益性を高める事業運営を指向する経営者も多くなってきた。

ストーリーの中のナガイ食品の煎餅事業も、もはやナガイ食品グループの主力事業とは言えなくなり、グループの限りある資金を振り向けてもらえない状況にある。しかしながら、まだまだ潜在的な成長力はあり、資金さえ調達できれば成長は可能であるかもしれない。そうだとすれば、煎餅事業がナガイ食品

本体とは異なる独自路線での運営（資金調達等）を行えるように、ナガイ食品本体から切り離すことも考えなければいけないが、それはどのようにすれば実現できるだろうか。

　また、煎餅事業のテコ入れについては、ライバルのウメザキ製菓も考えているらしい。競争力強化のためにライバル企業同士が手を組むことは、近年珍しいことではなくなった。資金や技術力等に関して自前調達するには限界がある場合などに、ライバル同士が資源を持ち寄って作った会社のことを合弁会社といったりするが、ナガイ食品とウメザキ製菓との合弁会社を作る方法としては、どのようなものが考えられるだろうか。

③　「対等の精神」による事業統合手法

　ストーリー中の長井社長と梅崎社長は、ナガイ食品グループとウメザキ製菓株式会社とが全体で統合することも考えているようである。今回のようにライバル会社同士が統合する場合には、組織風土の違いや人事条件の違いなどを乗り越えて、実効的な統合を行う必要がある。優劣をつけることを嫌うわが国の風土もあってか、これまでライバル同士の事業統合の場合には「対等の精神」が謳われることが多く、その実現のために実務では涙ぐましい努力をしている事例もあるが、組織風土等が異なる会社を真にひとつに統合するためには、ある程度時間をかける必要があるであろうし、それに適した手法（段階的な統合手法）を考える必要もあるかもしれない。

法律家はこう考える

　ここでは、叙述しやすさと理解のしやすさという観点から、ストーリーの順序とは逆に、①ナガイ食品とウメザキ製菓の全体的統合、②煎餅事業の切り出し・合弁会社設立、③ヤスダピーナッツをめぐる問題、の順番で検討を加えていく。

①　事業統合の手法

[１] 合併
　事業統合で真っ先に思い浮かぶのは、複数の会社が一体化する、合併という

手法であろう。ストーリーの事例では、ナガイ食品株式会社とウメザキ製菓株式会社とが合併するということになる。合併には、ひとつの会社の法人格のみが残り、他の会社の法人格が消滅し、消滅する会社（以下、「消滅会社」という）の権利義務の全部を存続する会社（以下、「存続会社」という）が承継する吸収合併と、全ての会社の法人格が消滅し、それらの消滅会社の権利義務の全部を新たに設立する会社（以下、「新設会社」という）が承継する新設合併とがある（会2条27号28号）。

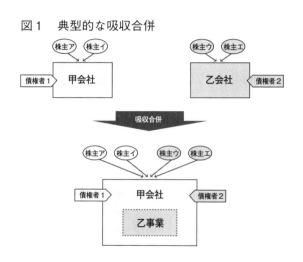

図1　典型的な吸収合併

　合併では、基本的に、当事会社間で合併契約を締結し（会748条）、それを当事会社各社の株主総会の特別決議で承認し（会783条等）、当事会社各社の全ての債権者に対して異議を述べる機会を与える（会789条等）などの手続が必要である。効力発生により消滅会社の権利義務が存続会社または新設会社に移転し、消滅会社の株主には従前の消滅会社株式と引き換えに何らかの組織再編対価（通常は存続会社・新設会社の株式）が与えられる（会750条、754条）。

　吸収合併の場合、必然的に存続会社と消滅会社を決める必要があるが、合併当事会社間に優劣を付けることになりかねず、後々従業員の士気に影響するとも考えられているようである。そのために、実務的には「対等の合併」であることをアピールするために、合併後の社名を消滅会社の社名から優先的にとる、登記上の本店所在地を消滅会社のものにするなど、種々の工夫がされることも

ある。これに対して、新設合併は、どの会社も等しく消滅会社となるから、その点についての感情的なしこりはないはずであるが、実務的には新設合併はまれである。これは、許認可や税法上の恩典等、これまで運営されてきた会社（既存の法人格）の有する種々のメリットを放棄しなければならない可能性が高いからであるといわれる。

[2]（共同）株式移転

以上のような合併のデメリットを一定程度緩和することが期待される手続として、共同株式移転（会772条2項参照）が考えられる。ストーリーの例でいえば、ナガイ食品株式会社とウメザキ製菓株式会社が共同で両社の完全親会社となる持株会社を設立するのである。

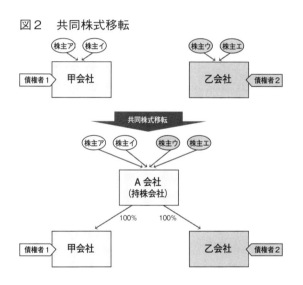

図2　共同株式移転

（共同）株式移転の場合、当事会社の法人格を含めた組織・人員や財産状況等に全く変化は無く、ただ単に、当事会社の株主構成が変化するだけである（ストーリーの例でいえば、ナガイ食品・ウメザキ製菓両社の株式は全て新設の持株会社が保有し、従前の両社の株主は新設の持株会社の株主となる）。したがって、両社の株主総会の承認は必要（会804条）だが、基本的には財産状況に変化がないため債権者異議手続は不要である（例外につき会810条1項3号）。共同株式

移転の結果、組織的な一体化はされないものの、両社が共通の親会社（持株会社）によって指揮・管理されることを通じて、事業運営の事実上の一体化が期待できる。このような統合形式であれば、事業部門で必要な許認可や税法上の恩典等もそのまま維持できる可能性が高い。また、既存の事業会社は等しく持株会社の傘下の子会社という地位に立つことから、組織間の優劣が現れにくいという面があり、摩擦の少ない統合手法であるといえる。反面、組織そのものは従前と変わらないことから、統合の効果として期待される重複組織の整理などが中途半端となる可能性がある（むろん、これはあくまで事実上そうなることが多い、という程度の問題であり、法的にそのような制約が課される訳ではない）。したがって、共同株式移転は、実務的には最終的な（法人格の一体化を含む）完全統合のための過渡的な措置として行われることが多いようである。

なお、株式移転は単独でも可能であり、大きなひとつの会社について、役割分担を明確化するため、株式移転を行った後に、管理部門を持株会社に、事業部門を傘下の子会社に振り分けるといったことが行われることもある。

② 分社化・合弁会社の設立方法

ナガイ食品株式会社の一事業部門である煎餅事業の業績の改善を図るために、同事業をナガイ食品本体から切り離して別会社化（分社化）することが考えられる。

[1] 事業譲渡と事後設立

分社化の手法として、かつては、新たに設立した会社等に事業譲渡する方法しかなかった。この手法だと、まず新たな会社を設立する手続（あるいは既存の会社を受け皿会社として買ってくるというステップ）が必要であるうえに、移転の対象となる個々の権利義務ひとつひとつについて個別に承継の手続を踏む必要がある（たとえば、債務を新会社に完全に移転させるためには債権者の個別の同意をとらなければならず、債権者に反対されてしまったらそもそも当該債務を移転させることができない）。また、設立後2年以内の新会社が事業の譲受けをする場合には、原則として事後設立手続を経る必要がある（会467条1項5号）。事後設立手続は、現行法では株主総会の承認のみで足りるとされているが、2005年会社法制定以前はそれに加えて現物出資の際の検査役調査（会33条参照）

と同様の手続が必要であったこともあり、簡易・迅速な分社化手続が実務から要望されていた。

[2] 会社分割（新設分割）

2000年に導入された新設分割制度は、既存の会社（以下、「分割会社」という）が新たに設立した会社に対して当該分割会社の権利義務を承継させる手続であるが、分割会社が分割計画を作成しその株主総会の承認を得ること（会804条）、および新設分割により権利義務の承継が生じる結果として分割会社に債務の履行を請求することができなくなる債権者に対して債権者異議手続を行うこと（会810条1項2号）など、一定の手続を踏むことで、多数の資産負債・権利義務関係をひとまとまりのものとして新しい会社に包括的に移転させる、いわば簡便な分社化手続として活用することができる（なお、会社分割を巡る債権者保護についてはいろいろと課題があるが、詳細については、[第19話]を参照されたい）。

新設分割は単独でも可能であるが、二社以上で共同して行うことも可能である（会762条参照）。この場合、複数の分割会社が持ち寄った権利義務を基に、新たな会社が設立されることになる。ストーリーの中のナガイ食品とウメザキ製菓も、両社が共同してそれぞれの煎餅事業に係る権利義務を対象とした新設分割を行うことで、両社を株主とする、煎餅事業を専業とする合弁会社を、会社設立手続・事後設立手続・承継対象債務に係る債権者の個別の同意を得る手続等を経ること無く、迅速に設立することができるのである。

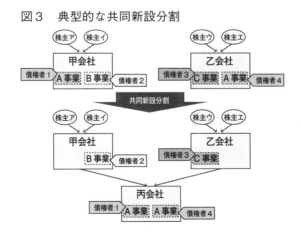

図3　典型的な共同新設分割

なお、会社分割制度としては、新設分割以外に、既存の会社同士で権利義務を移転させる吸収分割もある。

③ グループ経営推進のための子会社少数株主の締出し手法

長井社長が、ナガイ食品グループの全体最適の観点から、ストーリーで述べたようなヤスダピーナッツ株式会社の構造改革プランを断行しようとした場合、後者の少数株主の利益が害されることになる。

[１] 株式交換

1999年に導入された株式交換制度は、そのようなジレンマに対処するための制度である。すなわち、親会社（あるいは企業グループ全体）の利益のために子会社が害されるような施策をとることは、親会社以外の子会社株主（以下、「子会社少数株主」という）の利益保護の観点から法的に許容されないと解されるが、逆に考えれば、子会社少数株主が存在しなければ、そのような施策は（子会社の債権者を害してはならないという留保はなお存在するものの）基本的に自由に行えることになる。そうであれば、子会社少数株主に適正な対価を与えることを条件として、子会社から退出してもらうという方策をとることが、少なくとも社会的には望ましいと言える。そこで、親会社と子会社とが株式交換契約を締結し、それを両社の株主総会が承認すれば、子会社少数株主は、その個別の意向に関わりなく、親会社の株式を対価として与えられて子会社から退出させられるという手続が創設されたのである。子会社少数株主は、親会社株式と交換に自らが保有する子会社株式を親会社に引き渡すことになることから、このような手続は「株式交換」と名付けられた。

親会社株式を対価とする株式交換である限りは（この点に関しては[２][３]参照）、株式移転と同様、親会社・子会社双方の株主構成には変更が生じるものの、両社の実体的な財産関係の変化（資産負債の増減）は基本的には生じないことから、合併や会社分割とは異なり、原則として両社の債権者に対して異議を申し述べさせる機会は与えられていない（例外につき、会789条１項３号・799条１項３号）。

図4　典型的な株式交換

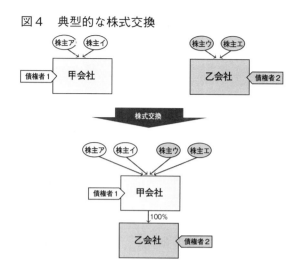

[2] 三角合併

　もっとも、会社法の制定によりいわゆる組織再編対価の柔軟化がなされた（組織再編の対価は相手方の株式でなくてもよくなった）ことにより、子会社少数株主の出資を子会社から親会社に切り替える手続は、株式交換以外にもいくつか考えられるようになった。たとえば、完全親会社となる会社が受け皿会社を設立し、完全親会社となる会社の株式を当該受け皿会社に取得させた上で、受け皿会社と完全子会社化のターゲットとなる会社とを合併させ、その際にターゲット会社の株主に対価として完全親会社となる会社の株式を割り当てる、いわゆる三角合併と呼ばれる手法が考えられる。

　三角合併による完全子会社化は、特に外国会社を当事者として日本の会社法上の組織再編制度（株式交換制度）を利用することが困難であると解されていることもあり、外国会社が日本の会社を完全子会社化する際に用いられることもある（外国会社が受け皿会社を日本に設立することで、日本法上の合併手続を用いて実現できる）。

図5　三角合併による完全子会社化

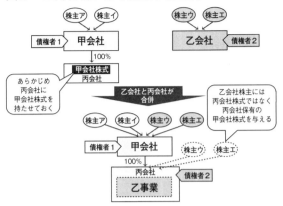

[3] その他の締出し手法

　[1]や[2]で述べた手続のように、組織再編後もなお子会社少数株主に親会社への投資を認めるのではなく、単に子会社から締出すことも考えられる。組織再編対価の柔軟化は株式交換手続にも妥当するので、子会社少数株主に渡される対価は現金であっても構わない。「現金対価株式交換」という定義矛盾のような組織再編方式であるが、これを用いれば、子会社少数株主は、再編後はもはや親会社への投資すら認められず、子会社から締出される（Cash-out）ことになる。

　これまでの実務では、上場会社の非公開化手法として、全部取得条項付種類株式（会108条1項7号）が用いられることが多かったが、今後は、今般の改正（平成26年会社法改正）により導入された、特別支配株主の株式等売渡請求制度（平成26年改正後179条以下）が用いられる事になるのかもしれない。

④ 公正な組織再編対価

　最後に一言。今回は、会社（の経営者）の目線から、組織再編手続がどう使われるのか、ということを見てきた。会社法に定められた制度の仕組みや必要な手続を理解するうえで、それが実際にどのように使われるのかを知ることが役立つと考えたからである。しかし、組織再編をめぐる会社法の議論は、そのような制度の理解を前提としてさらに奥に進んだところにある。たとえば、組織

再編に関してはとりわけ当事会社の株主の利益保護が重要となるが、今回の説明は、あくまで"組織再編対価が適正であることを前提として"こういう使い方が可能である、ということを述べたに過ぎないところ、法的にはこの組織再編対価の適正性（公正性）の確保が決定的に重要である。公正な組織再編対価は現行法では究極的には株式買取請求制度（会785条等）を通じて実現されることが予定されているといえるが、果たしてそれで十分なのかという問題がある（株式買取請求制度の趣旨も、どの様に理解すればよいか難しい問題がある。この点については「もしもストーリーがこうだったら」参照）。また、今般の改正で組織再編行為について株主による差止制度が拡充された（平成26年改正後784条の2等）が、これがどのような形で株主保護に繋がりうるのか、という新しい問題も出てきている。今回のストーリーを通じて、組織再編制度の基本的な使われ方をしっかりと押さえたうえで、発展的問題を各自で学習して欲しい。

もしもストーリーがこうだったら…

結局、長井社長は、ヤスダピーナッツ問題に関して、同社を完全子会社化したうえで抜本的な再建策を講ずることとした。完全子会社化の手法としては（株式対価）株式交換が選択され、ヤスダピーナッツ株式1株に対して、ナガイ食品株式0.5株が割り当てられるというものであった。この株式交換の実施を公表した日から遡る6ヶ月間のナガイ食品株式の平均株価は3000円であるのに対して、ヤスダピーナッツのそれは2500円であった。この株式交換が手続的に問題なく成立したため、対価に不満のあるヤスダピーナッツの少数株主4名が株式買取請求権を行使しようとした。有田さん、中島さん、斉藤さんという個人株主と、根本パートナーズという投資ファンドである。

(1)有田さんは、株式交換実施の公表前から株式を保有しており、事前の反対通知を行い株主総会の場で実際に議案に反対したうえで、株式買取請求権を行使した。有田さんのような株主が、株式買取請求制度が主として想定している保護対象者であるといえる（会785条2項1号イ等参照）。

(2)中島さんは、株式交換実施の公表前は株主ではなかったが、この株式交換の話を聞きつけて、少数株主を害する不当な株式交換は断固阻止せねばならないという正義感から、株主総会に反対票を投じるべく、公表後（かつ株式交換承認株主総会の基準日前）にヤスダピーナッツの株式を取得した。

中島さんは、1対0.5という株式交換比率を知って株式を取得したのであるから、対価に不満のある株主の救済手段である株式買取請求権を認める必要がないようにも思える。しかしながら、中島さんのような人にも株式買取請求権という形で最終的な退路を残すことで、安心して議案への反対のために株式を取得する者が増え、おかしな組織再編に反対する者が増える結果、適正な組織再編へとチェックを働かせることができるとして、中島さんの株式買取請求権を認める考え方が有力である。

(3)他方、根本パートナーズも、中島さんと同時期に株式を取得していた。このファンドの投資方針は、投資先の事業収益力を評価軸とするものではなく、相場の値差で儲ける鞘取りであり、この時期にヤスダピーナッツ株式を取得したのは、株式買取請求権の行使により公表前の価格である2500円程度での買取りが成立すると踏んで、株式交換比率の公表により下落した価格（当時の株価はナガイ食品株式の株価3000円に交換比率0.5を乗じた1500円程度であった）で取得し、1株あたり1000円ほどの鞘取りを狙うという投資戦略に基づくものであった。

このような株主像を想定した場合には、株式交換実施の公表後に取得した株主に株式買取請求権を与えることによって、株式交換そのものの良し悪し（当事会社の事業収益力への影響）とは無関係に、常に株式交換議案に「反対」の議決権行使をするインセンティブを与えることには慎重であるべきだという考え方にも一理あるといえそうである。

(4)斉藤さんは、株式交換承認の株主総会の基準日後に株式を取得した。基準日後に取得したのであるから、斉藤さんはそもそも株式交換契約承認の株主総会に出席することができない。そのような場合でも、文言上は「議決権を行使することができない株主」（会785条2項1号ロ等）として株式買取請求権が認められるように見えるが、この規定はもっぱら議決権制限株式を念頭に置いたものであることを理由に、斉藤さんの株式買取請求権を否定する見解が有力である。

このように、有田さん以外の3名に株式買取請求権が認められるのかについて解釈論上の対立があるが、その対立の背景には、組織再編に係る反対株主の株式買取請求制度が何のための制度であり、株主総会における議案への反対という要件が何のために設けられているのか、という制度の根幹に関わる理解の違いがあるのである。

（ふなつ・こうじ）

判例索引

大審院判例

大判明41・1・29民録14輯22……………………30
大判大4・4・7民録21輯451……………………116

最高裁判所判例

最判昭28・12・3民集7-12-1299………………35
最判昭29・4・8民集8-4-819……………………68
最判昭30・5・31民集9-6-793……………………69
最判昭31・10・5集23-409………………………151
最判昭32・11・14民集11-12-1943………………32
最判昭33・10・3民集12-14-3053………………176
最判昭33・10・24民集12-14-3228………………36
最判昭36・3・31民集15-3-645…………………199
最判昭37・10・23民集62-937…………………116
最判昭38・12・6民集17-12-1633………………37
最判昭38・12・24民集17-12-1744………………33
最判昭39・12・11民集18-10-2143………94,156
最判昭40・9・22民集19-6-1656………………106
最判昭42・9・26民集21-7-1870………31,34,35,36
最判昭42・9・28民集21-7-1970……………43,67
最大判昭43・12・25民集22-13-3511‥116,118,121
最判昭44・2・27民集23-2-511……………………7
最判昭44・12・2民集23-12-2396………………105
最判昭45・4・2民集24-4-223……………………95
最大判昭45・6・24民集24-6-625………………114
最大判昭45・7・15民集24-7-804………………74
最判昭46・7・16判時641-97……………………199
最判昭48・5・22民集27-5-655…………………129
最判昭48・12・11民集27-11-1529………………116
最判昭50・2・25民集29-2-143……………………5,8
最判昭55・12・18民集34-7-888……………………8
最判昭59・4・10民集38-6-557……………………5
最判昭60・3・26判時1159-150……………149,150
最判昭61・9・11判時1215-125……………………35
最判平2・12・4民集44-9-1165……………………74
最判平4・12・18民集46-9-3006………………151
最判平5・12・16民集47-10-5423………………199
最判平6・1・20民集48-1-1………………………104
最判平6・7・14判時1512-178……………………186
最判平7・4・25集民175-91………………………80
最判平9・1・28判時1599-139…………………70,71
最判平9・1・28民集51-1-71………………………199
最判平11・12・14集民195-715……………………70
最判平12・3・24民集54-3-1155……………………6

最判平15・2・21金判1180-29…………………153,154
最判平17・2・15判時1890-143……………………153
最判平19・8・7民集61-5-2215…………………187,208
最判平20・6・10金法1848-57……………………220
最判平21・12・18民集232-803…………………154
最判平21・2・17判時2038-144……………………80
最判平21・3・10民集63-3-361…………………117
最判平21・7・9判時2055-147……………………18,132
最判平22・7・15判タ1332-50……………………141
最決平22・12・7民集64-8-2003…………………58
最判平23・9・13判時2134-25……………………18
最判平24・3・13判タ2164-33……………………23
最決平24・3・28民集66-5-2344…………………56
最判平24・4・24民集66-6-2908………………172,198
最判平24・10・12民集66-10-3311…………221,222
最判平24・12・21判時2177-51……………………23
最判平26・1・30集民246-69……………………138
最判平26・2・25民集68-2-173……………………68
最判平27・2・19民集69-1-25……………………70

高等裁判所裁判例

東京高判昭32・3・20民集12-14-3236………………31
福岡高判昭51・7・14LEX/DB27200311………………8
東京高判昭62・12・10金法1199-30……………………81
東京高判平1・5・23金法1252-24………………………35
東京高判平1・5・23判時1318-125……………………72
大阪高判平2・5・30判時1373-133……………………151
名古屋高決平2・11・26判時1383-163…………………95
名古屋高判平3・5・30判タ770-242……………………81
東京高判平5・6・29金判932-28………………………81
東京高決平7・2・20判タ895-252……………………133
東京高決平8・9・5資料版商事法務150-181
………………………………………141
大阪高判平9・11・18判時1628-133…………………133
福岡高判平13・7・19判時1785-89………………………9
東京高判平13・9・3金判1136-22………………………70
大阪高判平16・2・12金商1190-38……………………155
福岡高判平16・12・21判タ1194-271…………………152
東京高判平17・1・18金判1209-10……………………18
大阪高決平17・3・30労判896-64………………………8
大阪高判平19・1・18判時1980-74………………………5
東京高決平20・5・12金判1298-46……………………207
大阪高判平20・11・28判時2037-137……………………71
福岡高判平21・4・13金判1309-24……………………11
福岡高決平21・5・15金判1320-20………………………73

東京高判平22・10・27金商1355-42………221,222
東京高決平22・5・24金判1345-12…………72,73
東京高判平23・1・26金法1920-100…………221
大阪高判平23・5・25労判1033-24……………5,6
東京高判平23・9・27資料版商事法務333-39
　………………………………………………………95
名古屋高判平24・2・7判タ1369-231…………222
福岡高判平24・4・13金判1399-24…………11,138
東京高決平24・5・31資料版商事法務340-30
　………………………………………………………96
東京高判平24・6・20判タ1388-366……………224
東京高判平25・4・17金判1420-20………………55

地方裁判所裁判例

徳島地判昭46・1・19下民集22-1・2-18………71
東京地判昭48・2・23判時697-87………………81
東京地判昭49・9・19判時771-79………………81
東京地判昭56・3・26判時1015-27……………120
神戸地尼崎支判昭57・2・19下民集33-1〜4-90
　………………………………………………………81
京都地判平元・2・3判時1325-140………………81
東京地判平2・4・20判時1350-138……………152
東京地判平2・9・3判時1376-110………………10
神戸地判平3・1・28判タ763-266………………81
福岡地判平4・4・16判時1426-49…………………6
名古屋地決平7・9・22金法1437-47……………141
東京地判平7・11・17判タ926-244………………35
東京地判平8・10・17判タ939-227………………93
津地判平9・11・5労判729-54……………………5
大阪地判平9・4・30判時1608-144………………70
東京地判平10・8・31判時1689-148……………82
大阪地判平12・5・31判タ1061-243………………49
大阪地判平12・9・20判時1721-3………………131
東京地判平13・1・25判時1760-144…………11,140
東京地判平16・5・13金判1198-18………………93
名古屋地判平16・10・29判時1881-122…………221
東京地決平19・6・28民集61-5-2243……………207
東京地判平19・7・3判時1992-76………………82
岡山地決平20・6・10金法1843-50………………93
福岡地判平21・11・27金法1911-84……………220
東京地判平21・2・17判時2038-144……………80
東京地判平21・2・24判時2043-136……………80
横浜地判平21・10・16判時2092-148……………172
東京地判平22・5・27判時2083-148……………221
東京地判平22・9・6金判1352-43………………55
佐賀地判平23・1・20判タ1378-190……………155
福岡地判平23・2・17判タ1349-177……………220
東京地判平23・6・2判タ1364-200………………10

東京地判平23・9・29判時2138-134……………49
東京地判平24・1・26判タ1370-245……………224
大阪地判平24・2・8金判1396-56………………62
東京地決平25・5・10資料版商事法務352-34
　………………………………………………………97
東京地判平25・8・5金判1437-54……………154
東京地判平26・9・30金判1455-8………………97
東京地判平26・11・4判時2249-54………………6

法令索引

会社法

条項	頁
2条5号	79,182
2条13号	79
2条15号	131
2条15号イ括弧書	131
2条16号	131
2条17号	67
2条27号	230
2条28号	230
3条	29,113
28条柱書	30,31
28条1号	34
28条2号	30
33条	34,232
34条1項	34
38条3項	31
46条1項	31
46条2項	31
47条1項	31
49条	29
52条	34
52条2項	36
52条の2	37
53条2項	36
54条	36
103条1項	34
104条	160
106条	70
107条	83
107条1項1号	79
107条2項2号ホ	161
108条	79
108条1項但書	79
108条1項1号	79
108条1項2号	79
108条1項3号	79
108条1項4号	79
108条1項5号	79
108条1項6号	79
108条1項7号	79,183,236
108条1項8号	79
108条1項9号	79
108条1項但書	79
108条2項	55
109条1項	208
111条	183
111条2項	183
111条2項1号	55
116条1項1号	166
116条1項2号	55,183,186
116条5項	56
117条5項	56
117条6項	60
120条4項	117
124条1項	57,59
126条1項	46
127条	79,82,83
130条	44,45
130条1項	57,58
131条1項	46,47
133条	57
133条2項	42,46,47
136条	67,79,80
139条	67
140条	67
144条1項	68
144条2項	68
155条3号	159
155条7号	166
155条13号	166
156条1項	159
160条1項	159
160条3項	159
166条1項	167
170条5項	167
171条1項	55,183
171条1項3号	55
171条の2	189
171条の3	183,186,189
172条	183,186
172条1項	55,60
172条2項	189
172条3項	189
182条の4	60
192条1項	166
199条	161
199条2項	171
201条3項	173,199
201条4項	173,199

201条5項	199	326条4項1号	102
210条	186,199,206,207,212	327条の2	102,104,131
210条2号	212	329条	90,127,150,226
212条1項1号	200	329条2項	108
213条1項	117	330条	113,127,153
213条の3第1項	117	335条2項	131
234条	55,189	335条3項	131
234条2項	184	339条	150
235条	60,184	339条2項	151
238条2項	195	341条	150
238条3項	195	342条の2第1項	108
238条3項1号	196	342条の2第4項	108
240条1項	195	346条1項	96
243条1項	195	348条3項4号	11
243条2項	195	349条1項	128
246条2項	196	349条4項	118
247条	205,206,207,212	349条5項	107,118
247条1号	211	350条	6,18
278条2項	208	352条	95
286条1項	117	355条	113,114,127,154
286条の3第1項	117	356条1項1号	115,119
295条2項	90	356条1項2号	114
296条1項	90	356条1項3号	114,118,120
297条4項	90	356条1項柱書	114,119
299条1項	42	356条2項	114,115
299条2項	177	361条	93,149,150,152,153,154
301条	94	361条1項	148,149,152,153,155,196
303条	61,116	361条1項1号	196
303条1項	91	361条1項3号	196
303条2項	92	361条2項	149
304条	61	361条3項	149
304条1項	91,92	361条5項	108,149
304条但書	92	361条6項	108,149
305条	61,92	362条1項1号	101
305条1項	91	362条1項2号	101
306条	94	362条2項1号	130
309条	182	362条2項2号	129
309条1項	226	362条2項3号	102,129
309条2項	42	362条4項	107,120
309条2項2号	159	362条4項1号	102
309条2項3号	55,183	362条4項5号	11
309条2項5号	171	362条4項6号	131
309条2項6号	195	363条1項	130
309条2項11号	55,183	365条1項	114,115,119
314条	91	365条2項	114,115
315条1項	91	369条2項	116
315条2項	91	369条5項	163
324条2項1号	55,183	370条	116

379条	149	466条	55,183
381条1項	127	467条1項5号	34,232
382条	128	607条1項3号	68
386条1項	128,200	748条	230
387条	149	750条	230
397条1項	127	754条	230
397条3項	127	759条4項	220
399条の13第1項1号ハ	108	759条7項	224
399条の13第5項	108	761条4項	220
399条の13第6項	108	761条7項	224
404条	149	762条	233
409条	149	763条12号ロ	219
423条	17,49,113,116,127,162,163,200	764条4項	220,223,224
423条1項	119,127,154	764条7項	224
423条2項	119	766条4項	220
423条3項1号	117,118	766条7項	224
423条3項2号	117,118	772条2項	231
427条	131	783条	230
428条	117	784条の2	237
429条	49,151,154,200	785条	237
429条1項	5,6,10,12,18,55,186	785条2項1号イ	237
429条2項	18	785条2項1号ロ	238
430条	127	789条	230
431条	24	789条1項3号	234
435条2項	93	797条1項	166
446条1号	160	799条1項	167
446条2～7号	161	799条1項1号	166
454条1項	90	799条1項3号	234
454条1項1号	161	803条1項	219
461条	160,164	804条	231,233
461条1項	159,161,164,166,167	809条	182
461条1項3号	162,167	810条1項2号	219,233
461条2項	161	810条1項2号第2括弧書	219
462条	163,165	810条1項3号	231
462条1項	17,162,163,164	828条	188
462条1項2号	162	828条1項2号	174,198
462条1項柱書	162,167	828条1項3号	186
462条1項柱書2号	167	828条1項4号	207
462条2項	162,167	828条2項10号	220,221
462条3項	162,167	828条2項2号	198
463条1項	162,163,164	829条	172
463条2項	163,164	830条2項	55,186
464条	166,167	831条	55,91
464条1項	117	831条1項	95,175,186
465条1項	117	831条1項1号	66,91,171
465条1項3号	163,167	831条1項3号	187
465条1項4号	167	831条2項	66,173,174
465条2項	163,167	847条	17,128,138,162

847条1項但書	128
847条5項但書	128
847条6号	128
847条の3第1項	142
847条の3第1項2号	143
847条の3第2項	142
847条の3第4項	142
847条の3第5項	142
847条の3第6項	142
847条の3第7項	142
847条の3第9項	142
847条の4第2項	129
847条の4第3項	129
852条1項	128
854条	74
855条	74
911条	29
911条3項12号ハ	195
939条1項	219

会社法施行規則

7条の2	37
22条2項	46,47
27条5号	166
73条1項1号	97
82条2項	94,156
93条1項	97
98条1項5号	11
100条	131
100条1項5号	11
118条2号	131
121条3号	93
129条1項5号	131
131条1項2号	131
130条2項2号	131
131条1項2号	131
205条7号	219

会社計算規則

76条4項	160
76条5項	160
149条	160
150条	161
158条	161
159条3号	162,163

金融商品取引法

2条3項1号	85
21条の2	18,19,24,25
21条の2第1項	19
21条の2第2項	19,24,25
21条の2第3項	19,22,23
21条の2第5項	23,25
21条の2第6項	23,25
193条	24
193条の3	127

社債、株式等の振替に関する法律

2条2項	56
2条3項	56
2条4項	56
12条3項	56
44条	56
45条2項	56
128条1項	55,57
129条1項	56
129条3項	56
129条4項	56
132条	57
135条	59
140条	57
147条4項	58,59
151条	57
151条1項	57
151条6項	57,58
152条1項	58
154条1項	58
154条2項	58
154条5項	58
157条3項	59
161条1項	57
161条3項	57
277条	61

社債、株式等の振替に関する法律施行令

40条	58

商業登記法

47条1項	31

商法

204条1項	82

信託法

29条	114

手形法

16条1項······47
40条3項······46,47,48
77条1項1号······47

破産法

45条······224
160条······220,223
161条······220
162条······220

民法

3条1項······29
93条但書······106
108条······115,116
108条本文······115
108条但書······115
109条······115
110条······107,115,118
112条······115
113条······35
113条1項······42
113条2項······42
116条······35,115
117条······115
117条2項······37
119条······35,115
249条······69
251条······71
252条······70
264条······69
415条······5,127,154
422条······165
424条······220,221
459条1項······114
467条······115
474条······114
499条······115
500条······114
501条······114,115
555条······29
644条······113,114,127
648条1項······153
667条······33
703条······36,153,156
704条······116
709条······6,18,154,186
715条······6,9
721条······30
882条······68
886条······30
896条······74
898条······68,69
907条······68

民事保全法

23条2項······95,186

民事訴訟法

115条1項2号······128
124条1項1号······74

民事訴訟費用等に関する法律

4条2項······128

労働基準法

89条······154

労働契約法

5条······5

事項索引

あ

安全配慮義務……………………………5

い

著しく不公正な方法による募集株式の発行
　（不公正発行）………………………212
著しく不当………………………………187
一般悪意の抗弁…………………………107
違法な自己株式取得……………………164
インセンティブ報酬……………………195

お

お手盛り…………………………………149
親会社………………………7,71,138,226

か

会計監査人………………………………127
会社分割…………………………………218
買取先指定権………………………………85
過重労働……………………………………5
仮装払込み…………………………………37
合併………………………………………229
合併契約…………………………………230
合併の無効…………………………………48
株券の電子化………………………………54
株券発行会社………………………………46
株券不発行会社……………………………46
株式…………………………………………68
　――の発行の無効の訴え…………198
　――の評価……………………………72
株式買取請求……………………………237
株式買取請求権……………55,166,183
株式公開買付け…………………………205
株式交換…………………………………234
株式譲渡自由の原則………………………79
株主総会……………………………………90
　――決議取消しの訴え………42,66,91
　――の「議題」………………………92
　――の招集……………………………42
株主代表訴訟………………17,116,138
株主提案権………………………………92
株主平等原則………………………187,208
株主名簿…………………………………43
　――の免責的効力……………………44

監査等委員会設置会社……………108,149
監査役………………………………102,129
監視義務……………………11,129,139
間接取引…………………………………117
完全子会社………………………………138

き

議案………………………………………92
企業価値…………………………………208
企業グループ……………………………226
擬制信託…………………………………120
議長の権限…………………………………91
吸収合併…………………………………230
吸収説……………………………………174
吸収分割…………………………………234
共益権………………………………………68
競業取引…………………………………119
（共同）株式移転………………………231
業務執行取締役…………………………129
金融商品取引法……………………………18

く

グルグル回し取引………………………134

け

経営判断原則………………………133,141
計算書類等に虚偽記載等…………………18
契約による株式の譲渡制限………………79
決議取消しの訴え………………………174
決議方法の法令違反………………………42
現金対価株式交換………………………236
検査役……………………………………232
現物出資…………………………………34
権利推定力…………………………………44
権利能力なき社団…………………………32
権利の濫用…………………………………96

こ

行使条件違反……………………………198
コーポレート・ガバナンス………102,138
　――・コード…………………………130
子会社……………………………138,226

さ

財源規制 160
債権者異議手続 219
最高経営責任者（CEO） 102
財産引受 34
債務引受け 35
詐害行為取消権 221
差止請求権 205,206
差別的行使条件 208
三角合併 235

し

CEO 130
自益権 68
資格授与的効力 44
事業譲渡 232
自己株式の取得 159
自己株式の処分 186
自己契約 115
事後設立 3,35,232
事実上の取締役 10
指定買取人 67
シナジー 228
資本 160
資本多数決 182
指名委員会等設置会社 108,130,149
社員株主制度 83
社員権否認論 73
社員権論 74
社外監査役 130
社外取締役 103,130
社外役員 130
従業員持株制度 80
重要な財産の処分 102
「重要なる財産の処分」の判断基準 104
主張期間制限説 175
取得価格決定申立て 183
取得条項付株式 167
取得請求権付株式 167
種類株式 79
準備金 160
使用者責任 6
招集通知 92
招集手続の法令違反 42
上場会社 17,226,236
上場子会社 226
少数株主権等 59

少数株主の締め出し 182
譲渡制限 167
譲渡制限株式 171
使用人兼務取締役 129
消滅会社 230
剰余金の配当 90,160
新株発行無効原因 174
新株発行無効の訴え 174
新株予約権 194
　──発行の差止請求権 206
　──の無償割当て 205
信義則 35
新設会社 230
新設合併 230

す

スクイーズアウト 55
ストック・オプション 152,195

せ

責任追及等の訴え 128
説明義務 93
設立時代表取締役 31
設立中の会社 32
全株式譲渡制限会社 67
善管注意義務 5,17,113,127,141
全部取得条項付種類株式 55,183,236
　──の取得価格決定の申立て 55

そ

総会決議の不存在・取消し 172
相対的無効 118
存続会社 230

た

第三者割当て 171
退職慰労金 93,155
代表訴訟 127
代表訴訟濫用 133
代表取締役 102,128
多重代表訴訟制度 138
多重代表訴訟（特定責任追及の訴え） 142
ダム取引 134
単元未満株式 166

ち

中間配当 160
忠実義務 113,141

直接取引······115

つ
追認······35

て
定款によって株式の譲渡制限······79
手形法40条3項······46

と
同意権······85
同一性説······32
投下資本の回収······83
特定責任追及の訴え······
特別支配株主の株式等売渡請求制度······236
特別利害関係······116
特別利害関係人······187
独立役員······130
取締役の対第三者責任······5
取締役の不法行為······6
取締役の報酬請求権······149
取締役会······101,129
　　——の招集通知の瑕疵······105

な
内部統制······131
　　——システム······11,24,108,131,142

に
任務懈怠······5
任務懈怠責任······117,127

は
買収防衛策······209
ハラスメント······5

ひ
非公開会社における従業員持株制度······83
否認権······223

ふ
不実開示······19,20
不当利得······36
不法行為······18
不法行為責任······6
振替株式······54,56
振替制度······56
分割会社債権者······219

分社化······232
粉飾決算······17
分配可能額······160

へ
閉鎖会社······182
変態設立事項······34

ほ
報酬規制······149,196
報酬等······152
法人格否認の法理······7
募集株式······195
募集新株予約権······195
　　——発行の差止請求権······206
発起人······30
　　——組合······33
　　——の権限······33

み
見せ金······37

む
無権代理······116

や
役員······127
役員等······127
役員の選任······90

ら
濫用的会社分割······218

り
利益相反規制······115,117

《編者》

高田晴仁	（たかだ・はるひと）	慶應義塾大学教授
久保田安彦	（くぼた・やすひこ）	慶應義塾大学教授

《著者》

久保大作	（くぼ・だいさく）	大阪大学准教授
和田宗久	（わだ・むねひさ）	早稲田大学教授
高田晴仁	（たかだ・はるひと）	慶應義塾大学教授
久保田安彦	（くぼた・やすひこ）	慶應義塾大学教授
髙橋真弓	（たかはし・まゆみ）	一橋大学准教授
横尾　亘	（よこお・わたる）	西南学院大学准教授
笹本幸祐	（ささもと・ゆきひろ）	関西大学教授
髙橋美加	（たかはし・みか）	立教大学教授
柿﨑　環	（かきざき・たまき）	明治大学教授
笹岡愛美	（ささおか・まなみ）	横浜国立大学准教授
三島徹也	（みしま・てつや）	関西大学教授
笠原武朗	（かさはら・たけあき）	九州大学准教授
野田輝久	（のだ・てるひさ）	関西学院大学教授
舩津浩司	（ふなつ・こうじ）	同志社大学准教授

《マンガ》

藤山成二	（ふじやま・じょうじ）	

人間ドラマから会社法入門

2015年12月10日　第1版第1刷発行

編著者――高田晴仁、久保田安彦
発行者――串崎　浩
発行所――株式会社　日本評論社
　　　　〒170-8474 東京都豊島区南大塚3-12-4
　　　　電話03-3987-8621（販売：FAX -8590）
　　　　　　　03-3987-8592（編集）
　　　　http://www.nippyo.co.jp/　振替　00100-3-16
印刷所――豊国印刷
製本所――井上製本所
装　丁――図工ファイブ

JCOPY　〈(社)出版者著作権管理機構　委託出版物〉

本書の無断複写は著作権法上での例外を除き禁じられています。複写される場合は、そのつど事前に、(社)出版者著作権管理機構（電話 03-3513-6969、FAX03-3513-6979、e-mail: info@jcopy.or.jp）の許諾を得てください。また、本書を代行業者等の第三者に依頼してスキャニング等の行為によりデジタル化することは、個人の家庭内の利用であっても、一切認められておりません。

検印省略　©2015　Haruhito Takada, Yasuhiko Kubota
ISBN978-4-535-52037-0　　　　　　　　　　　　　　　　　Printed in Japan

論争点、事実、裁判所の見解、解説、すべてを1頁に——
コンパクトながら充実した解説によって、適確に要所を把握する。

新・判例ハンドブック【商法総則・商行為法・手形法】
鳥山恭一・髙田晴仁／編著　　●四六判　●本体1,400円＋税

新・判例ハンドブック【会社法】
鳥山恭一・髙田晴仁／編著　　●四六判　●本体1,400円＋税

会社法講義　会社法の仕組みと働き
新山雄三／編著　　正井章筰・西尾幸夫・矢﨑淳司・佐藤 誠／著

会社法の仕組みを読み解き、制度趣旨から理解する基本書のロングセラー『会社法の仕組みと働き』を新版化。2014年法改正に対応。　●A5判　●本体3,700円＋税

[別冊法学セミナー]

新基本法コンメンタール　会社法1

第1編：総則から第2編 第3章：新株予約権まで（第1条〜第294条）
平成21年の関係規則改正に対応

奥島孝康・落合誠一・浜田道代／編　　※[第2版]2016年春刊行予定

平成21年までの会社法関係法令改正に対応。学生、実務家、研究者必携。
●B5判　●本体4,600円＋税

新基本法コンメンタール　会社法2

第2編 第4章：機関から第9章：清算まで（第295条〜第574条）
平成21年までの関係規則改正に対応

奥島孝康・落合誠一・浜田道代／編　　※[第2版]2016年春刊行予定

平成21年までの関係法令改正に対応。第2巻では、株式会社の機関設計など、実務上影響の大きい論点や新しい制度について解説。　●B5判　●本体4,600円＋税

新基本法コンメンタール　会社法3 [第2版]

第3編・持分会社から第8編・罰則まで（第575条〜第979条）
平成26年の法改正に対応

奥島孝康・落合誠一・浜田道代／編

定評のある新基本法コンメンタール会社法全3巻が、平成26年の会社法改正に対応して、全面改訂。実務家、研究者、学生必携。　●B5判　●本体4,800円＋税

日本評論社　http://www.nippyo.co.jp/　　＊表示価格は本体価格です。別途、消費税がかかります。